니트로 스타일링하는
사계절 인형옷

USD와 오비츠 11

공은경, 정영경, 최현진 지음

USD와 오비츠11
니트로 스타일링하는
사계절 인형옷

지은이 공은경, 정영경, 최현진
펴낸이 정규도
펴낸곳 황금시간

초판 1쇄 발행 2021년 12월 20일
초판 3쇄 발행 2022년 1월 26일

편집 권명희, 박경미
디자인 ALL designgroup
사진 이현구
도안 일러스트 정영경
그림 이다빈

황금시간
Golden Time

주소 경기도 파주시 문발로 211
전화 (02)736-2031(내선 360)
팩스 (02)738-1713
인스타그램 @goldentimebook

출판등록 제406-2007-00002호
공급처 (주)다락원
구입문의 전화 (02)736-2031(내선 250~252)
         팩스 (02)732-2037

Copyright ⓒ 2021, 공은경, 정영경, 최현진

저자 및 출판사의 허락 없이 이 책의 일부 또는 전부를 무단 복제·전재·발췌할 수 없습니다. 구입 후 철회는 회사 내규에 부합하는 경우에 가능하므로 구입문의처에 문의하시기 바랍니다. 분실·파손 등에 따른 소비자 피해에 대해서는 공정거래위원회에서 고시한 소비자 분쟁 해결 기준에 따라 보상 가능합니다. 잘못된 책은 바꿔 드립니다.

값 20,000원
ISBN 979-11-91602-18-0 13590

prologue

지난해부터 우리는 비대면 세상이라는 낯선 현실 속으로 뚝 떨어졌습니다. 누구에게나 처음이었을 이 세상은 각자의 의사와 상관없이 우리 모두를 집 안으로 이끌었지요. 오로지 집콕이 답이라는 현실은 적지 않은 스트레스와 답답함을 모두에게 안겨 준 듯합니다. 그때 제 숨을 터 주는 생명수는 바로 인형 놀이였습니다.

이 책이, 이 책에 실린 인형 옷들이, 그리고 그것들을 뜨며 느낄 잔잔한 힐링이, 이 책과 만나게 될 독자분들에게 답답한 일상을 해소할 수 있는 기쁨 한 자락으로 남았으면 정말 행복하겠네요.

이 책을 출간해 주신 황금시간 출판사, 예쁜 인형들 보내 주시거나 촬영을 허락해 주신 인형 회사 관계자분들, 실을 협찬해 주신 니트빌리지 님, 제 책을 위해 아낌없이 도움을 주신 제 인형 놀이 지인들.

한 분 한 분 말씀드리자면 끝이 없어 여기서 마무리하지만, 모든 분에게 진심으로 감사해하고 있음을 알아주세요.

마지막으로 한 가지 더 말씀드립니다. 행복하세요. 그리고 즐기세요!

✱ 공은경

2년 전에 출간한 「니트로 완성하는 인형옷 스타일링」에 이어서 올해 겨울에는 「니트로 스타일링하는 사계절 인형옷」으로 다시 인사를 드리게 되었네요. 1편은 1/6 사이즈 인형들을 위한 책이었는데, 이번 책은 USD(바디 길이 25~33cm)와 오비츠 11(바디 길이 11cm) 사이즈의 구체관절 인형들을 위한 책이랍니다.

이번 책에서 저는 자수 포인트 후드 코트와 소품, 도안 일러스트 작업도 맡았습니다. 인형 놀이를 하는 독자분들이 인형 옷을 만들면서 힐링과 재미를 느끼기를 바라면서 열심히 작업했지요.

올 한 해, 우리 모두는 코로나가 끼치는 영향을 삶의 다양한 곳곳에서 직·간접적으로 받았어요. 그러다 보니 집에서 머무는 시간이 많아졌고, 어쩔 수 없이 집에서도 할 수 있는 즐길 거리를 찾게 되었죠. 손뜨개도 그중 하나가 아닐까 합니다.

저 역시 그 즐길 거리로 행복을 느낀 수혜자였어요. 코로나 블루가 만연하는 다소 울적한 해라 여겼는데, 막상 새 책을 보니 노력의 결실을 거둔 행운의 해인지도 모르겠다는 생각이 듭니다.

부디 이 책을 보는 독자분들도 그러셨기를 살짝 바라봅니다. 우울함보다는 새로운 즐거움이나 보람을 찾은 기간으로 올해를 기억하시면 참 좋겠다고 말이에요. 그리고 이 책을 계기로 인형 놀이와 뜨개의 세계로 흠뻑 빠져드신다면 참 행복하겠네요.

책을 만드는 동안 응원을 아끼지 않은 가족들, 공저자이신 공은경 선생님과 최현진 선생님, 공방 수강생들, 황금 시간 출판사 관계자분들, 인형 촬영을 허락해 주신 작가님들, 그 외 협찬사 관계자분들, 그리고 이 책을 선택해 주신 독자분들에게 깊이 감사드립니다.

✕ 정영경

불과 1년 전만 해도 책을 낸다는 것이 그저 남 일 같기만 했어요. 그런데 어느새 이렇게 제 이름이 박힌 책을 출간하게 되었네요. 출간을 결정한 그때부터 지금까지의 과정을 돌이켜 보면 신기해서 고개가 갸우뚱해지기도, 기쁜 웃음이 나오기도 합니다.

함께 책을 내 보자는 제안을 선뜻 해 주신 공은경 선생님과 달리 저는 첫 책이었어요. 그래서 어떻게 해야 할지 막막하기도 하고, 부담 또한 적지 않았지요.

하지만 책에 실릴 작품을 구상하면서, 또 이를 실물로 떠 가면서, 그리고 그에 따른 원고를 한 자 한 자 쓰다 보니 부담감은 차차 사라지더라고요. 그리하여 다시 생겨난 마음의 공간에는 내가 새롭게 도전해 보는 분야를 알아 가는 즐거움이 자리를 잡았습니다.

이 책을 펼치시는 독자분 중에는 이미 뜨개질을 잘 아시는 분도, 초보지만 한번 인형 옷 뜨기에 도전해 보고 싶으신 분도 계실 거예요. 시작점은 다르지만, 내 인형에게 예쁜 옷을 떠 주고 싶다는 바람은 모두 같겠지요.

제가 이 책에 수록할 옷을 작업하면서 느낀 감정을 부디 독자분들도 이 책을 통해 느껴 보셨으면 합니다. 가는 실과 내 두 손이 탄생시키는 작은 세상의 아름다움은 충분히 우리를 행복하게 해 주니까요.

싫은 소리 한마디 없이 언제나 응원해 주는 남편에게 정말 사랑한다고, 고맙다고 말하고 싶어요. 항상 저를 응원해 주고 큰 힘이 되어 주는 가족들, 친구들, 니팅걸스데이, 지인들께도 감사의 마음을 보냅니다. 책을 낼 기회를 주신 공은경 선생님과 공저자이신 정영경 선생님께도 감사 인사를 전합니다.

✕ 최현진

CONTENTS   Prologue_저자의 말 003

의상 미리 보기 008

CHAPTER 1   **General Information**

일러두기 024

도구와 재료 025

도안 보는 법 026

CHAPTER 2   **The Clothes for My Doll**

요일 패턴 트레이닝복
×
032

버블 봉지 가방
×
044

레이스 카디건
×
048

체리 미니 케이프와 머리끈
×
056

하트 피나푸어
×
062

베이직 스웨터
×
068

크롭탑과 핫팬츠
×
072

레이스 드레스와 케이프
×
080

레이스 보닛과 양말
×
086

숄 칼라 아란 베스트와 베레모
×
098

심플 하이넥 풀오버
×
108

공룡 우비
×
114

페어 아일 베스트
×
122

곰돌이 후드 카디건
×
132

가을 숲 카디건
×
140

스모킹 코트와 레트로 머리띠
×
148

태슬 판초와 프릴 보닛
×
156

자수 포인트 후드 코트
×
166

크리스마스 패턴 베스트와 모자
×
176

Special Thanks to 183

CHAPTER 3 **Point Lesson for Happy Knitting**

대바늘 뜨기 기법 202

코바늘 뜨기 기법 219

 종이 인형 옷 입히기 224

하트 피나포어 | 베이직 스웨터
체리 미니 케이프와 머리끈

모델 * iMda Doll 3.0 'Simonne'(왼쪽) &
제리베리 '쁘띠 베리'(오른쪽 아래)

이너 드레스와 스타킹 by JJam
룸박스 및 식기장 by 쁘띠미니(Petit mini) | 라탄 바구니 by 고운라탄
주요 소품 제작 by 올새의 다락 | 그외: 저자와 에디터 소장품

요일 패턴 트레이닝복

모델 * 다락아이 '미아'(왼쪽) & 돌후 '마슈'(오른쪽 위)
룸박스 by 쁘띠미니(Petit mini) | 시바견 by beni52
그외: 저자와 에디터 소장품

레이스 카디건 | 레이스 보닛

모델 ✦ **iMda Doll 3.0 'Gian'** (왼쪽) &
제리베리 '쁘띠 베리' (오른쪽)

이너 드레스와 스타킹 by JJam | 모자 by 고운라탄
룸박스 by 쁘띠미니(Petit mini) | 화분 커스텀 by 울새의 다락
그외: 저자와 에디터 소장품

크롭탑과 핫팬츠

모델 ❋ 디아나돌

룸박스와 가구 by 쁘띠미니(Petit mini) | 고양이 숨숨집 by 고운라탄 | 소품 제작 by 울새의 다락 | 그외: 저자와 에디터 소장품

레이스 드레스와 케이프

모델 * iMda Doll 3.0 'Modigli'(왼쪽) & 돌후 '슬리핑 티아'(오른쪽)

룸박스와 옷장 by 쁘띠미니(Petit mini) | 라탄 의자, 가방, 모자 by 고운라탄 | 그외: 저자와 에디터 소장품

레이스 보닛과 양말

모델 ✽ 디아나돌

원피스 by JJam | 룸박스 by 쁘띠미니(Petit mini)

페어아일 베스트 | 심플 하이넥 풀오버
숄 칼라 아란 카디건과 베레모
베이직 스웨터 | 체리 머리끈

모델 ✽ 디아나돌(왼쪽&가운데),
'쁘띠 베리'(오른쪽 위) & '쁘띠 코지'(오른쪽 아래),
TTYA 'Sori'(오른쪽 중간)
셔츠 by Nine9Style | 바지 by TTYA | 스커트 by Nine9Style
룸박스와 책장 by 쁘띠미니(Petit mini) | 주요 소품 제작 by 울새의 다락 | 그외: 저자와 에디터 소장품

곰돌이 후드 카디건
태슬 판초와 프릴 보닛 | 공룡 우비

모델 ✦ 제리베리 '쁘띠 베리' & '쁘띠 코지'

룸박스, 미니 수레, 호박 by 쁘띠미니(Petit mini)
라탄 바구니 by 고운라탄 | 소품 제작 및 커스텀 by 울새의 다락
그외: 저자와 에디터 소장품

자수 포인트 후드 코트 | 스모킹 코트
레트로 머리띠 | 태슬 판초와 프릴 보닛 | 베레모 | 버블 봉지 가방

모델 ✱ iMda Doll 3.0 'Simonne'(오른쪽), iMda Doll 3.0 'Angélique'(왼쪽) &
제리베리 '쁘띠 베리'(오른쪽 아래)

의상과 레깅스 by JJam | 룸박스와 썰매 by 쁘띠미니(Petit mini) | 주요 소품 제작 by 울새의 다락 | 그외: 저자와 에디터 소장품

크리스마스 패턴 베스트와 모자
모델 * 제리베리 '쁘띠 베리' & '쁘띠 코지'
룸박스와 벽난로 by 쁘띠미니(Petit mini)
주요 소품 제작 by 울새의 다락 | 그외: 저자와 에디터 소장품

General Information

일러두기

1. 내 인형에 맞는 옷일까?
손뜨개 인형옷은 신축성이 좋은 편이라 사이즈가 비슷한 인형들은 대체로 호환이 된다. 그러나 인형은 키가 비슷해도 몸의 형태가 다양해서 이 책에 수록된 옷이 내 인형에게는 맞지 않을 수 있다. 의상별로 호환이 되는 대표적 인형들을 기재했으니 참고하기 바란다.

2. 꼭 게이지를 내고 뜨자
인형옷은 실과 바늘, 뜨는 습관에 따라 옷의 크기 차이가 많이 나니 게이지를 꼭 내 보아야 한다. 방법은 아래와 같다.

1 의상별로 제시한, 실과 바늘(브랜드는 무관하다)을 준비한다.
2 가능한 한 크게(사방 15cm 내외) 뜨개판을 뜬다.
3 스팀 다리미로 살살 다린 다음, 게이지 자의 10×10cm 크기 안의 콧수와 단수를 재서 게이지를 낸다.
4 내가 낸 게이지와 책 속 게이지를 비교해 본다. 그런 뒤 바늘이나 실을 바꿔야 할지, 콧수나 단수를 임의 조정해야 할지 판단한다.

3. 치수 재는 법
이 책에 소개한 인형옷과 소품에는 크기(치수)가 적혀 있다. 인형의 몸이 아니라 옷이나 소품의 치수이며, 치수를 재는 방법은 아래와 같다.

옷 길이 위에서 아래까지 제일 긴 부분을 잰다.
가슴둘레 소매 바로 밑부터 윗가슴둘레를 잰다.
소매길이 어깨쪽 소매가 시작되는 지점에서 소매 끝까지 잰다. 이때 톱다운 방식은 목둘레 바로 밑에서 소매가 시작된다.
모자 둘레 모자에서 챙을 제외한 후 가장 넓은 부분을 잰다.
모자 길이 방울 등 장식을 제외하고 위에서 아래까지 잰다.

4. 실 구매처
인형옷은 가는 실로 주로 뜬다. 이 책에서는 랑(Lang)사의 여러 털실, 랑사의 레인포스먼트(Reinforcement, 꼭지실), 샤헨마이어(Schachenmayr)사의 레기아(Regia) 2합사(2ply 실) 등을 썼는데, 온라인 숍, 퀼트 숍, 프랑스자수 숍, 서울 동대문종합시장 등에서 구매하면 된다.

5. 인형옷에 주로 쓰이는 실과 바늘

가닥 수	실 굵기 표시	주로 사용하는 바늘
1사(1ply 실)	극세사: 레이스 (lace)	0.7~1.5mm
2합사(2ply 실)	극세사: 레이스 (lace)	1.0~1.75mm
3합사(3ply 실)	극세사: 레이스 (lace)	1.5~2.25mm

6. 바늘과 단추, 기타 부자재
뜨개바늘_ 인형옷을 만들 때는 대개 1.0~2.0mm 굵기의 막대바늘과 줄바늘을 쓴다. 아디(Addi), 치아오구(ChiaoGoo), 히야히야(HiyaHiya), 니트프로(Knitpro) 브랜드의 제품을 많이 쓴다.
바늘, 돗바늘, 시침핀, 가위_ 인형옷의 크기를 고려해 작은 사이즈를 선택하고, 가위는 섬세한 작업에 적합한 끝이 뾰족한 제품을 고른다.
미니 단추와 비즈, 체인_ 돌프리마켓이나 프로젝트돌 등에서 구할 수 있다. 러브퀼트, 엔조이퀼트 등의 온라인 숍에서도 살 수 있다.

털실 추천 숍	부자재 추천 숍
니트빌리지 knitvillage.com	엔조이 퀼트 enjoyquilt.co.kr
마이니트닷컴 myknit.com	러브 퀼트 lovequilt.com
	키스더레이스 kiss-the-lace.com

도구와 재료

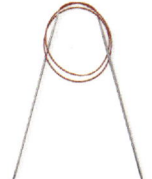

줄바늘 인형옷에는 40~60cm 길이, 1.0~2.5mm 굵기의 바늘을 주로 쓴다. 대바늘에는 크게 줄바늘과 막대바늘이 있다.

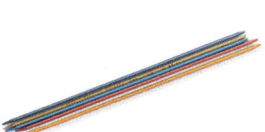

막대바늘&장갑바늘 막대바늘 중에서 사진처럼 뒤가 막히지 않은 바늘을 장갑바늘이라고 한다.

레이스용 코바늘 코바늘에는 레이스용 코바늘과 모사용 코바늘 2종류가 있다. 빠진 코를 줍거나 코를 만들 때 쓴다.

바늘 바느질용 바늘. 단추나 부속 장식을 달 때 쓴다.

돗바늘 뜨개판을 꿰매어 연결할 때, 마무리 실 끝을 정리할 때 쓴다. 작은 돗바늘일수록 쓰기 편하다.

시침핀 뜨개판을 시침핀으로 고정하고 다림질하면 편리하다. 두 개의 뜨개판을 맞대어 바느질을 할 때도 쓴다.

송곳 단춧구멍을 확인하거나, 끈을 끼울 구멍을 뚫을 때 쓴다.

꽈배기바늘 교차뜨기(꽈배기 무늬)를 할 때 쓴다. 짧은 장갑바늘로 대체해도 된다.

미니 가위 뜨개를 하면서 실을 자를 때 주로 쓴다.

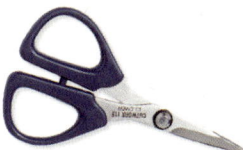

가위 뜨개판을 건드리지 않도록 끝이 뾰족한 가위를 쓴다.

털실과 바느질실 2~3합사 굵기의 레이스 실과 모헤어 실을 많이 쓴다. 단추를 달 때 쓰는 바느질실도 준비한다.

바늘 굵기 체크 자 구멍에 대바늘을 끼워 바늘 굵기를 확인할 수 있다. 1.0mm 정도의 가는 바늘도 잴 수 있는 자가 좋다.

미니 폼폼 메이커 작은 폼폼(털방울)을 만들 때 쓴다.

단수체크기 몇 단을 떴는지 체크하는 도구이다.

게이지 자 뜨개판의 단수와 콧수를 셀 때 쓴다.

줄자 인형이나 뜨개판의 치수를 잴 때 쓴다.

마커 무늬를 구분하거나, 몸판과 소매 부분을 표시할 때 쓴다.

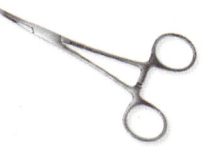

겸자 뜨개판을 뒤집거나 단춧구멍을 넓힐 때 쓴다.

도안 보는 법

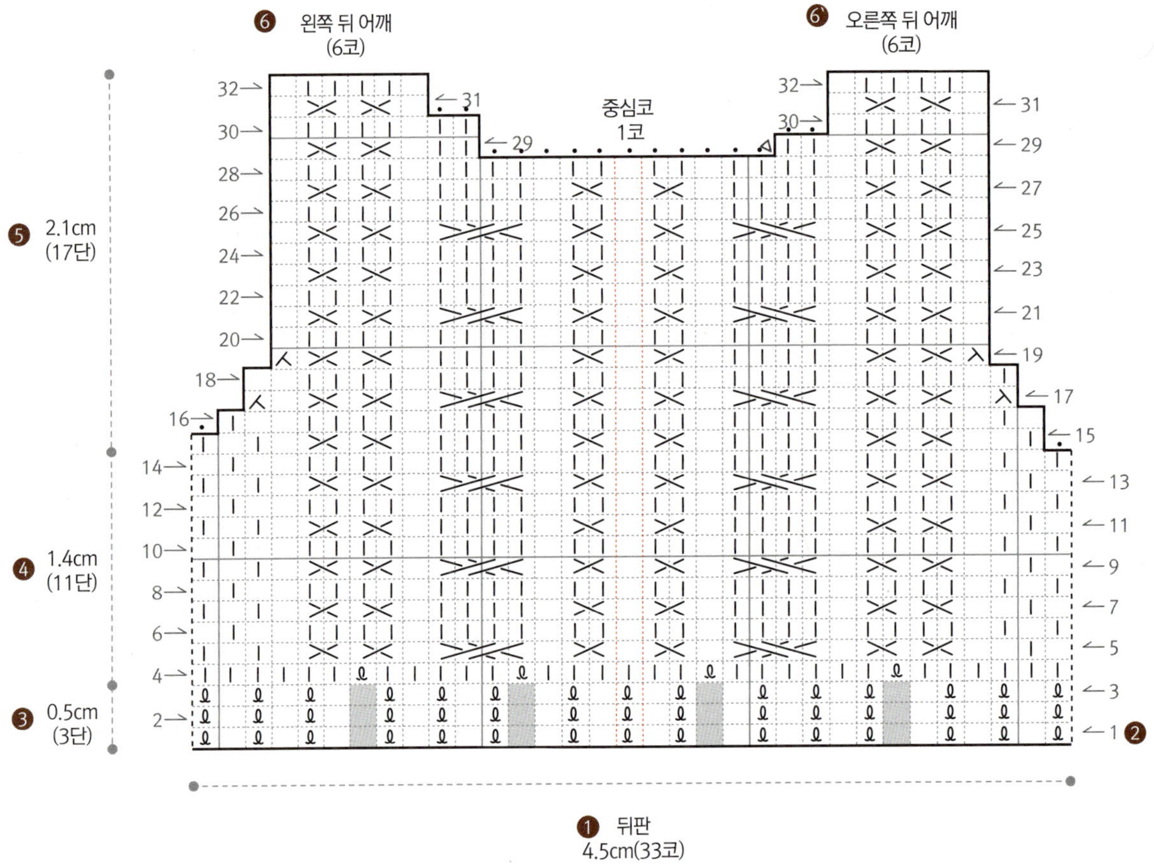

❻ 왼쪽 뒤 어깨 (6코)　　　❻ 오른쪽 뒤 어깨 (6코)

중심코 1코

❺ 2.1cm (17단)

❹ 1.4cm (11단)

❸ 0.5cm (3단)

❶ 뒤판 4.5cm(33코)

❼
- | 겉뜨기
- = ㅡ 안뜨기
- ㅅ 왼코 줄이기
- ㅅ 오른코 줄이기
- • 코 막음
- ℓ 끌어 올려 겉뜨기로 늘리기
- ℓ 겉뜨기 꼬아뜨기

- 없는 코
- 1 대 1 왼코 위 교차뜨기
- 1 대 1 오른코 위 교차뜨기
- 2 대 2 왼코 위 교차뜨기
- 2 대 2 오른코 위 교차뜨기

❽ ◁ 새 실 걸기

도안 보는 법

줄임말

- 뜨기 기법은 지면상의 제약으로 대부분 줄임말로 표기했다.
  예를 들어 '겉꼬'는 '겉뜨기 꼬아뜨기'이다. 기법의 줄임말은 의상별로 상세히 적혀 있으니 참고하기 바란다.

5단 안 1, 겉 1, 안 2, 11왼C 1, 11오C 1, 안 1, 22오C 1, 안 1, 11오C 1, 안 1, 11왼C 1, 안 1, 22왼C 1, 안 1, 11왼C 1, 11오C 1, (안 1, 겉 1)×2

예를 들어 위와 같이 적혀 있다면 뜨는 방법은 아래와 같다.

안뜨기 1코, 겉뜨기 1코, 안뜨기 2코, 1 대 1 왼코 위 교차뜨기 1회, 1 대 1 오른코 위 교차뜨기 1회, 안뜨기 1코, 2 대 2 오른코 위 교차뜨기 1회, 안뜨기 1코, 1 대 1 오른코 위 교차뜨기 1회, 안뜨기 1코, 1 대 1 왼코 위 교차뜨기 1회, 안뜨기 1코, 2 대 2 왼코 위 교차뜨기 1회, 안뜨기 1코, 1 대 1 왼코 위 교차뜨기 1회, 1 대 1 오른코 위 교차뜨기 1회, (안뜨기 1코, 겉뜨기 1코)를 2회 반복

차트 도안과 모눈 도안

❶ 처음 시작 코의 개수(33코)와 너비(4.5cm)를 뜻한다.

❷ 뜨기의 진행 방향을 뜻한다. 무늬는 겉으로 보이는 기호로 표기하므로 뜨개 겉면은 차트의 기호대로, 뜨개 안쪽 면은 기호의 반대로 떠야 한다. 예를 들어 안쪽 면에서 뜨는 단 차트에 겉뜨기 기호가 표기되어 있다면 안뜨기로 뜨면 된다.

❸ 밑단의 길이(0.5cm)와 단수(3단)를 뜻한다.

❹ 진동을 줄이기 전까지의 길이(1.4cm)와 단수(11단)를 뜻한다.

❺ 진동에서부터 어깨까지의 길이(2.1cm)와 단수(17단)를 뜻한다.

❻, ❻` 어깨의 콧수(6코)를 뜻한다.

❼ 사용한 뜨개 기법과 기호를 뜻한다.

❽ 베스트는 오른쪽 어깨를 먼저 뜬 후 다시 새 실을 걸어 왼쪽 어깨를 완성한다. 이때 새로 시작하는 부분(왼쪽 어깨)에 '새 실 걸기'라고 표시해 놓는다.

- 도안이 커서 두 페이지에 걸쳐 수록한 경우, 빨간 선으로 겹치는 부분의 경계를 표시했다. 양쪽 페이지 붉은색 선을 포개 두 도안을 연결하면 원래 도안이 된다.

몸판

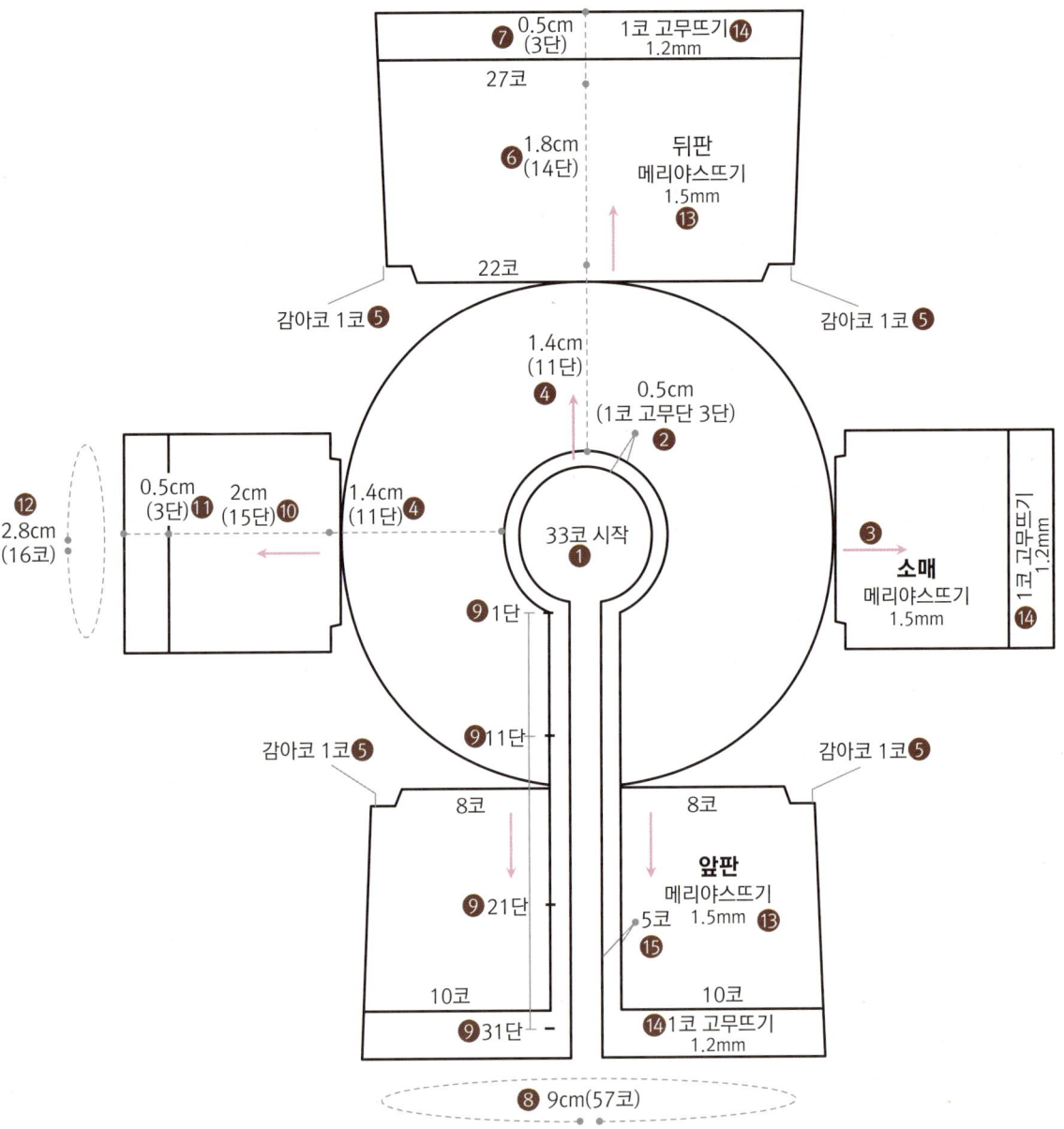

그림 도안

28쪽의 그림 도안은 톱다운 방식으로, 목둘레에서 아래로 떠서 내려가며 옷을 완성하는 기법이다. 먼저 목둘레에서 진동까지 뜬 후, 각 부분(몸판, 소매)을 나누고, 앞판과 뒤판을 하나로 이어 뜬다(위에서 아래로 가운데가 갈라진 원통형을 연상하면 이해하기 쉽다). 즉 그림 도안은 평면으로 각각의 몸판이 펼쳐져 있는 모양이지만, 앞판과 뒤판을 한꺼번에 떠서 내려가는 형태이다. 소매는 소매에서 다시 코를 잡아 원형뜨기를 한다.

❶ 목둘레 시작 코를 표시. 시작 코는 33코이다.

❷ 목둘레 단 길이(0.5cm)와 단수(3단)를 뜻한다.

❸ 진행 방향을 표시하는 화살표로 목둘레부터 아래로 진행한다는 뜻이다.

❹ 진동의 길이(1.4cm)와 단수(11단)를 뜻한다.

❺ 진동을 늘린 후 몸판, 소매를 나누면서 감아코를 만든다. 감아코 1코를 만들라는 표시
   (앞판 1코 + 뒤판 1코 = 총 2코).

❻ 몸판 진동 아래에서부터 밑단 전까지의 길이(1.8cm)와 단수(14단)를 뜻한다.

❼ 몸판 밑단의 길이(0.5cm)와 단수(3단)를 뜻한다.

❽ 몸판의 너비(9cm)와 최종 콧수(57코)를 뜻한다.

❾ 단춧구멍을 내는 단으로 1, 11, 21, 31단에 단춧구멍을 낸다는 뜻이다.

❿ 소매 진동 아래에서부터 밑단 전까지의 길이(2cm)와 단수(15단)를 뜻한다.

⓫ 소매 밑단의 길이(0.5cm)와 단수(3단)를 뜻한다.

⓬ 소매 끝의 너비(2.8cm)와 최종 콧수(16코)를 뜻한다.

⓭ 각 뜨개 부위의 명칭과 뜨기 방법, 사용 바늘의 굵기를 뜻한다.

⓮ 밑단의 뜨기 방법과 사용 바늘의 굵기를 뜻한다.

⓯ 단추 여밈 단의 콧수(5코)를 뜻한다.

• 도안의 용어 중 '1단평', '2단평' 등은 '1(2)단을 뜨던 조직대로 뜬다'라는 뜻이다. 예를 들어 메리야스 조직의 그림 도안에서, 다음 단의 차례가 겉뜨기일 때 '2단평'이라고 되어 있다면 '겉뜨기 1단, 안뜨기 1단, 총 2단을 뜨라는 의미이다.

The Clothes for My Doll

HAND KNITTED DOLL CLOTHES

요일 패턴 트레이닝복

이왕이면 운동복도 예쁜 걸 입어야 운동하고 싶은 마음이 더 생기지 않을까요?
이번에 소개하는 니트 트레이닝복은 비비드한 컬러에, 요일별로 바꿔 입을 수 있도록
등판에는 글자 배색까지 넣어 보았어요. 화보로는 핑크색의 일요일 마크만 소개했지만,
여러분은 취향의 컬러와 요일로 자유롭게 만들어 보세요.

Front

Back

Pants

Descriptions

모델 다락아이 '미아'

착용 가능 사이즈 디아나돌, 키 31~33cm 인형

크기
상의: 가슴둘레 18.6cm, 옷 길이 11.2cm, 소매길이 11.2cm
하의: 허리 14.6cm, 엉덩이둘레 16.5cm, 바지 길이 15.7cm, 다리 둘레 9.3cm

사용한 실 랑 자울 LANG Jawoll · 핑크색(0109), 흰색(0001), 다른 연한 색 실 조금

대체 가능한 실 3합사(3ply실)

바늘 대바늘 · 1.5mm(4개), 1.75mm(4개) | 모사용 코바늘 · 0호

기타 준비물 지퍼, 가위, 돗바늘, 마커, 바느질실, 바늘, 시침핀

게이지 상·하의 동일하게 메리야스 45코×57단

How to make
상의
난이도 ★★★★☆

× 위에서 아래로 떠서 내려가는 톱다운 방식이다. 별도의 실로 뜬 사슬코의 산에서 코를 주워 몸판을 뜬다.
× 목둘레 고무단은 별실의 사슬코를 풀어 내서 뜬다.
× 줄무늬 부분은 흰색으로 배색하면서 뜬다.

| 겉 겉뜨기 | 안 안뜨기 | 오L 오른코 늘리기 | 왼L 왼코 늘리기 | 오D 오른코 줄이기 | 왼D 왼코 줄이기 | 안 왼2T 안뜨기로 왼코 줄이기 | 겉S 겉뜨기에서 걸러뜨기 | 안S 안뜨기에서 걸러뜨기 | 겉꼬 겉뜨기 꼬아뜨기 | 안꼬 안뜨기 꼬아뜨기 | 핑 핑크색 | 흰 흰색

A 몸판

코 만들기 모사용 코바늘 0호와 다른 색상의 나중에 풀어낼 실(이하 '별실'로 표기)을 써서 사슬 55코를 떠 준다.
그 후 핑크색 실과 1.75mm 대바늘로 사슬코에서 55코를 코 줍기 하여 코를 만든다.

1단	핑 겉
2단	핑 겉S 1, 핑 겉 1, 핑 안 1, 핑 겉 5, 핑 오L 1, 핑 겉 2, 핑 왼L 1, 핑 겉 1, 흰 겉 2, 핑 겉 2, 흰 겉 2, 핑 겉 1, 핑 오L 1, 핑 겉 2, 핑 왼L 1, 핑 겉 15, 핑 오L 1, 핑 겉 2, 핑 왼L 1, 핑 겉 1, 흰 겉 2, 핑 겉 2, 흰 겉 2, 핑 겉 1, 핑 오L 1, 핑 겉 2, 핑 왼L 1, 핑 겉 5, 핑 안 1, 핑 겉 2/ 총 63코
3단	핑 안S 1, 핑 안 1, 핑 겉 1, 핑 안 10, 흰 안 2, 핑 안 2, 흰 안 2, 핑 안 25, 흰 안 2, 핑 안 2, 흰 안 2, 핑 안 10, 핑 겉 1, 핑 안 2
4단	핑 겉S 1, 핑 겉 1, 핑 안 1, 핑 겉 6, 핑 오L 1, 핑 겉 2, 핑 왼L 1, 핑 겉 2, 흰 겉 2, 핑 겉 2, 흰 겉 2, 핑 겉 2, 핑 오L 1, 핑 겉 2, 핑 왼L 1, 핑 겉 17, 핑 오L 1, 핑 겉 2, 핑 왼L 1, 핑 겉 2, 흰 겉 2, 핑 겉 2, 흰 겉 2, 핑 겉 2, 핑 오L 1, 핑 겉 2, 핑 왼L 1, 핑 겉 6, 핑 안 1, 핑 겉 2/ 총 71코
5단	핑 안S 1, 핑 안 1, 핑 겉 1, 이후 줄무늬 배색을 유지하면서 마지막 3코 전까지 핑크색 실로 안뜨기, 핑 겉 1, 핑 안 2. 이후 11단까지 홀수 단 동일
6단	핑 겉S 1, 핑 겉 1, 핑 안 1, 핑 겉 7, 핑 오L 1, 핑 겉 2, 핑 왼L 1, 핑 겉 3, 흰 겉 2, 핑 겉 2, 흰 겉 2, 핑 겉 3, 핑 오L 1, 핑 겉 2, 핑 왼L 1, 핑 겉 19, 핑 오L 1, 핑 겉 2, 핑 왼L 1, 핑 겉 3, 흰 겉 2, 핑 겉 2, 흰 겉 2, 핑 겉 3, 핑 오L 1, 핑 겉 2, 핑 왼L 1, 핑 겉 7, 핑 안 1, 핑 겉 2/ 총 79코
8단	핑 겉S 1, 핑 겉 1, 핑 안 1, 핑 겉 8, 핑 오L 1, 핑 겉 2, 핑 왼L 1, 핑 겉 4, 흰 겉 2, 핑 겉 2, 흰 겉 2, 핑 겉 4, 핑 오L 1, 핑 겉 2, 핑 왼L 1, 핑 겉 21, 핑 오L 1, 핑 겉 2, 핑 왼L 1, 핑 겉 4, 흰 겉 2, 핑 겉 2, 흰 겉 2, 핑 겉 4, 핑 오L 1, 핑 겉 2, 핑 왼L 1, 핑 겉 8, 핑 안 1, 핑 겉 2/ 총 87코
10단	핑 겉S 1, 핑 겉 1, 핑 안 1, 핑 겉 9, 핑 오L 1, 핑 겉 2, 핑 왼L 1, 핑 겉 5, 흰 겉 2, 핑 겉 2, 흰 겉 2, 핑 겉 5, 핑 오L 1, 핑 겉 2, 핑 왼L 1, 핑 겉 23, 핑 오L 1, 핑 겉 2, 핑 왼L 1, 핑 겉 5, 흰 겉 2, 핑 겉 2, 흰 겉 2, 핑 겉 5, 핑 오L 1, 핑 겉 2, 핑 왼L 1, 핑 겉 9, 핑 안 1, 핑 겉 2/ 총 95코
12단	핑 겉S 1, 핑 겉 1, 핑 안 1, 핑 겉 10, 핑 오L 1, 핑 겉 2, 핑 왼L 1, 핑 겉 6, 흰 겉 2, 핑 겉 2, 흰 겉 2, 핑 겉 6, 핑 오L 1, 핑 겉 2, 핑 왼L 1, 핑 겉 25, 핑 오L 1, 핑 겉 2, 핑 왼L 1, 핑 겉 6, 흰 겉 2, 핑 겉 2, 흰 겉 2, 핑 겉 6, 핑 오L 1, 핑 겉 2, 핑 왼L 1, 핑 겉 10, 핑 안 1, 핑 겉 2/ 총 103코

몸판

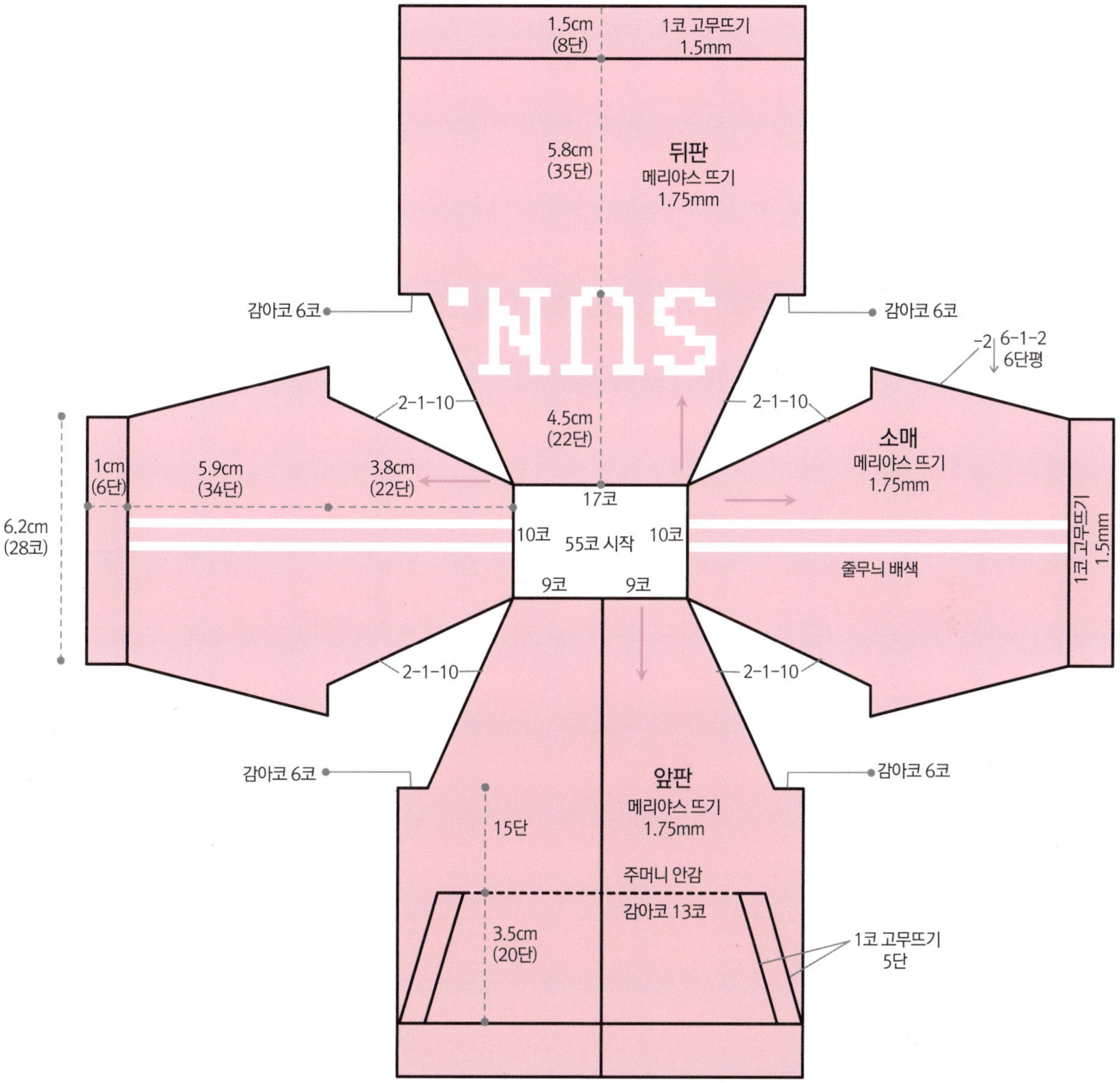

1.5cm (8단)
1코 고무뜨기 1.5mm
5.8cm (35단)
뒤판
메리야스 뜨기 1.75mm
감아코 6코
감아코 6코
-2 6-1-2 6단평
2-1-10
2-1-10
4.5cm (22단)
소매
메리야스 뜨기 1.75mm
1cm (6단)
5.9cm (34단)
3.8cm (22단)
17코
6.2cm (28코)
10코
55코 시작
10코
1코 고무뜨기 1.5mm
줄무늬 배색
9코
9코
2-1-10
2-1-10
감아코 6코
감아코 6코
앞판
메리야스 뜨기 1.75mm
15단
주머니 안감
감아코 13코
3.5cm (20단)
1코 고무뜨기 5단

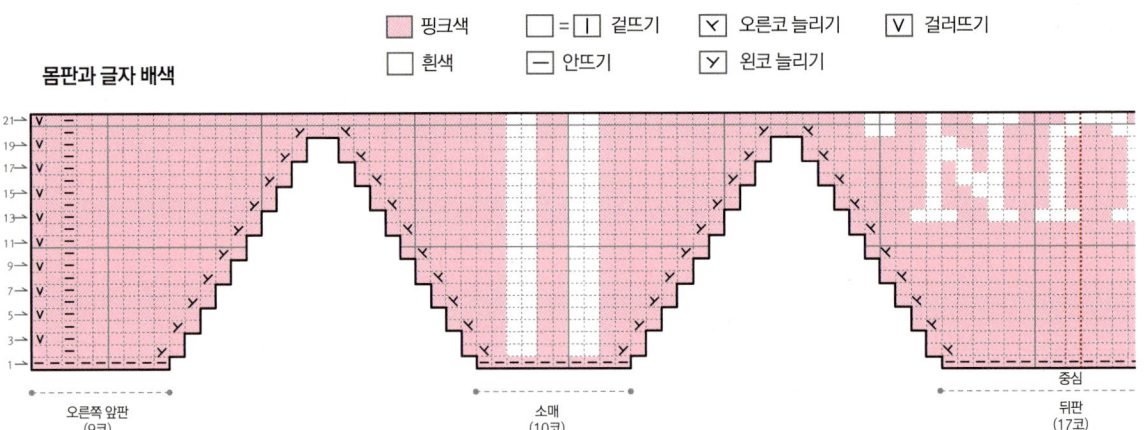

B 뒤판 글자 배색

13단	핑안S 1, 핑안 1, 핑겉 1, 핑안 20, 흰안 2, 핑안 2, 흰안 2, 핑안 12, 흰안 3, 핑안 2, 흰안 2, 핑안 1, 흰안 3, 핑안 2, 흰안 3, 핑안 2, 흰안 4, 핑안 11, 흰안 2, 핑안 2, 흰안 2, 핑안 20, 핑겉 1, 핑안 2
14단	핑겉S 1, 핑겉 1, 핑안 1, 핑겉 11, 핑오L 1, 핑겉 2, 핑왼L 1, 핑겉 7, 흰겉 2, 핑겉 2, 흰겉 2, 핑겉 7, 핑오L 1, 핑겉 2, 핑왼L 1, 핑겉 1, 흰겉 2, 핑겉 2, 흰겉 2, 핑겉 2, 흰겉 1, 핑겉 4, 흰겉 1, 핑겉 3, 흰겉 1, 핑겉 3, 흰겉 1, 핑겉 4, 핑오L 1, 핑겉 2, 핑왼L 1, 핑겉 7, 흰겉 2, 핑겉 2, 흰겉 2, 핑겉 7, 핑오L 1, 핑겉 2, 핑왼L 1, 핑겉 11, 핑안 1, 핑겉 2/ 총 111코
15단	핑안S 1, 핑안 1, 핑겉 1, 핑안 22, 흰안 2, 핑안 2, 흰안 2, 핑안 15, 흰안 1, 핑안 2, 흰안 2, 핑안 3, 흰안 1, 핑안 4, 흰안 1, 핑안 7, 흰안 1, 핑안 12, 흰안 2, 핑안 2, 흰안 2, 핑안 22, 핑겉 1, 핑안 2
16단	핑겉S 1, 핑겉 1, 핑안 1, 핑겉 12, 핑오L 1, 핑겉 2, 핑왼L 1, 핑겉 8, 흰겉 2, 핑겉 2, 흰겉 2, 핑겉 8, 핑오L 1, 핑겉 2, 핑왼L 1, 핑겉 2, 흰겉 3, 핑겉 5, 흰겉 1, 핑겉 4, 흰겉 1, 핑겉 3, 흰겉 3, 핑겉 1, 흰겉 1, 핑겉 5, 핑오L 1, 핑겉 2, 핑왼L 1, 핑겉 8, 흰겉 2, 핑겉 2, 흰겉 2, 핑겉 8, 핑오L 1, 핑겉 2, 핑왼L 1, 핑겉 12, 핑안 1, 핑겉 2/ 총 119코
17단	핑안S 1, 핑안 1, 핑겉 1, 핑안 24, 흰안 2, 핑안 2, 흰안 2, 핑안 17, 흰안 1, 핑안 1, 흰안 1, 핑안 1, 흰안 1, 핑안 3, 흰안 1, 핑안 4, 흰안 1, 핑안 3, 흰안 3, 핑안 16, 흰안 2, 핑안 2, 흰안 2, 핑안 24, 핑겉 1, 핑안 2
18단	핑겉S 1, 핑겉 1, 핑안 1, 핑겉 13, 핑오L 1, 핑겉 2, 핑왼L 1, 핑겉 9, 흰겉 2, 핑겉 2, 흰겉 2, 핑겉 9, 핑오L 1, 핑겉 2, 핑왼L 1, 핑겉 7, 흰겉 2, 핑겉 2, 흰겉 1, 핑겉 4, 흰겉 1, 핑겉 3, 흰겉 1, 핑겉 1, 흰겉 3, 핑겉 6, 핑오L 1, 핑겉 2, 핑왼L 1, 핑겉 9, 흰겉 2, 핑겉 2, 흰겉 2, 핑겉 9, 핑오L 1, 핑겉 2, 핑왼L 1, 핑겉 13, 핑안 1, 핑겉 2/ 총 127코
19단	핑안S 1, 핑안 1, 핑겉 1, 핑안 26, 흰안 2, 핑안 2, 흰안 2, 핑안 19, 흰안 2, 핑안 1, 흰안 1, 핑안 3, 흰안 1, 핑안 4, 흰안 1, 핑안 2, 흰안 1, 핑안 21, 흰안 2, 핑안 2, 흰안 2, 핑안 26, 핑겉 1, 핑안 2
20단	핑겉S 1, 핑겉 1, 핑안 1, 핑겉 14, 핑오L 1, 핑겉 2, 핑왼L 1, 핑겉 10, 흰겉 2, 핑겉 2, 핑겉 2, 핑겉 10, 핑오L 1, 핑겉 2, 핑왼L 1, 핑겉 4, 흰겉 2, 핑겉 2, 흰겉 2, 핑겉 2, 흰겉 2, 핑겉 2, 핑겉 3, 흰겉 1, 핑겉 3, 흰겉 1, 핑겉 2, 흰겉 2, 핑겉 3, 핑오L 1, 핑겉 2, 핑왼L 1, 핑겉 10, 흰겉 2, 핑겉 2, 흰겉 2, 핑겉 10, 핑오L 1, 핑겉 2, 핑왼L 1, 핑겉 14, 핑안 1, 핑겉 2/ 총 135코
21단	핑안S 1, 핑안 1, 핑겉 1, 핑안 28, 흰안 2, 핑안 2, 흰안 2, 핑안 17, 흰안 2, 핑안 2, 흰안 1, 핑안 2, 흰안 3, 핑안 3, 흰안 4, 핑안 4, 흰안 4, 핑안 19, 흰안 2, 핑안 2, 흰안 2, 핑안 28, 핑겉 1, 핑안 2

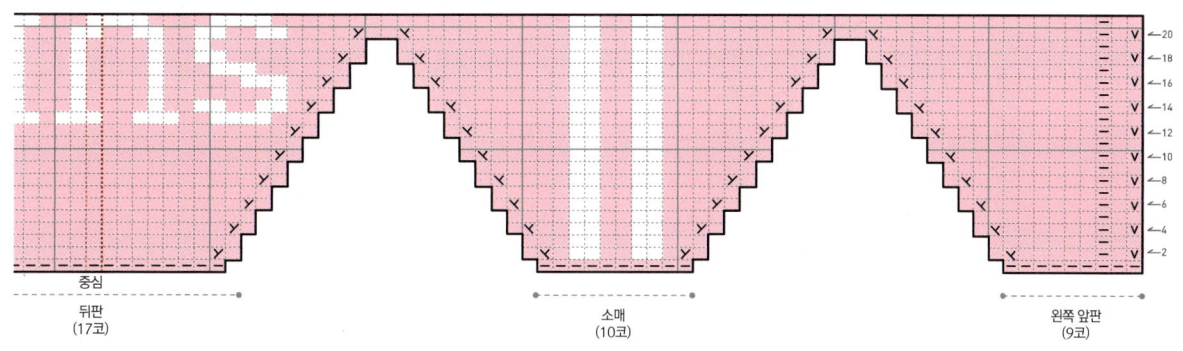

뒤판
(17코)

소매
(10코)

왼쪽 앞판
(9코)

C 몸판과 소매 분리

뒤판의 글자 배색용 흰색 실은 자르고, 모든 코는 핑크색 실로 뜬다.

22단	겉S 1, 겉 1, 안 1, 겉 16, 소매용 30코를 별실에 걸어 두고 감아코 6코, 겉 37, 소매용 30코를 별실에 걸어 두고, 감아코로 6코, 겉 16, 안 1, 겉 2
23단	안S 1, 안 1, 겉 1, 안 15, 안 왼2T 1, 안 4, 안 왼2T 1, 안 35, 안 왼2T 1, 안 4, 안 왼2T 1, 안 15, 겉 1, 안 2/ 총 83코
24단	겉S 1, 겉 1, 안 1, 마지막 3코 전까지 겉뜨기, 안 1, 겉 2
25단	안S 1, 안 1, 겉 1, 마지막 3코 전까지 안뜨기, 겉 1, 안 2
26~33단	24~25단을 4회 반복한다.
34단	겉S 1, 겉 1, 안 1, (겉 5, 겉 왼D 1, 겉 4) × 7, 안 1, 겉 2/ 총 76코
35단	안S 1, 안 1, 겉 1, 마지막 3코 전까지 안뜨기, 겉 1, 안 2
36단	겉S 1, 겉 1, 안 1, 마지막 3코 전까지 겉뜨기, 안 1, 겉 2

주머니 안감과 겉감을 분리해서 뜨기 시작한다.

D 오른쪽 주머니 겉감

37단	안S 1, 안 1, 겉 1, 안 13, 나머지 코는 뜨지 않고 남겨 둔 채 뜨개판을 돌린다./ 총 16코
38단	겉 13, 안 1, 겉 2
39단	안S 1, 안 1, 겉 1, 안 13
40단	겉 1, 겉 왼L 1, 겉 12, 안 1, 겉 2 / 총 17코
41단	안S 1, 안 1, 겉 1, 안 14
42단	겉 14, 안 1, 겉 2
43단	안S 1, 안 1, 겉 1, 안 13, 안 오L 1, 안 1/ 총 18코
44단	겉 15, 안 1, 겉 2
45단	안S 1, 안 1, 겉 1, 안 15
46단	겉 1, 겉 왼L 1, 겉 14, 안 1, 겉 2/ 총 19코
47단	안S 1, 안 1, 겉 1, 안 16
48단	겉 16, 안 1, 겉 2
49단	안S 1, 안 1, 겉 1, 안 15, 안 오L 1, 안 1/ 총 20코
50단	겉 17, 안 1, 겉 2
51단	안S 1, 안 1, 겉 1, 안 17
52단	겉 1, 겉 왼L 1, 겉 16, 안 1, 겉 2/ 총 21코
53단	안S 1, 안 1, 겉 1, 안 18
54단	겉 18, 안 1, 겉 2
55단	안S 1, 안 1, 겉 1, 안 18, 실을 자른 후 다른 바늘에 코를 옮겨 둔다.

E 가운데 몸판과 주머니 안감

안쪽 면에서 시작한다.

37단	감아코 13코, 남겨 둔 코에서 안 44코를 뜨고, 나머지 코는 뜨지 않고 남겨 둔다./ 총 57코
38단	감아코 13코, 겉 57/ 총 70코
39단	안뜨기
40~43단	겉뜨기로 시작하는 메리야스뜨기 4단
44단	겉 17, (겉 3, 오L 1, 겉 3) × 6, 겉 17/ 총 76코
45~49단	안뜨기로 시작하는 메리야스뜨기 5단을 뜬다.
50단	겉 17, (겉 3, 오L 1, 겉 3) × 7, 겉 17/ 총 83코
51~55단	안뜨기로 시작하는 메리야스뜨기 5단을 뜬 후 실을 자르고 다른 바늘에 코를 옮겨 둔다.

F 왼쪽 주머니 겉감

안쪽 면에서 새 실을 걸어서 남겨 둔 코로 뜨기 시작한다.

37단	안 13, 겉 1, 안 2/ 총 16코
38단	겉S 1, 겉 1, 안 1, 겉 13
39단	안 13, 겉 1, 안 2
40단	겉S 1, 겉 1, 안 1, 겉 12, 겉 오L 1, 겉 1/ 총 17코
41단	안 14, 겉 1, 안 2
42단	겉S 1, 겉 1, 안 1, 겉 14
43단	안 1, 안 왼L 1, 안 13, 겉 1, 안 2/ 총 18코
44단	겉S 1, 겉 1, 안 1, 겉 15
45단	안 15, 겉 1, 안 2
46단	겉S 1, 겉 1, 안 1, 겉 14, 겉 오L 1, 겉 1/ 총 19코
47단	안 16, 겉 1, 안 2
48단	겉S 1, 겉 1, 안 1, 겉 16
49단	안 1, 안 왼L 1, 안 15, 겉 1, 안 2/ 총 20코
50단	겉S 1, 겉 1, 안 1, 겉 17
51단	안 17, 겉 1, 안 2
52단	겉S 1, 겉 1, 안 1, 겉 16, 겉 오L 1, 겉 1/ 총 21코
53단	안 18, 겉 1, 안 2
54단	겉S 1, 겉 1, 안 1, 겉 18
55단	안 18, 겉 1, 안 2

G 주머니 안감과 겉감 연결

겉면에서 주머니 안감을 밑에, 겉감을 위에 놓는다. 그 후 주머니 겉감과 안감이 겹치는 부분을 모아뜨기를 한다.

56단	겉S 1, 겉 1, 안 1, 겉 왼D 18, 겉 47, 겉 왼D 18, 안 1, 겉 2/ 총 89코
57단	**1.5mm 대바늘로 바꿔서** 안S 1, 안 1, 마지막 2코 전까지 겉뜨기, 안 2 앞단 첫 코는 걸러뜨기 하고, 꼬아뜨기 기법으로 1코 고무뜨기를 시작한다.
58단	겉S 1, 겉 1, (안 1, 겉꼬 1) 마지막 3코 전까지 반복, 안 1, 겉 2
59단	안S 1, 안 1, (겉 1, 안꼬 1) 마지막 3코 전까지 반복, 겉 1, 안 2
60~65단	58~59단을 3회 반복한다. 그 후 실을 자르고 돗바늘에 꿰어, 1코 고무단으로 마무리한다.

H 주머니 겉감 사선 고무단

1.5mm 대바늘로, 뜨개판의 겉면 주머니 사선 부분에서 21코를 줍는다. 213쪽 '세로 단 코 줍기' 참조.

1단(안쪽 면)	겉/ 총 21코
2단(겉쪽 면)	겉 1, (겉꼬 1, 안 1) 마지막 2코 전까지 반복, 겉꼬 1, 겉 1
3단	안 1, (안꼬 1, 겉 1) 마지막 2코 전까지 반복, 안꼬 1, 안 1
4단	겉 1, (겉꼬 1, 안 1) 마지막 2코 전까지 반복, 겉꼬 1, 겉 1
5단	안 1, (안꼬 1, 겉 1) 마지막 2코 전까지 반복, 안꼬 1, 안 1

실을 자른 후 돗바늘에 꿰어서, 1코 고무단으로 마무리한다.

I 목둘레 고무단

코 줍기	1.75mm 대바늘로 별실의 사슬코를 풀면서 55코를 주워 준다.
1단(겉면)	겉S 1, 겉 1, (안 1, 겉꼬 1) 마지막 3코 전까지 반복, 안 1, 겉 2
2단	안S 1, 안 1, (겉 1, 안꼬 1) 마지막 3코 전까지 반복, 겉 1, 안 2
3~12단	1~2단을 5회 반복한다.

실을 자르고 돗바늘에 끼워서, 1코 고무단으로 마무리한다.

J 소매

1 소매는 원형뜨기 한다. 별실에 남겨 둔 30코를 1.75mm 바늘 2개에 각 15코씩 나눠서 걸어 준다.
2 3번째 대바늘로 바늘 2와 몸판의 감아코를 만든 자리 사이에서 1코를 줍고, 감아코 자리마다 코를 줍고, 바늘 1과 감아코 자리 사이에서 1코를 줍는다(15+15+8=38코).
3 몸판 윗부분에서 떠서 내려오는 흰색 줄무늬 배색을 유지하면서 원형뜨기를 한다.

1단	겉 29, 바늘 2의 마지막 코와 바늘 3의 첫 코 모아뜨기, 겉 6, 바늘 3의 마지막 코와 바늘1의 첫 코 모아뜨기/ 총 36코
2~6단	겉뜨기
7단	겉 28, 겉 오D 1, 겉 2, 겉 오D 1, 겉 2/ 총 34코
8~12단	겉뜨기
13단	겉 28, 겉 오D 1, 겉 2, 겉 오D 1/ 총 32코
14~33단	겉뜨기

K 소맷단

34단	줄무늬 배색용 흰색 실을 자르고, 핑크색 실과 **1.5mm 대바늘을 써서** (안 3, 안 왼2T 1, 안 3) × 4/ 총 28코
35~40단	(겉꼬 1, 안 1) × 6

실을 자르고 돗바늘에 꿰어서, 1코 고무단으로 마무리한다.

L 마무리

1 안쪽 면에서 실 정리를 한 후 다림질한다.
2 앞 몸판 안쪽에서 각 주머니 안감의 윗부분과 바깥 부분(지퍼 쪽)을 감침질로 연결한다.
3 지퍼를 앞단의 길이에 맞추어 시침핀을 꽂아 고정한 뒤 앞단 겉면의 안뜨기 1코 자리에서 반박음질로 연결한다.

요일별 글자 배색

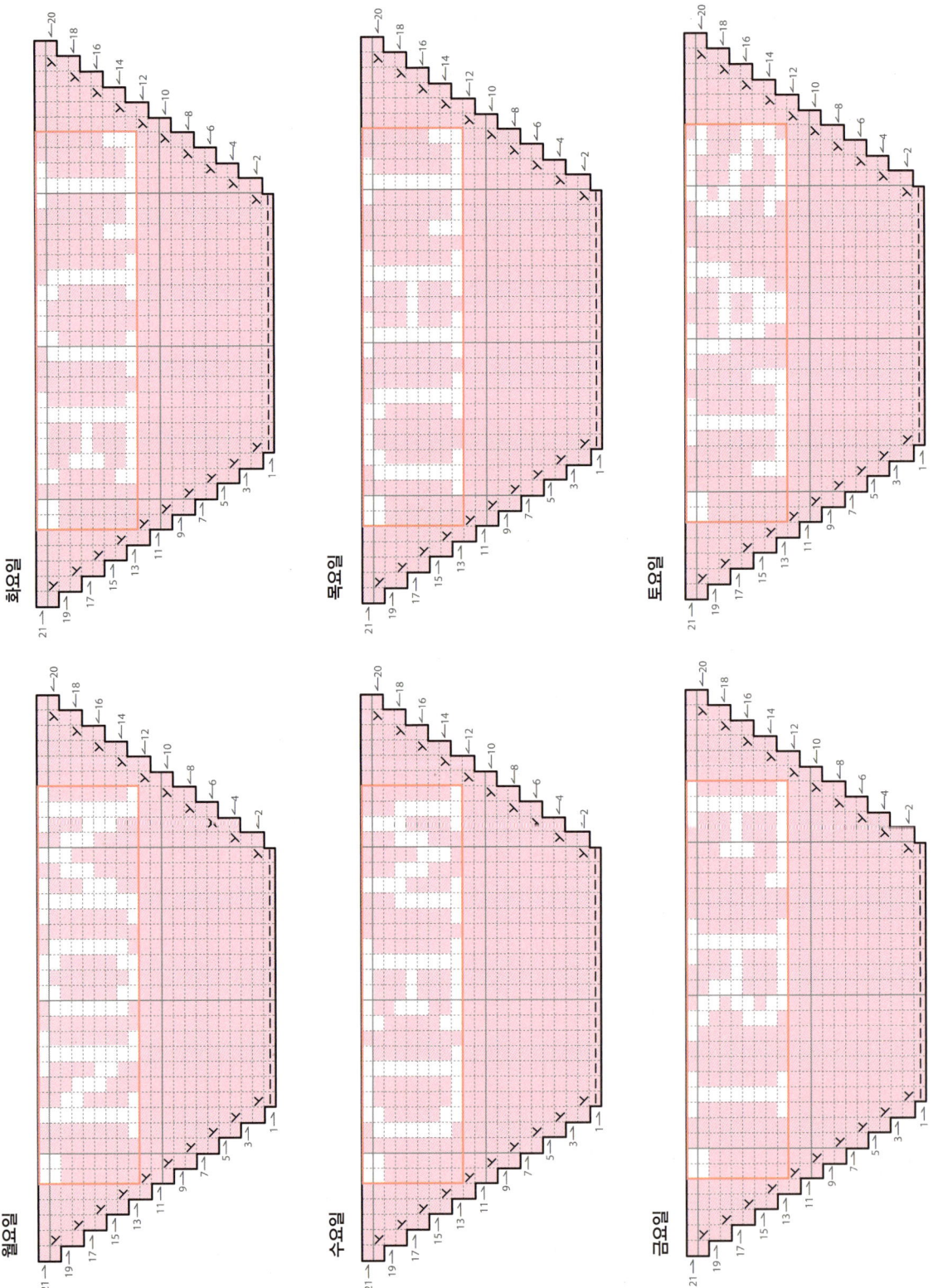

How to make
하의
난이도 ★★★☆☆

- 바지 밑단부터 허릿단으로 떠서 올라간다.
- 바지 다리 2개를 따로 뜬 뒤 두 개의 다리를 엉덩이 부분에서 합쳐 허릿단 쪽으로 뜬다.

겉 겉뜨기 | **안** 안뜨기 | **겉L** 끌어 올려 겉뜨기로 늘리기 | **왼D** 왼코 줄이기 | **오D** 오른코줄이기 | **겉꼬** 겉뜨기 꼬아뜨기 | **안꼬** 안뜨기 꼬아뜨기 | **핑** 핑크색 | **흰** 흰색

A 다리

오른쪽 다리 바지 밑단 고무단에서 시작한다.

코 만들기	핑크색 실과 1.5mm 대바늘을 써서 38코를 뜬다.
1단	(겉꼬 1, 안 1) × 19
2단	(겉 1, 안꼬 1) × 19
3~6단	1~2단을 2회 반복한다.
7단	(겉꼬 1, 안 1) × 19
8단	1.75mm 대바늘로 바꿔서 겉 1, (겉 3, 겉L 1, 겉 3) × 6, 겉 1/ 총 44코

다리 옆 중심선 흰색 2줄 배색 - 메리야스뜨기

9단	핑 겉 19, 흰 겉 2, 핑 겉 2, 흰 겉 2, 핑 겉 19/ 총 44코
10단	핑 안 19, 흰 안 2, 핑 안 2, 흰 안 2, 핑 안 19
11~60단	9~10단을 25회 반복한다.
61단	핑 겉 19, 흰 겉 2, 핑 겉 2, 흰 겉 2, 핑 겉 18, 핑 겉L 1, 핑 겉 1/ 총 45코
62단	핑 안 20, 흰 안 2, 핑 안 2, 흰 안 2, 핑 안 19/ 총 45코
63단	핑 겉 19, 흰 겉 2, 핑 겉 2, 흰 겉 2, 핑 겉 19, 핑 겉L 1, 핑 겉 1/ 총 46코
64단	핑 안 21, 흰 안 2, 핑 안 2, 흰 안 2, 핑 안 19
65단	핑 겉 1, 핑 겉L 1, 핑 겉 18, 흰 겉 2, 핑 겉 2, 흰 겉 2, 핑 겉 20, 핑 겉L 1, 핑 겉 1/ 총 48코
66단	핑 안 22, 흰 안 2, 핑 안 2, 흰 안 2, 핑 안 20
67단	핑 겉 1, 핑 겉L 1, 핑 겉 19, 흰 겉 2, 핑 겉 2, 흰 겉 2, 핑 겉 22, 핑 감아코 2코/ 총 51코
68단	핑 안 24, 흰 안 2, 핑 안 2, 흰 안 2, 핑 안 21

실 15cm만 남긴 채 자르고, 다른 바늘에 코를 옮겨 둔다.

왼쪽 다리

1~60단	첫 번째 다리의 60단까지 같은 방식으로 뜬다.
61단	핑 겉 1, 핑 겉L 1, 핑 겉 18, 흰 겉 2, 핑 겉 2, 흰 겉 2, 핑 겉 19/ 총 45코
62단	핑 안 19, 흰 안 2, 핑 안 2, 흰 안 2, 핑 안 20
63단	핑 겉 1, 핑 겉L 1, 핑 겉 19, 흰 겉 2, 핑 겉 2, 흰 겉 2, 핑 겉 19/ 총 46코
64단	핑 안 19, 흰 안 2, 핑 안 2, 흰 안 2, 핑 안 21
65단	핑 겉 1, 핑 겉L 1, 핑 겉 20, 흰 겉 2, 핑 겉 2, 흰 겉 2, 핑 겉 18, 핑 겉L 1, 핑 겉 1/ 총 48코
66단	핑 안 20, 흰 안 2, 핑 안 2, 흰 안 2, 핑 안 22
67단	핑 감아코 2코, 핑 겉 22, 흰 겉 2, 핑 겉 2, 흰 겉 2, 핑 겉 19, 핑 겉L 1, 핑 겉 1/ 총 51코
68단	핑 안 21, 흰 안 2, 핑 안 2, 흰 안 2, 핑 안 24/ 총 51코

실을 자르지 않고 두 개의 다리를 함께 뜨기 시작한다. 이때 바늘에 걸린 코부터 뜨며, 양쪽 다리의 흰색 줄무늬 배색을 유지하면서 떠 준다.

69단	코 막음 3코, 핑 겉 21, 흰 겉 2, 핑 겉 2, 흰 겉 2, 핑 겉 19, 핑 겉 왼D 1, 다른 바늘에 남겨 둔 코에서 핑 겉 오D 1, 핑 겉 19, 흰 겉 2, 핑 겉 2, 흰 겉 2, 핑 겉 24/ 총 97코
70단	코 막음 3코, 핑 안 21, 흰 안 2, 핑 안 2, 흰 안 2, 핑 안 40, 흰 안 2, 핑 안 2, 흰 안 2, 핑 안 21/ 총 94코

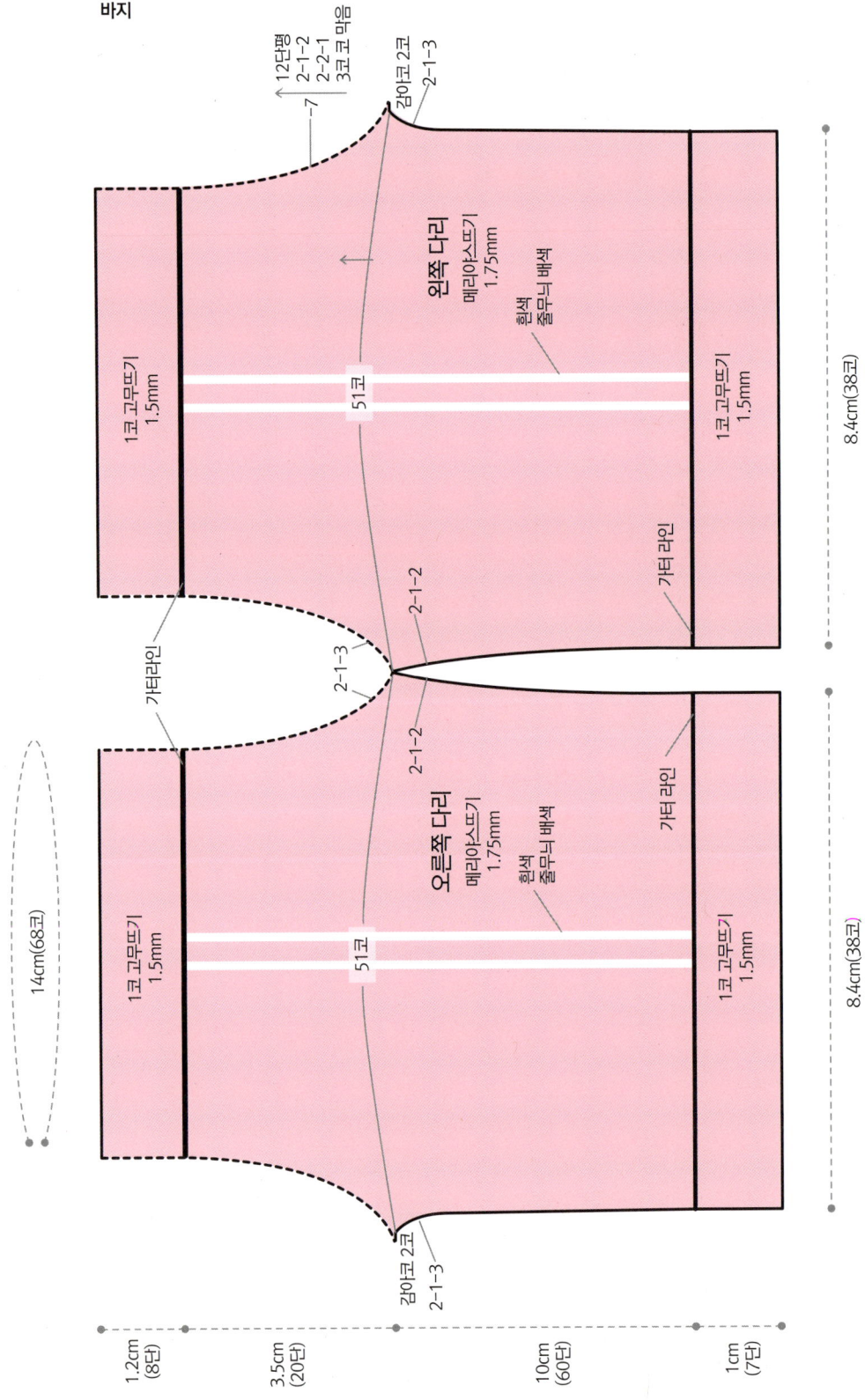

71단	코 막음 2코, 핑 겉 19, 흰 겉 2, 핑 겉 2, 흰 겉 2, 핑 겉 18, 핑 겉 왼D 1, 핑 겉 오D 1, 핑 겉 18, 흰 겉 2, 핑 겉 2, 흰 겉 2, 핑 겉 21/ 총 90코
72단	코 막음 2코, 핑 안 19, 흰 안 2, 핑 안 2, 흰 안 2, 핑 안 38, 흰 안 2, 핑 안 2, 흰 안 2, 핑 안 19/ 총 88코
73단	핑 겉 오D 1, 핑 겉 17, 흰 겉 2, 핑 겉 2, 흰 겉 2, 핑 겉 17, 핑 겉 왼D 1, 핑 겉 오D 1, 핑 겉 17, 흰 겉 2, 핑 겉 2, 흰 겉 2, 핑 겉 17, 핑 겉 왼D 1/ 총 84코
74단	핑 안 18, 흰 안 2, 핑 안 2, 흰 안 2, 핑 안 36, 흰 안 2, 핑 안 2, 흰 안 2, 핑 안 18
75단	핑 겉 오D 1, 핑 겉 16, 흰 겉 2, 핑 겉 2, 흰 겉 2, 핑 겉 36, 흰 겉 2, 핑 겉 2, 흰 겉 2, 핑 겉 16, 핑 겉 왼D 1/ 총 82코
76단	핑 안 17, 흰 안 2, 핑 안 2, 흰 안 2, 핑 안 36, 흰 안 2, 핑 안 2, 흰 안 2, 핑 안 17
77단	핑 겉 17, 흰 겉 2, 핑 겉 2, 흰 겉 2, 핑 겉 36, 흰 겉 2, 핑 겉 2, 흰 겉 2, 핑 겉 17
78단	핑 안 17, 흰 안 2, 핑 안 2, 흰 안 2, 핑 안 36, 흰 안 2, 핑 안 2, 흰 안 2, 핑 안 17
79~82단	77~78단을 2회 반복한다.
83단	핑 겉 17, 흰 겉 2, 핑 겉 2, 흰 겉 2, (핑 겉 5, 핑 겉 왼D 1, 핑 겉 5) × 3, 흰 겉 2, 핑 겉 2, 흰 겉 2, 핑 겉 17/ 총 79코
84단	핑 안 17, 흰 안 2, 핑 안 2, 흰 안 2, 핑 안 33, 흰 안 2, 핑 안 2, 흰 안 2, 핑 안 17
85단	핑 겉 1, (핑 겉 3, 핑 겉 왼D 1, 핑 겉 3) × 2, 흰 겉 2, 핑 겉 2, 흰 겉 2, (핑 겉 5, 핑 겉 왼D 1, 핑 겉 4) × 3, 흰 겉 2, 핑 겉 2, 흰 겉 2, (핑 겉 3, 핑 겉 왼D 1, 핑 겉 3) × 2, 핑 겉 1/ 총 72코
86단	핑 안 15, 흰 안 2, 핑 안 2, 흰 안 2, 핑 안 30, 흰 안 2, 핑 안 2, 흰 안 2, 핑 안 15
87단	핑 겉 15, 흰 겉 2, 핑 겉 2, 흰 겉 2, 핑 겉 30, 흰 겉 2, 핑 겉 2, 흰 겉 2, 핑 겉 15
88단	흰색 실을 자른 뒤 (핑 겉 8, 핑 겉 왼D 1, 핑 겉 8) × 4/ 총 68코
89단	**1.5mm 대바늘로 바꾸어** (겉꼬 1, 안 1) × 34
90단	(겉 1, 안꼬 1) × 34
91~96단	89~90단을 3회 반복한다.

실을 잘라 돗바늘에 끼우고, 1코 고무단으로 마무리한다.

B 마무리

1 양쪽 다리의 시접선을 밑단부터 엉덩이 밑아래까지 각각 메리야스 잇기로 연결한다.
2 양쪽 다리가 만나는 엉덩이 부분부터 바지 허릿단 끝까지 메리야스 잇기로 연결한다.

버블 봉지 가방

봉지의 내추럴한 느낌을 니트로 구현해 사랑스러운 가방 아이템을 만들어 보았습니다.
일반 봉지를 다루듯 끈을 귀엽게 묶어 내 인형에게 코디해 보세요.

Descriptions

모델 제리베리 '쁘띠 베리'

착용 가능 사이즈 USD 이상 사이즈의 인형에게 두루 호환

크기 가로 7cm, 세로 6cm, 끈 길이 4cm & 2cm

사용한 실 랑 노베나 Novena • 청록색(0018)

대체 가능한 실 3합사(3ply 실)

바늘 줄바늘 • 2.5mm(1개), 2.75mm(1개)

기타 준비물 꽈배기 바늘(교차무늬 바늘), 돗바늘, 가위

게이지 무늬뜨기 41코×52단(2.75mm 바늘), 가터뜨기 38코×50단(2.5mm바늘)

How to make
난이도 ★★★★☆

- 아래에서 위로 무늬를 넣으면서 뜬다.
- 2장을 떠서 옆선과 밑부분을 연결해서 완성한다.

겉 겉뜨기 | 안 안뜨기 | 안꼬 안뜨기 꼬아뜨기 | 11원C 1 대 1 왼코 위 교차뜨기 | 11오C 1 대 1 오른코 위 교차뜨기 | 11왼꼬C 1 대 1 왼코 위 꼬아 교차뜨기 | 11오꼬C 1 대 1 오른코 위 꼬아 교차뜨기 | 22왼C 2 대 2 왼코 위 교차뜨기 | 22오C 2 대 2 오른코 위 교차뜨기

A 가방 앞판

코 만들기 (1단)	2.75mm 줄바늘을 써서 일반 코 잡기로 29코를 만든다.
2단	겉 2, 안 4, 겉 1, 안 2, 겉 1, 안 9, 겉 1, 안 2, 겉 1, 안 4, 겉 2
3단	안 2, 겉 4, 안 1, 11원C 1, 안 1, 겉 5, 11오꼬C 1, 겉 2, 안 1, 11오C 1, 안 1, 겉 4, 안 2
4단	겉 2, 안 4, 겉 1, 안 2, 겉 1, 안 2, 안꼬 2, 안 5, 겉 1, 안 2, 겉 1, 안 4, 겉 2
5단	안 2, 22원C 1, 안 1, 11원C 1, 안 1, 겉 4, 11원꼬C 1, 11오꼬C 1, 겉 1, 안 1, 11오C 1, 안 1, 22오C 1, 안 2
6단	겉 2, 안 4, 겉 1, 안 2, 겉 1, 안 1, 안꼬 1, 안 2, 안꼬 1, 안 4, 겉 1, 안 2, 겉 1, 안 4, 겉 2
7단	안 2, 겉 4, 안 1, 11원C 1, 안 1, 겉 3, 11원꼬C 1, 겉 2, 3코 구슬뜨기 1, 겉 1, 안 1, 11오C 1, 안 1, 겉 4, 안 2
8단	겉 2, 안 4, 겉 1, 안 2, 겉 1, 안 5, 안꼬 1, 안 3, 겉 1, 안 2, 겉 1, 안 4, 겉 2
9단	안 2, 22원C 1, 안 1, 11원C 1, 안 1, 겉 2, 11원꼬C 1, 겉 5, 안 1, 11오C 1, 안 1, 22오C 1, 안 2
10단	겉 2, 안 4, 겉 1, 안 2, 겉 1, 안 5, 안꼬 2, 겉 1, 안 2, 겉 1, 안 4, 겉 2
11단	안 2, 겉 4, 안 1, 11원C 1, 안 1, 겉 1, 11원꼬C 1, 11오꼬C 1, 겉 4, 안 1, 11오C 1, 안 1, 겉 4, 안 2
12단	겉 2, 안 4, 겉 1, 안 2, 겉 1, 안 4, 안꼬 1, 안 2, 안꼬 1, 안 1, 겉 1, 안 2, 겉 1, 안 4, 겉 2
13단	안 2, 22원C 1, 안 1, 11원C 1, 안 1, 겉 1, 3코 구슬뜨기 1, 겉 2, 11오꼬C 1, 겉 3, 안 1, 11오C 1, 안 1, 22오C 1, 안 2
14단	겉 2, 안 4, 겉 1, 안 2, 겉 1, 안 3, 안꼬 1, 안 5, 겉 1, 안 2, 겉 1, 안 4, 겉 2
15~26단	3~14단을 1회 반복한다.
27~30단	**2.5mm 줄바늘로 바꿔서** 겉뜨기를 한다.

B 끈(앞)

31단	겉뜨기로 뜨면서 코 막음 5코, 겉뜨기 5코. 나머지 코는 다른 바늘에 걸어 쉼코로 둔다.
32~50단	겉뜨기. 다른 바늘에 걸어 쉼코로 둔다.
31단	쉼코로 두었던 가방 앞판의 첫 코에 새 실을 걸어 겉뜨기로 뜨면서 코 막음 9코, 겉뜨기 5코. 나머지 코는 다른 바늘에 걸어 쉼코로 둔다.
32~40단	겉뜨기. 다른 바늘에 걸어 쉼코로 둔다.
31단	쉼코로 두었던 가방 앞판의 첫 코에 새 실을 걸어 겉뜨기로 뜨면서 5코 코 막음을 해서 마무리 한다. 그리고 10cm 정도의 실을 남겨서 실을 잘라 낸다.

C 가방 뒤판

코 만들기	2.75mm 줄바늘을 써서 일반 코 잡기로 29코를 만든다.
1~30단	'가방 앞판'과 같은 방법으로 뜬다.

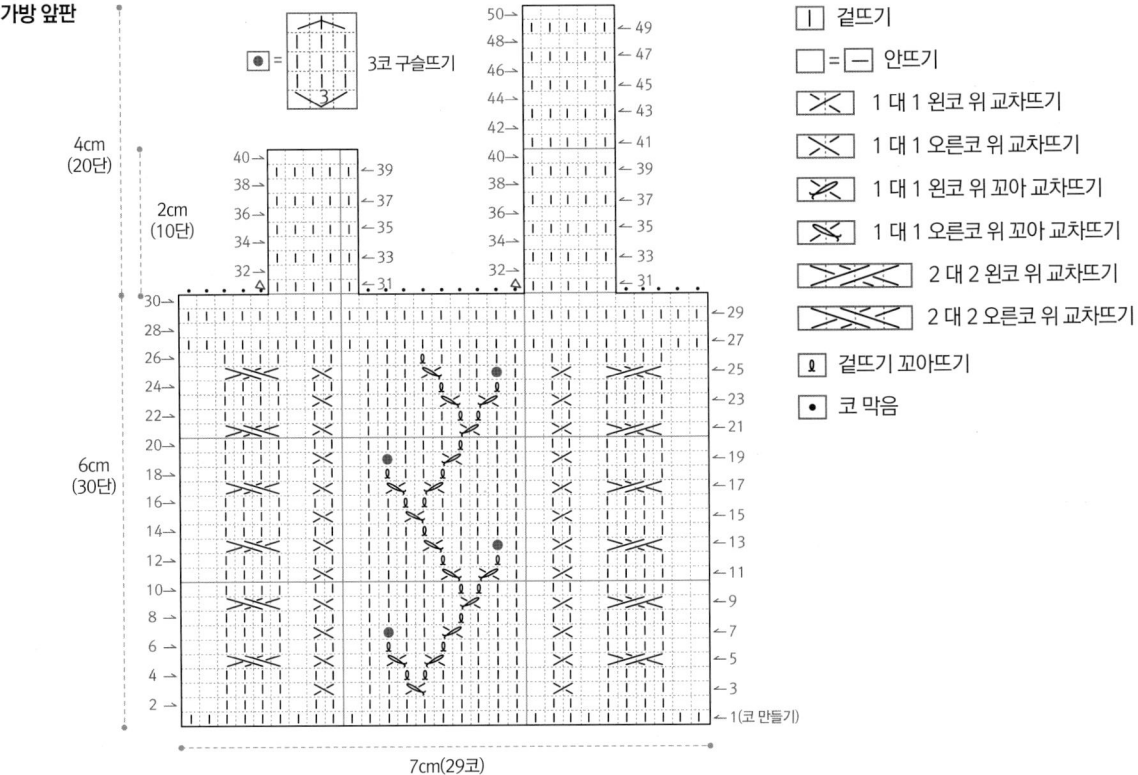

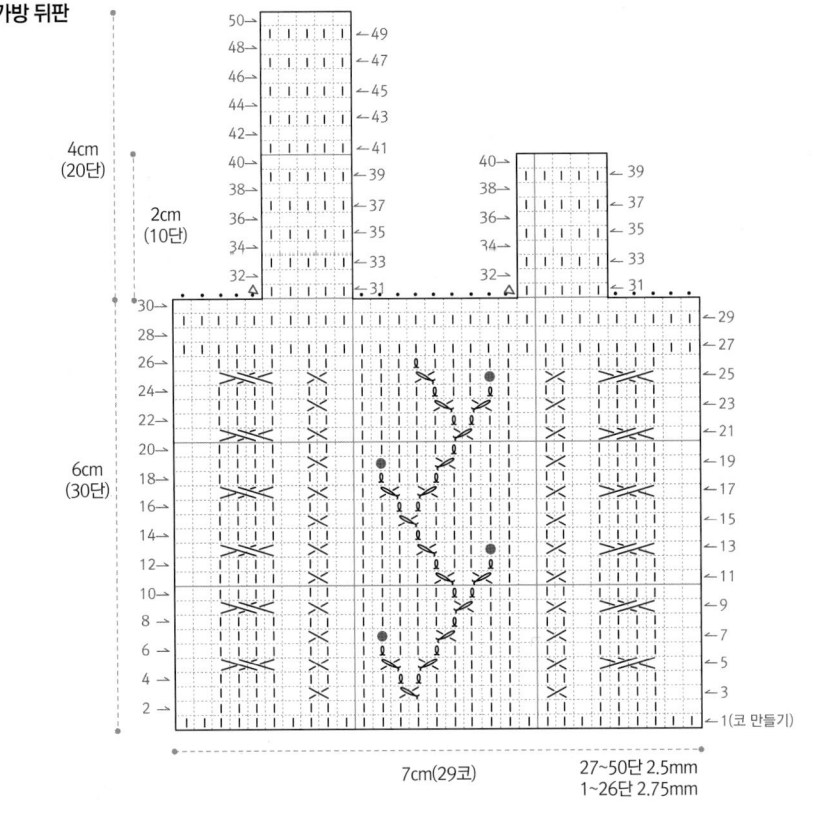

D 끈(뒤)

31단	겉뜨기로 뜨면서 코 막음 5코, 겉뜨기 5코. 나머지 코는 다른 바늘에 걸어 쉼코로 둔다.
32~40단	겉뜨기. 다른 바늘에 걸어 쉼코로 둔다.
31단	쉼코로 두었던 첫 코에 새 실을 걸어 겉뜨기로 뜨면서 코 막음 9코, 겉뜨기 5코. 나머지 코는 다른 바늘에 걸어 쉼코로 둔다.
32~50단	겉뜨기. 다른 바늘에 걸어 쉼코로 둔다.
31단	쉼코로 두었던 가방 뒤판의 첫 코에 새 실을 걸어 겉뜨기로 뜨면서 5코 코 막음을 해서 마무리한다. 그리고 10cm 정도의 실을 남겨서 실을 잘라 낸다.

E 마무리

1 가방 앞판과 뒤판을 겉과 겉끼리 맞댄다. 맞닿은 끈의 양쪽에 한꺼번에 바늘을 넣어 코 막음을 하며 끈을 연결한다.

2 겉쪽을 바깥으로 하여 옆선을 메리야스 잇기 한다. 밑 부분은 반 코씩 감침질로 꿰매어 연결한다.

앞뒤 연결

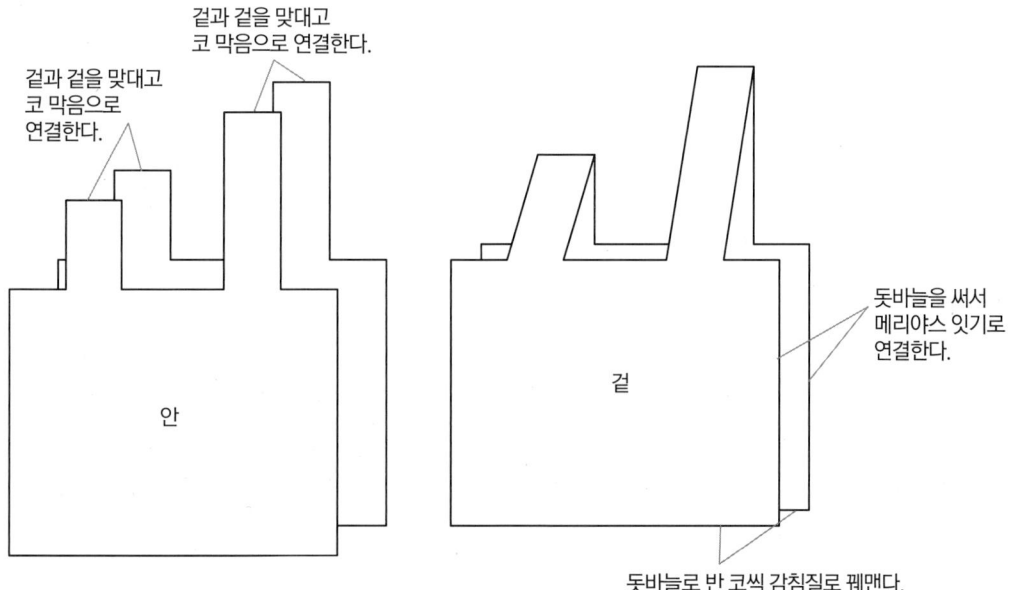

레이스 카디건

소재와 패턴을 적절히 선별해서 마치 레이스로 아우터를 만든 듯한 니트 작품을 만들어 보았어요. 소매에 리본 디테일을 달아 드레시한 느낌까지 한껏 살렸죠, 간절기에 입히기 딱 좋은 아이템이랍니다.

Descriptions

- **모델** iMda Doll 3.0 'Gian'
- **착용 가능 사이즈** 디아나돌, 다락아이, 키 31~33cm 인형
- **크기** 가슴둘레 22.5cm, 옷 길이 12.5cm, 소매길이 10.7cm
- **사용한 실** 랑 레이스 Lace • 연보라색(0009)
- **대체 가능한 실** 2합사(2ply 실)
- **바늘** 막대바늘 • 1.75mm(4개) | 줄바늘 • 2.0mm(1개)
- **기타 준비물** 가위, 돗바늘, 마커, 바느질실, 바늘, 단추 5.0mm(5개), 실크 리본
- **게이지** 무늬뜨기 40코×50단

Front

Back

How to make
난이도 ★★★★☆

- × 밑단부터 시작해서 목둘레 쪽으로 떠서 올라간다.
- × 몸판은 앞판과 뒤판을 한꺼번에 평단으로 뜬다.
- × 앞뒤 몸판에서 소매 위치는 코 막음 하여 표시하고, 진동 아래까지 뜬 소매를 '앞 몸판+소매+뒤 몸판+소매+앞 몸판' 순서로 합쳐서 요크 라인에서 목둘레까지 함께 떠 준다.

| 겉 겉뜨기 | 안 안뜨기 | 오D 오른코 줄이기 | 왼D 왼코 줄이기 | 안 왼2T 안뜨기로 왼코 줄이기 | 중심3T 중심 3코 모아뜨기 | 바O 바늘 비우기 | 겉S 겉뜨기에서 걸러뜨기 |

A 몸판

코 만들기~ 무늬 A	
코 만들기	2.0mm 줄바늘을 써서 일반 코 잡기로 총 101코를 만든다.
1단	무늬 A를 시작하는 단으로, 겉뜨기/ 총 101코
2~4단	겉S 1, 겉 100
5단	겉S 1, 겉 5, (바O 1, 겉 2, 오D 1, 왼D 1, 겉 2, 바O 1, 겉 1) × 10, 겉 5
6단	겉S 1, 겉 4, 안 91, 겉 5
7~12단	5~6단을 3회 반복한다.
무늬 B	
13~14단	겉S 1, 겉 4, 안 91, 겉 5
15단	겉S 1, 겉 1, 바O 1, 왼D 1, 겉 1, (겉 1, 왼D 1, 바O 1) × 30, 겉 6
16~17단	겉S 1, 겉 4, 안 91, 겉 5
18단	겉S 1, 겉 4, 안 1, (안 1, 안 왼2T 1, 안 2) × 18, 겉 5/ 총 83코
무늬 C	
19단	겉S 1, 겉 4, (겉 2, 바O 1, 겉 2, 왼D 1, 겉 2, 바O 1, 중심3T 1, 바O 1, 겉 2, 오D 1, 겉 2, 바O 1, 겉 1) × 4, 겉 6
20단	겉S 1, 겉 4, 안 73, 겉 5
21단	겉S 1, 겉 4, (겉 2, 바O 1, 겉 1, 겉 왼D 1, 안 1, 겉 오D 1, 겉 1, 바O 1, 겉 1, 바O 1, 겉 1, 겉 왼D 1, 안 1, 겉 오D 1, 겉 1, 바O 1, 겉 1) × 4, 겉 6
22단	겉S 1, 겉 4, 안 1, (안 4, 겉 1, 안 7, 겉 1, 안 5) × 4, 겉 5/ 총 83코
23단	겉S 1, 겉 4, (겉 2, 바O 1, 겉 1, 겉 왼D 1, 안 1, 겉 오D 1, 겉 3, 겉 왼D 1, 안 1, 겉 오D 1, 겉 1, 바O 1, 겉 1) × 4, 겉 6/ 총 75코
24단	겉S 1, 겉 4, 안 1, (안 4, 겉 1, 안 5, 겉 1, 안 5) × 4, 겉 5
25단	겉S 1, 겉 4, (겉 2, 바O 1, 겉 1, 바O 1, 겉 왼D 1, 안 1, 겉 오D 1, 겉 1, 겉 왼D 1, 안 1, 겉 오D 1, 바O 1, 겉 1, 바O 1, 겉 1) × 4, 겉 6
26단	겉S 1, 겉 4, 안 65, 겉 5
27단	겉S 1, 겉 1, 바O 1, 왼D 1, 겉 1, (겉 2, 바O 1, 겉 4, 바O 1, 오D 1, 겉 1, 왼D 1, 바O 1, 겉 4, 바O 1, 겉 1) × 4, 겉 6/ 총 83코
28단	겉S 1, 겉 4, 안 73, 겉 5
29~38단	19~28단을 1회 반복하되, 단춧구멍은 만들지 않는다.
39단	겉S 1, 겉 4, (겉 2, 바O 1, 겉 2, 왼D 1, 겉 2, 바O 1, 중심3T 1, 바O 1, 겉 2, 오D 1, 겉 2, 바O 1, 겉 1) × 4, 겉 6
40단	겉S 1, 겉 4, 안 73, 겉 5
무늬 B를 시작한다.	
41~42단	겉S 1, 겉 4, 안 73, 겉 5
43단	겉S 1, 겉 1, 바O 1, 왼D 1, 겉 1, (겉 1, 왼D 1, 바O 1) × 24, 겉 6
44~46단	겉S 1, 겉 4, 안 73, 겉 5

B 몸판과 소매 분리

47단	겉S 1, 겉 20, 코 막음 4코, 겉 33, 코 막음 4코, 겉 21

다른 바늘에 코를 옮겨 둔다.

C 소매(2개)

코 만들기~무늬 A

코 만들기	2.0mm 줄바늘을 써서 일반 코 잡기로 총 38코를 만든다.
1~4단	겉뜨기/ 총 38코
5단	겉 2, (바O 1, 겉 2, 오D 1, 왼D 1, 겉 2, 바O 1, 겉 1) × 4
6단	안뜨기
7~12단	5~6단을 3회 반복한다.

무늬 B

13~14단	안뜨기
15단	(겉 1, 왼D 1, 바O 1) × 12, 겉 2
16~17단	안뜨기
18단	안 17, 안 왼2T 2, 안 17/ 총 36코

무늬 C

19단	겉 1, (겉 1, 바O 1, 겉 2, 왼D 1, 겉 2, 바O 1, 중심3T 1, 바O 1, 겉 2, 오D 1, 겉 2, 바O 1, 겉 1) × 2, 겉 1
20단	안뜨기
21단	겉 1, (겉 1, 바O 1, 겉 1, 겉 왼D 1, 안 1, 겉 오D 1, 겉 1, 바O 1, 겉 1, 바O 1, 겉 1, 겉 왼D 1, 안 1, 겉 오D 1, 겉 1, 바O 1, 겉 1) × 2, 겉 1
22단	안 1, (안 4, 겉 1, 안 7, 겉 1, 안 4) × 2, 안 1
23단	겉 1, (겉 1, 바O 1, 겉 1, 겉 왼D 1, 안 1, 겉 오D 1, 겉 3, 겉 왼D 1, 안 1, 겉 오D 1, 겉 1, 바O 1, 겉 1) × 2, 겉 1/ 총 32코
24단	안 1, (안 4, 겉 1, 안 5, 겉 1, 안 4) × 2, 안 1
25단	겉 1, (겉 1, 바O 1, 겉 1, 바O 1, 겉 왼D 1, 안 1, 겉 오D 1, 겉 1, 겉 왼D 1, 안 1, 겉 오D 1, 바O 1, 겉 1, 바O 1, 겉 1) × 2, 겉 1
26단	안뜨기
27단	겉 1, (겉 1, 바O 1, 겉 4, 바O 1, 오D 1, 겉 1, 왼D 1, 바O 1, 겉 4, 바O 1, 겉 1) × 2, 겉 1/ 총 36코
28단	안뜨기
29단	겉 1, (겉 1, 바O 1, 겉 2, 왼D 1, 겉 2, 바O 1, 중심3T 1, 바O 1, 겉 2, 오D 1, 겉 2, 바O 1, 겉 1) × 2, 겉 1
30단	안뜨기
31~32단	13~14단을 1회 반복한다.
33단	(왼D 1, 바O 1, 겉1) × 12
34~35단	16~17단을 1회 반복한다.
36단	안뜨기
37단	코 막음 2코, 겉 32, 코 막음 2코, 실을 자른 뒤 다른 바늘에 코를 옮겨 둔다. 다른 쪽 소매도 떠 준다.

몸판

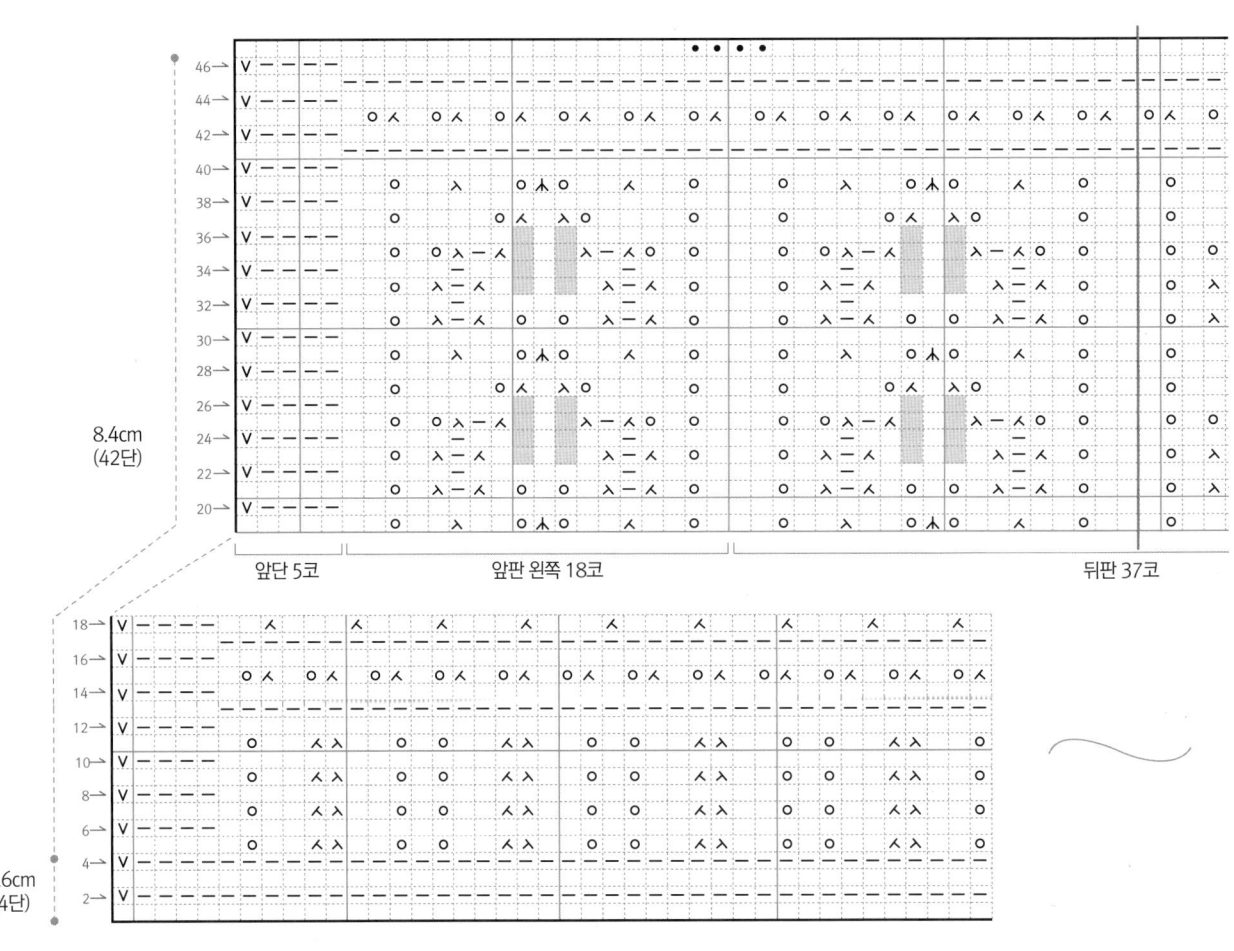

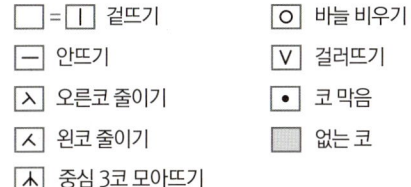

- □ = | 겉뜨기
- — 안뜨기
- 入 오른코 줄이기
- 人 왼코 줄이기
- 人 중심 3코 모아뜨기
- O 바늘 비우기
- V 걸러뜨기
- • 코 막음
- ▨ 없는 코

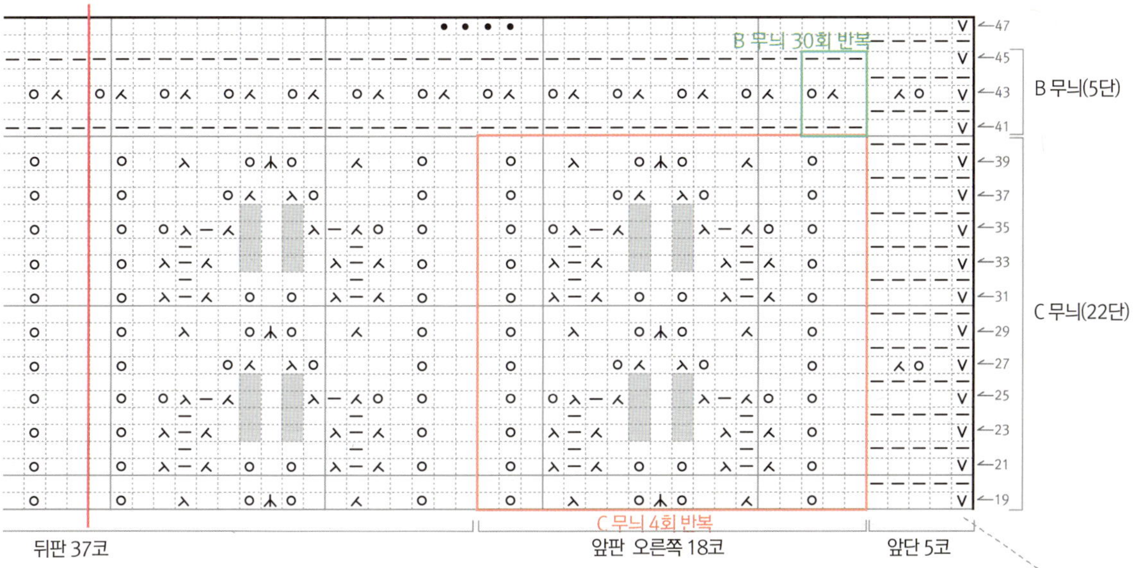

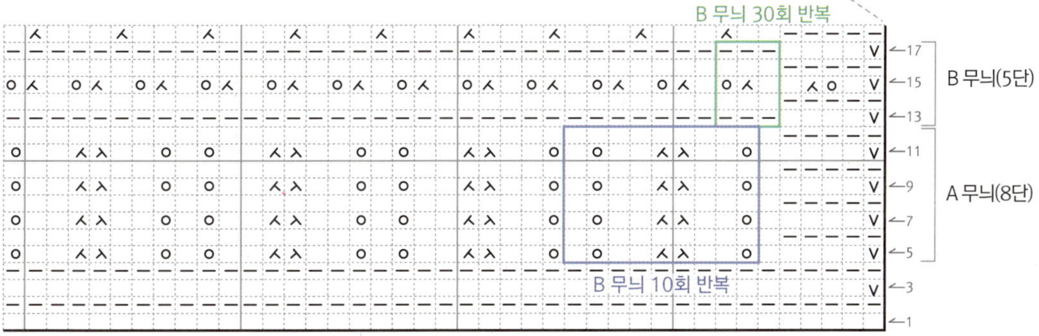

요크

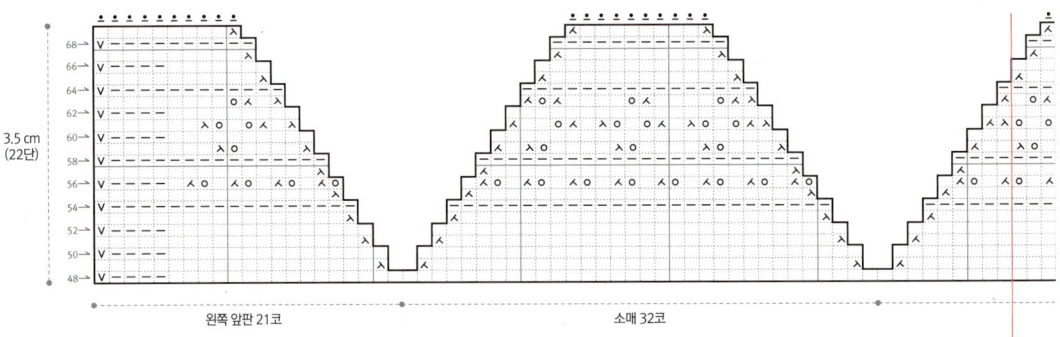

소매

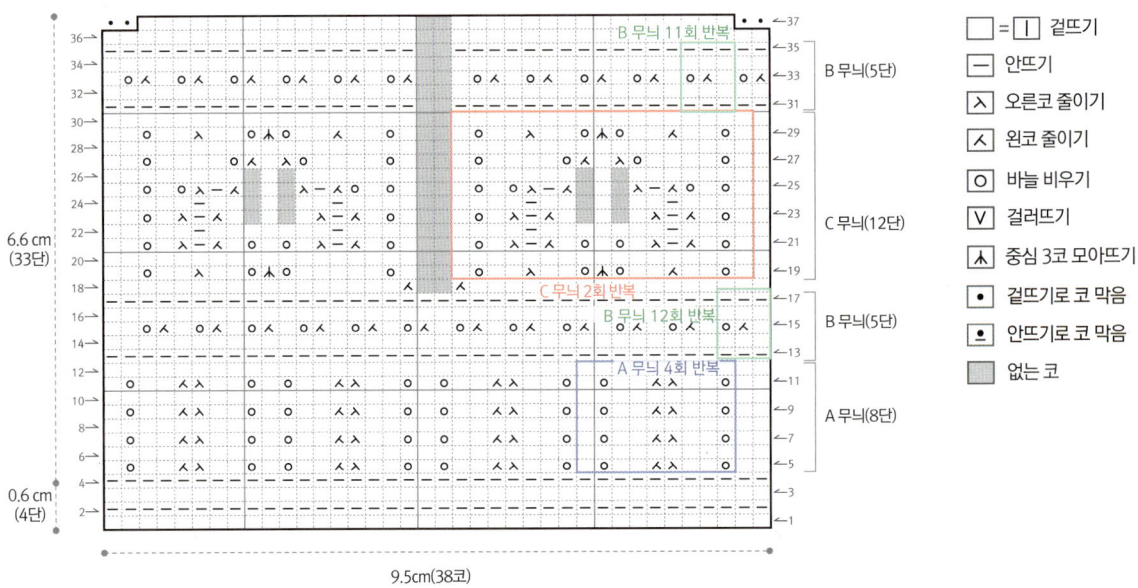

D 요크

코 옮기기~57단

코 옮기기	왼쪽 앞판+소매+뒤판+소매+오른쪽 앞판 순서대로 1.75mm 막대바늘에 코를 옮기고 시작한다.
48단	겉S 1, 겉 4, (안 16+안 32+안 33+안 32+안 16), 겉 5/ 총 139코
49단	겉S 1, 겉 18, 왼D 1, 오D 1, 겉 28, 왼D 1, 오D 1, 겉 29, 왼D 1, 오D 1, 겉 28, 왼D 1, 오D 1, 겉 19/ 총 131코
50단	겉S 1, 겉 4, 안 121, 겉 5
51단	겉S 1, 겉 17, 왼D 1, 오D 1, 겉 26, 왼D 1, 오D 1, 겉 27, 왼D 1, 오D 1, 겉 26, 왼D 1, 오D 1, 겉 18/ 총 123코
52단	겉S 1, 겉 4, 안 113, 겉 5
53단	겉S 1, 겉 16, 왼D 1, 오D 1, 겉 24, 왼D 1, 오D 1, 겉 25, 왼D 1, 오D 1, 겉 24, 왼D 1, 오D 1, 겉 17/ 총 115코
54단	겉S 1, 겉뜨기(가터 라인)
55단	겉S 1, 겉 15, 왼D 1, 오D 1, 겉 22, 왼D 1, 오D 1, 겉 23, 왼D 1, 오D 1, 겉 22, 왼D 1, 오D 1, 겉 16/ 총 107코

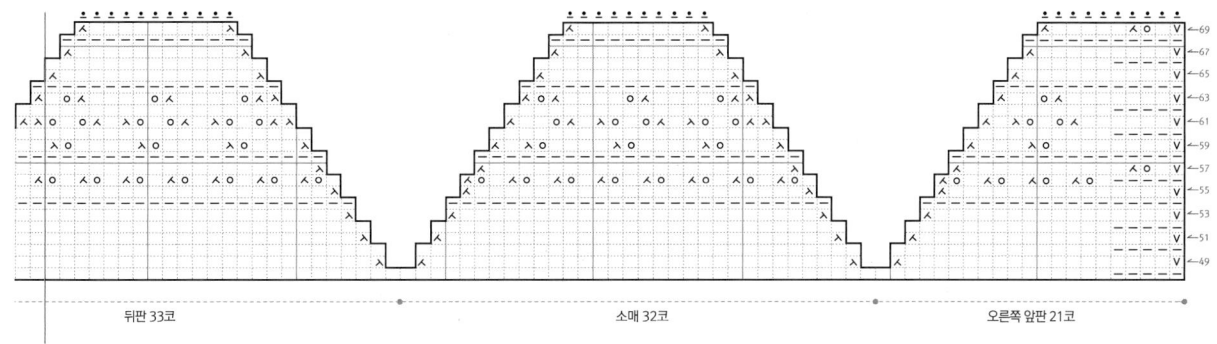

56단	겉S 1, 겉 4, 안 1, (안 왼2T 1, 바O 1, 안 1) × 32, 겉 5
57단	겉S 1, 겉 1, 바O 1, 왼D 1, 겉 11, 왼D 1, 오D 1, 겉 20, 왼D 1, 오D 1, 겉 21, 왼D 1, 오D 1, 겉 20, 왼D 1, 오D 1, 겉 15/ 총 99코

무늬 D

58단	겉S 1, 겉뜨기(가터 라인)
59단	겉S 1, 겉 8, 바O 1, 오D 1, 겉 3, 왼D 1, 오D 1, 겉 3, (바O 1, 오D 1, 겉 4) × 2, 바O 1, 오D 1, 겉 1, 왼D 1, 오D 1, 겉 3, (바O 1, 오D 1, 겉 4) × 2, 바O 1, 오D 1, 겉 2, 왼D 1, 오D 1, 겉 3, (바O 1, 오D 1, 겉 4) × 2, 바O 1, 오D 1, 겉 1, 왼D 1, 오D 1, 겉 4, 바O 1, 오D 1, 겉 8/ 총 91코
60단	겉S 1, 겉 4, 안 81, 겉 5
61단	겉S 1, 겉 6, 왼D 1, 바O 1, 겉 1, 바O 1, 오D 1, 겉 1, 왼D 1, 오D 1, 왼D 1, 바O 1, 겉 1, (바O 1, 오D 1, 겉 1, 왼D 1, 바O 1, 겉 1) × 2, 겉 1, 왼D 1, 오D 1, (왼D 1, 바O 1, 겉 1, 바O 1, 오D 1, 겉 1) × 2, 왼D 1, 바O 1, 겉 1, 바O 1, 오D 1, 오D 1, (왼D 1, 바O 1, 겉 1, 바O 1, 오D 1, 겉 1) × 2, 왼D 1, 바O 1, 겉 2, 왼D 1, 오D 1, 겉 1, 왼D 1, 바O 1, 겉 1, 바O 1, 오D 1, 겉 7/ 총 83코
62단	겉S 1, 겉 4, 마지막까지 5코 전까지 안뜨기, 겉 5
63단	겉S 1, 겉 7, 왼D 1, 바O 1, 겉 2, 왼D 1, 오D 1, (왼D 1, 바O 1, 겉 4) × 2, 왼D 1, 바O 1, 겉 1, 오D 1, (왼D 1, 바O 1, 겉 4) × 2, 왼D 1, 바O 1, 겉 1, 왼D 1, 오D 1, (왼D 1, 바O 1, 겉 4) × 2, 왼D 1, 바O 1, 왼D 1, 오D 1, 겉 1, 왼D 1, 바O 1, 겉 9/ 총 75코
64단	겉S 1, 겉뜨기(가터 라인)
65단	겉S 1, 겉 10, 왼D 1, 오D 1, 겉 12, 왼D 1, 오D 1, 겉 13, 왼D 1, 오D 1, 겉 12, 왼D 1, 오D 1, 겉 11/ 총 67코
66단	겉S 1, 겉 4, 안 57, 겉 5
67단	겉S 1, 겉 9, 왼D 1, 오D 1, 겉 10, 왼D 1, 오D 1, 겉 11, 왼D 1, 오D 1, 겉 10, 왼D 1, 오D 1, 겉 10/ 총 59코
68단	겉S 1, 겉뜨기(가터 라인)
69단	겉S 1, 겉 1, 바O 1, 왼D 1, 겉 5, 왼D 1, 오D 1, 겉 8, 왼D 1, 오D 1, 겉 9, 왼D 1, 오D 1, 겉 8, 왼D 1, 오D 1, 겉 9/ 총 51코

안뜨기로 코 막음을 한다.

E 마무리

1 실크를 함유한 실을 썼기에, 스팀 없이 중간 온도로 다림질을 한다.

2 소매 옆선을 메리야스 잇기 한다.

3 몸판의 진동 중심과 소매의 진동 아래 중심을 맞춰서 메리야스 잇기를 한다.

4 단춧구멍 위치에 맞추어 단추를 달아 준다. 요크에만 달아도 된다.

체리 미니 케이프와 머리끈

체리 무늬가 수놓인 미니 케이프는 컬러만 기본 의상과 어우러지게 맞추면
너무나도 깜찍한 풀 세트 의상으로 변신하게 해 주는 마법의 아이템이에요.
거기에 같은 문양의 머리끈까지 더하면 작은 인형의 귀여움이 최고조에 달하겠네요.

Mini Cape

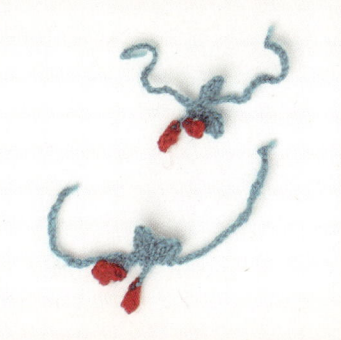
Hairtie

Descriptions

모델 제리베리 '쁘띠 베리'

착용 가능 사이즈 오비츠 11, 헤동이, 임다돌 팀프(오버 핏)

크기
미니 케이프: 목둘레 7.5cm, 밑단 둘레 13.5cm, 길이 4.3cm
머리끈: 가로 8cm, 길이 2cm

사용한 실
미니 케이프: 랑 레인포스먼트 • 아이보리색(0094), 빨간색(0060), 청록색(0379)
머리끈: 랑 레인포스먼트 • 빨간색, 청록색

대체 가능한 실 2합사(2ply 실), 울 자수실

바늘
미니 케이프: 막대바늘 • 1.2mm(2개), 1.5mm (2개) | 레이스용 코바늘 • 6호(1개)
머리끈: 막대바늘 • 1.5mm(2개) | 레이스용 코바늘 • 6호(1개)

기타 준비물 가위, 돗바늘

게이지 무늬 게이지 51코×60단

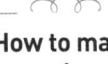

How to make
체리 미니 케이프
난이도 ★★★☆☆

× 밑단에서 목둘레를 향해 떠 올라가는 방식으로 작업한다.
× 끈은 코바늘을 써서 사슬뜨기를 한다.
× 그림의 위치대로 7군데에 체리 모양과 잎 모양으로 돗바늘로 수를 놓아 마무리한다.

겉 겉뜨기 | **안** 안뜨기 | **왼D** 왼코 줄이기 | **오D** 오른코 줄이기 | **안 왼2T** 안뜨기로 왼코 줄이기 | **바O** 바늘 비우기 | **겉S** 겉뜨기에서 걸러뜨기 | **안S** 안뜨기에서 걸러뜨기 | **사슬** 사슬뜨기

A 케이프

코 만들기	1.5mm 막대바늘과 아이보리색 실을 써서 일반 코 잡기로 70코를 만든다.
1~2단	겉S 1, 겉 69
3단	겉S 1, 겉 1, 왼D 1, 겉 3, 바O 1, (겉 1, 바O 1, 겉 3, 오D 1, 왼D 1, 겉 3, 바O 1) × 5, 겉 1, 바O 1, 겉 3, 오D 1, 겉 2
4단	안S 1, 안 69
5~8단	3~4단을 2회 반복한다.
9단	**1.2mm 막대바늘로 바꿔서** 겉S 1, 겉 1, 왼D 1, 겉 3, 바O 1, (겉 1, 바O 1, 겉 1, 오D 2, 왼D 2, 겉 1, 바O 1) × 5, 겉 1, 바O 1, 겉 3, 오D 1, 겉 2/ 총 60코
10단	안S 1, 안 59
11단	겉S 1, 겉 1, 왼D 2, 겉 1, 바O 1, (겉 1, 바O 1, 오D 2, 왼D 2, 바O 1) × 5, 겉 1, 바O 1, 겉 1, 오D 2, 겉 2/ 총 48코
12단	안S 1, 안 47
13단	겉S 1, 겉 1, 왼D 2, 바O 1, (겉 1, 바O 1, 겉 1, 오D 1, 왼D 1, 겉 1, 바O 1) × 5, 겉 1, 바O 1, 오D 2, 겉 2/ 총 46코
14단	빨간색 실로 바꿔 안 2, (안 2, 안 왼2T 1, 안 3) × 6, 안 2/ 총 40코

안뜨기로 덮어씌워 코 막음을 하고 마무리한다. 이때 실은 90cm 정도 남긴 뒤 자른다.

B 끈

1 코 막음을 한 뒤 끝난 지점부터 레이스용 코바늘 6호로 사슬뜨기 30코를 뜬다. 그리고 빼뜨기로 마무리한다(59쪽 그림 참조).

2 반대편은 빨간색 실을 새로 걸어서 1번과 같은 방법으로 마무리한다.

케이프

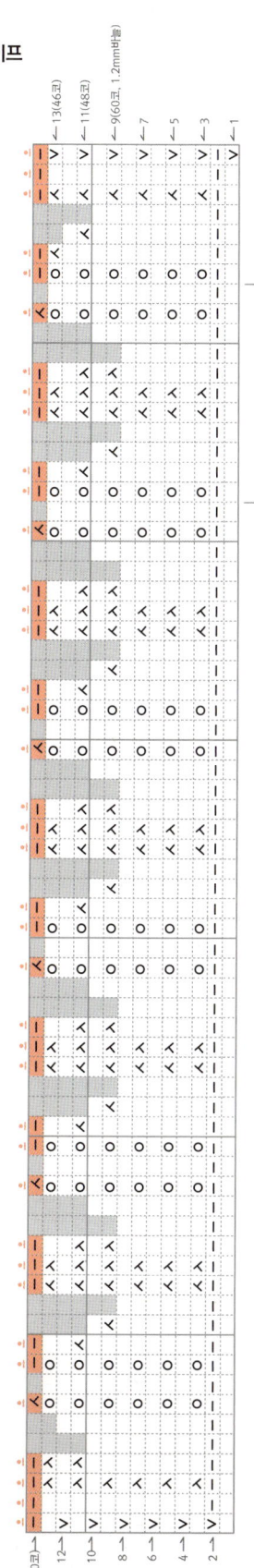

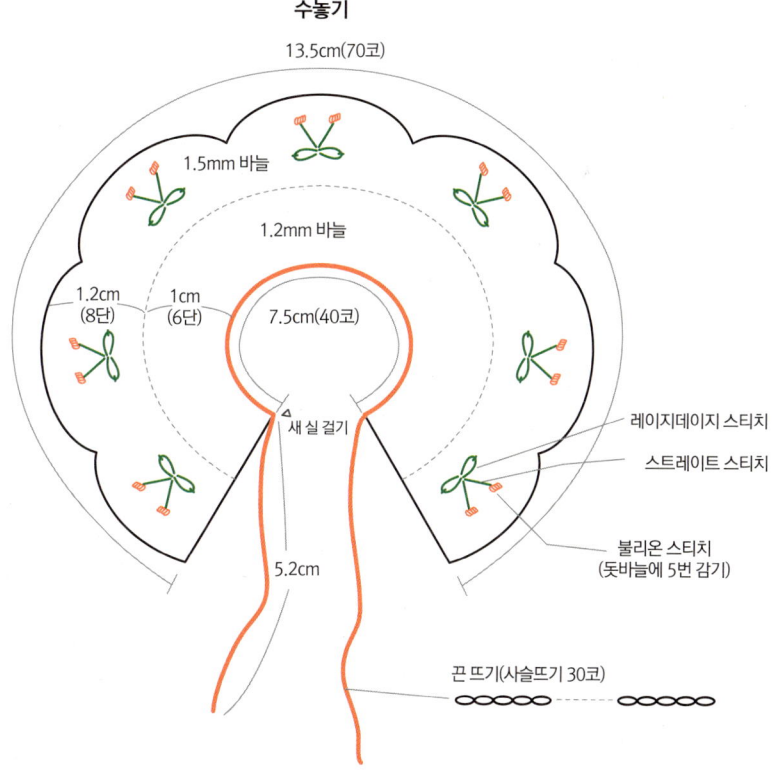

수놓기

C 마무리

1 다림질을 한다.
2 청록색 실을 써서 레이지데이지 스티치(175쪽 참조)로 꽃잎을 수놓는다.
3 청록색 실을 써서 스트레이트 스티치(175쪽 참조)로 줄기를 수놓는다.
4 빨간색 실을 써서 불리온 스티치(174쪽 참조)로 체리를 만든다.
5 안쪽에서 실을 정리하여 마무리한다.

How to make
체리 머리끈
난이도 ★★★☆☆

겉 겉뜨기 | **왼D** 왼코 줄이기 | **오D** 오른코 줄이기 | **겉 앞뒤L** 앞뒤로 늘리며 겉뜨기 | **사슬** 사슬뜨기 | **아이코드** 대바늘 아이코드(i-cord)

A 머리끈(2개)

1 청록색 실과 레이스용 코바늘 6호로 사슬 40코를 뜬 후 빼뜨기로 마무리한다.
2 1번을 반복해 끈을 총 2개 완성한다.

B 체리(4개)

1.5mm 막대바늘과 빨간색 실을 써서 일반 코 잡기로 2코를 만들어 겉뜨기로 아이코드 뜨기(61쪽 참조)를 한다.

1단	겉 앞뒤L 2/ 총 4코
2단	4코 아이코드 1단
3단	오D 1, 왼D 1/ 총 2코
4단	청록색 실로 바꿔서 왼D 1/ 총 1코
5~8단	1코 아이코드 4단
9단	겉 앞뒤L 1/ 총 2코
10단	겉 앞뒤L 1, 겉 1/ 총 3코
11단	겉 앞뒤L 1, 겉 1, 겉 앞뒤L 1/ 총 5코
12단	5코 아이코드 1단
13단	오D 1, 겉 1, 왼D 1/ 총 3코

1. 실을 10cm 이상 남기고 자른다.
2. 자른 실을 돗바늘에 꿰어 남은 코에 통과시킨다. 그런 뒤 잡아당겨 조인다.
3. 걸려 있는 남은 실은 돗바늘로 정리한다.
4. 위의 과정을 반복해 총 4개의 체리 장식을 만든다.

C 마무리

1 다림질해서 모양을 잡아 준다.
2 체리 장식은 61쪽의 그림을 참조해 마무리한다.

체리

체리 조립

1

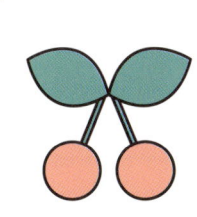

남은 실을 돗바늘에 넣고 잎사귀 뒤에 감춘다.

2

청록색 실과 돗바늘을 써서 뒤쪽에서 체리 두개를 그림처럼 꿰맨다.

체리와 머리끈 조립

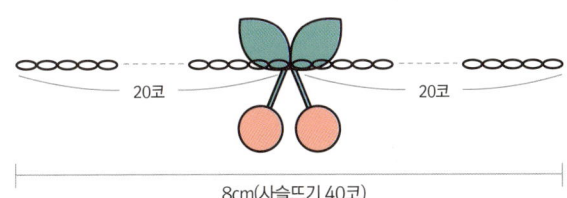

머리끈 중앙에 체리를 올리고 청록색 실과 돗바늘로 꿰매 고정한다.

아이코드 뜨기

 4코 아이코드를 기준으로 설명한 것이다. 콧수가 다른 아이코드도 같은 방법으로 뜨면 된다.

1

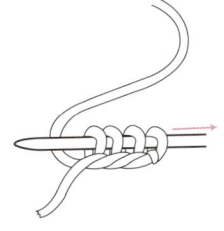

일반 코 잡기로 4코를 잡은 후 편물을 바늘의 반대편 끝 쪽으로 밀어 보낸다.

2

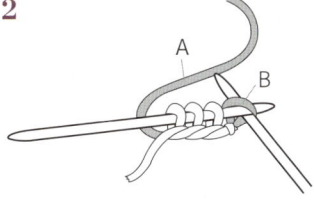

바늘의 반대편 끝 쪽으로 보낸 편물에 A실(뜨는 실)을 가져와 첫 코(B)부터 겉뜨기로 4코를 뜬다.

3

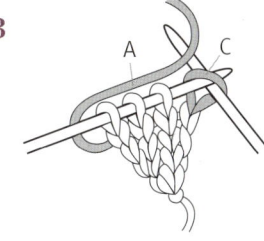

편물을 다시 바늘의 반대편 끝 쪽으로 보내고 A실(뜨는 실)을 가져와 첫 코(C)부터 겉뜨기로 4코를 뜬다. 원하는 길이만큼 같은 과정을 반복한다.

하트 피나포어

가슴 바대를 어깨끈으로 연결한 점퍼 스커트인 피나포어는 에이프런 드레스로도 불려요. 러플이나 각종 패턴을 더할 수 있어 디자인이 사랑스러우면서도 옷의 오염을 한 번 막아 주는 역할을 해 무척 실용적인 룩이랍니다. 이번 아이템은 피나포어에 하트 패턴을 배치해 깜찍한 소녀의 이미지를 한껏 부각시켜 보았어요.

Descriptions

- **모델** iMda Doll 3.0 'Simonne'
- **착용 가능 사이즈** USD, 다락아이, 키 31~33cm 인형
- **크기** 앞치마 길이 15cm, 앞치마 둘레 16cm, 앞치마 끈 길이 21cm
- **사용한 실** 랑 자울 • 하늘색, 연한 노란색, 연두색(소장 실), 청색(0279), 보라색(0280) | GGH 메리노 소프트 Merino Soft • 피치색, 노란색, 민트색(소장 실)
- **대체 가능한 실** 3합사(3ply 실)
- **바늘** 줄바늘 • 2.0mm(1개) | 레이스용 코바늘 • 0호(1개)
- **기타 준비물** 가위, 돗바늘
- **게이지** 메리야스뜨기 40코×50단

Front

Back

How to make
난이도 ★★★☆☆

× 밑단에서 목둘레를 향해 떠서 올라간다.
× 어깨 끈은 앞판에서 연결하여 가터뜨기로 뜬다.

겉 겉뜨기 | **안** 안뜨기 | **오D** 오른코 줄이기 | **왼D** 왼코 줄이기 | **겉S** 겉뜨기에서 걸러뜨기 | **오3T** 오른코 3코 모아뜨기 | **안S** 안뜨기에서 걸러뜨기 | **겉 앞뒤L** 앞뒤로 늘리며 겉뜨기
청 청색 | **하** 하늘색 | **보** 보라색 | **노** 노란색 | **연두** 연두색 | **피치** 피치색 | **연노** 연한 노란색 | **민트** 민트색

A 앞치마 스커트

코 만들기	청색 실과 2.0mm 줄바늘을 써서 185코 일반코 만들기로 러플 단을 시작한다.
1단	안 1, (안 3, 겉 9) × 15, 안 4/ 총 185코
2단	겉S 1, (겉 3, 안 9) × 15, 겉 4
3단	안S 1, (안 3, 겉 오D 1, 겉 5, 겉 왼D 1) × 15, 안 4/ 총 155코
4단	겉S 1, (겉 3, 안 7) × 15, 겉 4
5단	안S 1, (안 3, 겉 오D 1, 겉 3, 겉 왼D 1) × 15, 안 4/ 총 125코
6단	겉S 1, (겉 3, 안 5) × 15, 겉 4
7단	안S 1, (안 3, 겉 오D 1, 겉 1, 겉 왼D 1) × 15, 안 4/ 총 95코
8단	겉S 1, (겉 3, 안 3) × 15, 겉 4
9단	안S 1, (안 3, 겉 오3T 1) × 15, 안 4/ 총 65코
10단	겉S 1, (겉 3, 안 1) × 15, 겉 4
11단	청색 실을 끊고, 보라색 실을 연결한 뒤 겉 왼D 1, 나머지 코 겉뜨기/ 총 64코
12~14단	겉S 1, 나머지 코 겉뜨기
15단	연노란색 실로 바꾸어 겉뜨기
16단	겉S 1, 겉 1, 안 60, 겉 2
17단	겉S 1, 연노 겉1, (보 겉 1, 연노 겉 5) × 10, 연노 겉 2
18단	겉S 1, 연노 겉 1, 보 안 1, (연노 안 3, 보 안 3) × 9, 연노 안 3, 보 안 2, 연노 겉 2
19단	겉S 1, 연노 겉 1, (보 겉 1, 연노 겉 3, 보 겉 2, 연노 겉 1, 보 겉 2, 연노 겉 3) × 5, 연노 겉 2
20단	겉S 1, 연노 겉 1, (연노 안 2, 보 안 2, 연노 안 3, 보 안 2, 연노 안 3) × 5, 연노 겉 2
21단	겉S 1, 연노 겉 1, (연노 겉 2, 보 겉 2, 연노 겉 5, 보 겉 2, 연노 겉 1) × 5, 연노 겉 2
22단	겉S 1, 연노 겉 1, (보 안 2, 연노 안 1) × 20, 연노 겉 2
23단	겉S 1, 연노 겉 1, (연노 겉 1, 보 겉 2, 연노 겉 2, 보 겉 2, 연노 겉 1, 보 겉 1, 연노 겉 2, 보 겉 2) × 5, 연노 겉 2
24단	겉S 1, 연노 겉 1, 연노 안 1(보 안 3, 연노 안 3) × 9, 보 안 3, 연노 안 2, 연노 겉 2
25단	겉S 1, 연노 겉뜨기
26단	겉S 1, 연노 겉 1, 연노 안 60, 연노 겉 2
27단	민트 겉뜨기
28~30단	민트 겉S 1, 민트 겉 63
31단	피치 겉뜨기
32단	피치 겉S 1, 피치 겉 1, 피치 안 60, 피치 겉 2
33단	피치 겉S 1, 피치 겉 63
34~35단	32~33단을 1회 반복한다.
36단	피치 겉S 1, 피치 겉 1, 피치 안 60, 피치 겉 2
37단	피치 겉S 1, 피치 겉 1, (하늘 겉 1, 피치 겉 3) × 15, 피치 겉 2
38단	피치 겉S 1, 피치 겉 1, 피치 안 60, 피치 겉 2
39단	피치 겉S 1, 피치 겉 63
40단	피치 겉S 1, 피치 겉 1, 피치 안 60, 피치 겉 2
41단	피치 겉S 1, (피치 겉 3, 연두 겉 1) × 15, 피치 겉 3
42단	피치 겉S 1, 피치 겉 1, 피치 안 60, 피치 겉 2
43단	피치 겉S 1, 피치 겉 63

44단	피치 겉S 1, 피치 겉 1, 피치 안 60, 피치 겉 2
45단	피치 겉S 1, 피치 겉 1, (노 겉 1, 피치 겉 3) × 15, 피치 겉 2
46단	피치 겉S 1, 피치 겉 1, 피치 안 60, 피치 겉 2
47단	피치 겉S 1, 피치 겉 63
48단	피치 겉S 1, 피치 겉 1, 피치 안 60, 피치 겉 2
49단	보라 겉뜨기
50단	보 겉S 1, 보 겉 63
51단	보 겉S 1, 보 겉 2, (청 겉 1, 보 겉 3) × 15, 보 겉 1
52단	보 겉S 1, 보 겉 1, (보 안 1, 청 안 1) × 30, 보 겉 2
53단	보 겉S 1, 보 겉 1, (보 겉 3, 청 겉 1) × 15, 보 겉 2
54단	보 겉S 1, 보 겉 1, (보 안 1, 청 안 1) × 30, 보 겉 2
55단	보 겉S 1, 보 겉 2, (청 겉 1, 보 겉 3) × 15, 보 겉 1
56단	보 겉S 1, 보 겉 1, 보 안 60, 보 겉 2
57단	보 겉S 1, 보 겉 63
58단	보 겉S 1, 보 겉 63

B 앞치마 앞판과 뒤판 분리

59단~끈 고리

59단	보라색 실로 코 막음 19코, 피치 겉 26, 보라색 실로 코 막음 19코, 실 30cm 남긴 뒤 잘라 준다.
허릿단의 끈 고리	코 막음을 하고, 남겨 둔 실로 레이스 코바늘 0호를 써서 사슬 9코를 뜨고, 실을 코 사이로 통과시킨다. 그런 뒤 돗바늘에 실을 끼우고, 허릿단에 맞춰서 바느질로 연결한다. 반대편 허릿단 끈 고리도 같은 방법으로 만든다.

C 앞치마 앞판

앞치마 가운데 남겨 둔 코 안쪽에서 시작한다.

60단	피치 겉S 1, 피치 겉 3, 피치 안 18, 피치 겉 4/ 총 26코
61단	피치 겉S 1, 피치 겉뜨기
62단	피치 겉S 1, 피치 겉 3, 피치 안 18, 피치 겉 4
63단	피치 겉S 1, 피치 겉 5, 연두 겉 1, 피치 겉 3, 연두 겉 1, 피치 겉 4, 연두 겉 1, 피치 겉 3, 연두 겉 1, 피치 겉 6
64단	피치 겉S 1, 피치 겉 3, (피치 안 1, 연두 안 3) × 2, 피치 안 2, (연두 안 3, 피치 안 1) × 2, 피치 겉 4
65단	피치 겉S 1, 피치 겉 5, 연두 겉 1, 피치 겉 3, 연두 겉 1, 피치 겉 4, 연두 겉 1, 피치 겉 3, 연두 겉 1, 피치 겉 6
66단	피치 겉S 1, 피치 겉 3, (피치 안 4, 하늘 안 1) × 2, 피치 안 8, 피치 겉 4
67단	피치 겉S 1, 피치 겉 5, 하늘 겉 1, 피치 겉 4, 하늘 겉 3, 피치 겉 2, 하늘 겉 3, 피치 겉 7
68단	피치 겉S 1, 피치 겉 3, 피치 안 4, 하늘 안 1, 피치 안 2, 하늘 안 2, 피치 안 1, 하늘 안 2, 피치 안 2, 하늘 안 3, 피치 안 1, 피치 겉 4
69단	피치 겉S 1, 피치 겉 5, 하늘 겉 1, 피치 겉 2, 하늘 겉 2, 피치 겉 3, 하늘 겉 2, 피치 겉 10
70단	피치 겉S 1, 피치 겉 3, 피치 안 1, 하늘 안 1, 피치 안 3, 하늘 안 2, 피치 안 5, 하늘 안 2, 피치 안 4, 피치 겉 4
71단	피치 겉S 1, 피치 겉 6, (하늘 겉 2, 피치 겉 1) × 4, 하늘 겉 3, 피치 겉 4
72단	피치 겉S 1, 피치 겉 3, 피치 안 1, 하늘 안 1, 피치 안 2, 하늘 안 2, 피치 안 2, 하늘 안 1, 피치 안 1, 하늘 안 1, 피치 안 2, 하늘 안 2, 피치 안 3, 피치 겉 4
73단	피치 겉S 1, 피치 겉 7, 하늘 겉 3, 피치 겉 3, 하늘 겉 3, 피치 겉 9
74단	이후 나머지 단은 피치색 실로만 뜬다. 겉S 1, 겉 3, 안 18, 겉 4
75~76단	겉S 1, 겉뜨기
77단	겉 1, 겉 2, 겉 오D 1, 안뜨기로 코 막음 16 코, 겉 왼D 1, 겉 3

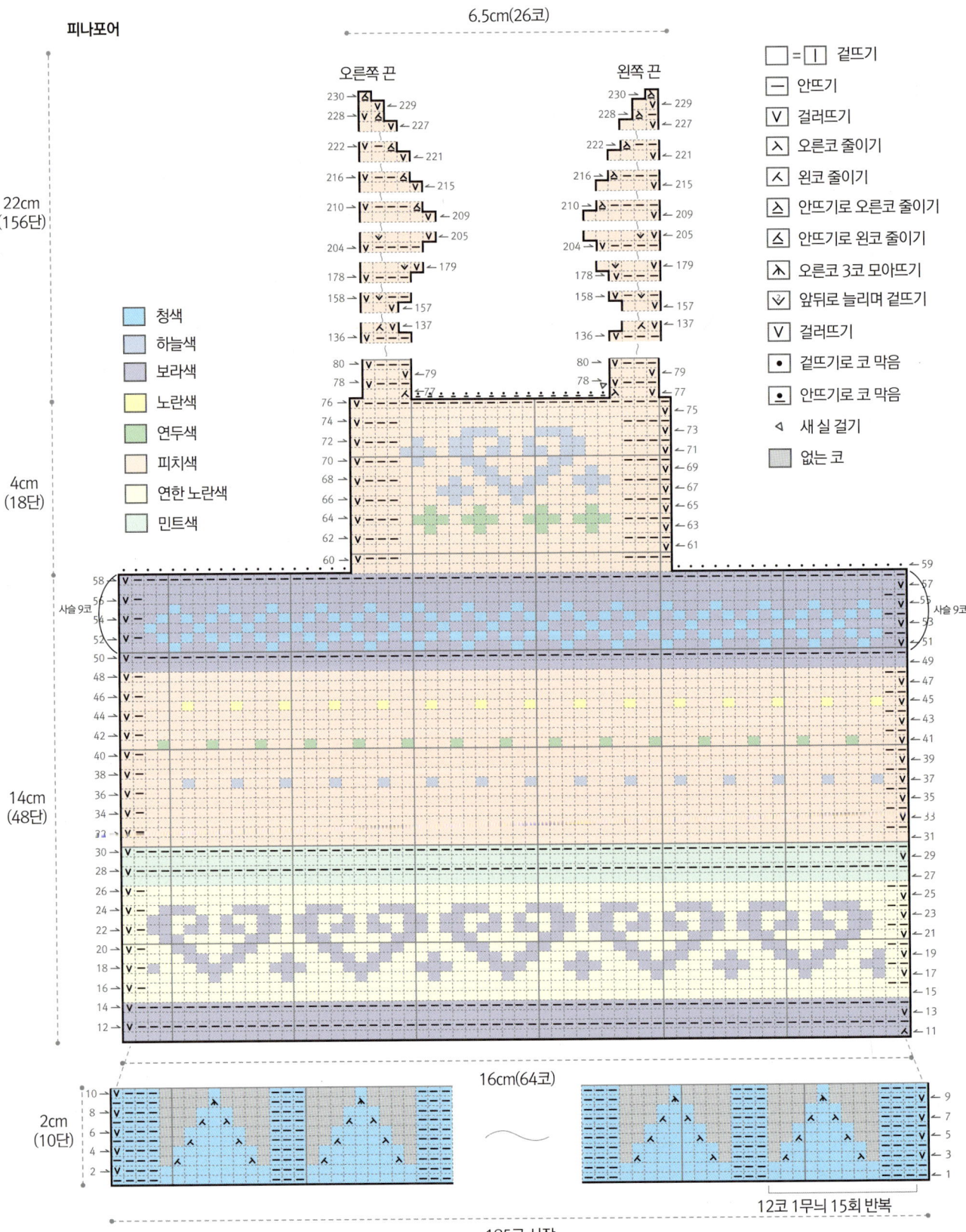

D 어깨끈(오른쪽)

78~136단	(겉S 1, 겉 3) × 59단
137단	겉S 1, 왼D 1, 겉 1/ 총 3코
138~157단	(겉S 1, 겉 2) × 20단
158단	겉S 1, 겉 앞뒤L 1, 겉 1/ 총 4코
159~178단	(겉S 1, 겉 3) × 20단
179단	겉S 1, 겉 앞뒤L 1, 겉 2/ 총 5코
180~204단	(겉S 1, 겉 4) × 25단
205단	겉S 1, 겉 3, 겉 앞뒤L 1/ 총 6코
206~209단	(겉S 1, 겉 5) × 4단
210단	겉S 1, 겉 3, 왼D 1/ 총 5코
211~215단	(겉S 1, 겉 4) × 5단
216단	겉S 1, 겉 2, 왼D 1/ 총 4코
217~221단	(겉S 1, 겉 3) × 5단
222단	겉S 1, 겉 1, 왼D 1/ 총 3코
223~227단	(겉S 1, 겉 2) × 5단
228단	겉S 1, 왼D 1/ 총 2코
229단	겉S 1, 겉 1
230단	겉 왼D 1, 실을 자르고 코 사이로 통과시켜 마무리한다. 이제 78단에서 반대쪽 어깨끈을 이어서 뜬다.

E 어깨끈(왼쪽)

78~136단	(겉S 1, 겉 3) × 59단
137단	겉S 1, 왼D 1, 겉 1/ 총 3코
138~157단	(겉S 1, 겉 2) × 20단
158단	겉S 1, 겉 앞뒤L 1, 겉 1/ 총 4코
159~178단	(겉S 1, 겉 3) × 20단
179단	겉S 1, 겉 2, 겉 앞뒤L 1/ 총 5코
180~204단	(겉S 1, 겉 4) × 25단
205단	겉S 1, 겉 앞뒤L 1, 겉 3/ 총 6코
206~209단	(겉S 1, 겉 5) × 4단
210단	겉 오D 1, 겉 4/ 총 5코
211~215단	(겉S 1, 겉 4) × 5단
216단	오D 1, 겉 3/ 총 4코
217~221단	(겉S 1, 겉 3) × 5단
222단	오D 1, 겉 2/ 총 3코
223~227단	(겉S 1, 겉 2) × 5단
228단	오D 1, 겉 1/ 총 2코
229단	겉S 1, 겉 1
230단	겉 오D 1, 실을 자르고 코 사이로 통과시켜 마무리한다.

F 마무리

1 배색하고 남은 실들을 뜨개판 올 사이로 감추면서 정리한다.
2 밑단 프릴의 모양을 잡으면서 다림질한다.

베이직 스웨터

옷 잘 입는 사람의 특징은 바로 기본에 충실한 상태에서 자신만의 멋을 강조해 주는 아이템을 매치한다는 거예요. 인형에게도 이 원칙은 어김없이 적용된답니다. 기본 아이템 한두 벌쯤은 있어야 각종 의상에 두루두루 코디가 가능하니까요. 기본 라인이라 한 번 떠 놓으면 두고두고 쓸모있는 베이직 스웨터 패턴을 준비했으니, 지금 당장 떠 볼까요?

Descriptions

모델 제리베리 '쁘띠 베리' & '쁘띠 코지'

착용 가능 사이즈 오비츠 11, 헤동이, 임다돌 팀프(오버핏으로 착용 가능)

크기 가슴둘레 9cm, 길이 4.2cm, 소매길이 3.9cm

사용한 실 랑 레인포스먼트 • 아이보리색(0094), 다른 색 실 조금

대체 가능한 실 2합사(2ply 실), 울 자수실

바늘 대바늘 • 1.2mm(4개), 1.5mm(4개)

기타 준비물 단추 3.0mm(4개), 가위, 돗바늘, 바느질실, 바늘

게이지 메리야스뜨기 63코×75단(1.5mm 바늘)

Front

Back

How to make
난이도 ★★☆☆☆

- × 목둘레부터 시작해서 아래로 내려가는 톱다운 방식으로 뜬다.
- × 소매는 원형뜨기를 한다.
- × 단춧구멍 단은 몸판과 함께 뜬다.

겉 겉뜨기 | **안** 안뜨기 | **왼D** 왼코 줄이기 | **왼L** 왼코 늘리기 | **오D** 오른코 줄이기 | **안 왼2T** 안뜨기로 왼코 줄이기 | **겉L** 끌어 올려 겉뜨기로 늘리기 | **겉S** 겉뜨기에서 걸러뜨기 | **안S** 안뜨기에서 걸러뜨기 | **바O** 바늘 비우기

A 몸판

코 만들기	1.2mm 대바늘과 아이보리색 실을 써서 일반 코 잡기로 33코를 만든다
1단	단춧구멍 단-겉S 1, (겉 1, 안 1) × 14, 겉 오D 1, 바O 1, 겉 2
2단	안S 1, (안 1, 겉 1) × 15, 안 2
3단	겉S 1, (겉 1, 안 1) × 15, 겉 2
4단	**1.5mm 대바늘로 바꿔서** 안S 1, (안 1, 겉 1) × 2, 안 23, (안 1, 겉 1) × 2, 안 1
5단	겉S 1, (겉 1, 안 1) × 2, 겉 12, 겉L 1, 겉 11, (안 1, 겉 1) × 2, 겉 1/ 총 34코
6단	안S 1, (안 1, 겉 1) × 2, 안 24, (겉 1, 안 1) × 2, 안 1
7단	겉S 1, (겉 1, 안 1) × 2, (겉 1, 겉L 1, 겉 1) × 12, (안 1, 겉 1) × 2, 겉 1/ 총 46코
8단	안S 1, (안 1, 겉 1) × 2, 안 36, (겉 1, 안 1) × 2, 안 1
9단	겉S 1, (겉 1, 안 1) × 2, (겉 1, 겉L 1, 겉 2) × 12, (안 1, 겉 1) × 2, 겉 1/ 총 58코
10단	안S 1, (안 1, 겉 1) × 2, 안 48, (겉 1, 안 1) × 2, 안 1
11단	단춧구멍 단-겉S 1, (겉 1, 안 1) × 2, (겉 2, 겉L 1, 겉 2) × 12, 안 1, 겉 오D 1, 바O 1, 겉 2/ 총 70코
12단	안S 1, (안 1, 겉 1) × 2, 안 60, (겉 1, 안 1) × 2, 안 1
13단	겉S 1, (겉 1, 안 1) × 2, (겉 5, 겉L 1, 겉 5) × 6, (안 1, 겉 1) × 2, 겉 1/ 총 76코
14단	안S 1, (안 1, 겉 1) × 2, 안 66, (겉 1, 안 1) × 2, 안 1
	몸판에서 소매 부분을 나눈다.
15단	겉S 1, (겉 1, 안 1) × 2, 겉 8, 소매용 14코를 별실에 빼 두고 감아코 만들기 2코, 겉 22, 소매용 14코를 별실에 빼 두고 감아코 만들기 2코, 겉 8, (안 1, 겉 1) × 2, 겉 1/ 총 52코
16단	안S 1, (안 1, 겉 1) × 2, 안 7, 안 왼2T 2, 안 20, 안 왼2T 2, 안 7, (겉 1, 안 1) × 2, 안 1/ 총 48코
17단	겉S 1, (겉 1, 안 1) × 2, 겉 38, (안 1, 겉 1) × 2, 겉 1
18단	안S 1, (안 1, 겉 1) × 2, 안 38, (겉 1, 안 1) × 2, 안 1
19단	겉S 1, (겉 1, 안 1) × 2, 겉 4, 겉L 1, 겉 4, (겉 5, 겉L 1, 겉 6) × 2, 겉 4, 겉L 1, 겉 4, (안 1, 겉 1) × 2, 겉 1/ 총 52코
20단	안S 1, (안 1, 겉 1) × 2, 안 42, (겉 1, 안 1) × 2, 안 1
21단	단춧구멍 단-겉S 1, (겉 1, 안 1) × 2, 겉 42, 안 1, 겉 오D 1, 바O 1, 겉 2
22단	안S 1, (안 1, 겉 1) × 2, 안 42, (겉 1, 안 1) × 2, 안 1
23단	겉S 1, (겉 1, 안 1) × 2, 겉 4, 겉L 1, 겉 5, (겉 4, 겉L 1, 겉 4) × 3, 겉 5, 겉L 1, 겉 4, (안 1, 겉 1) × 2, 겉 1/ 총 57코
24단	안S 1, (안 1, 겉 1) × 2, 안 47, (겉 1, 안 1) × 2, 안 1
25단	겉S 1, (겉 1, 안 1) × 2, 겉 47, (안 1, 겉 1) × 2, 겉 1
26단	24단을 1회 반복한다.
27단	25단을 1회 반복한다.
28단	24단을 1회 반복한다.
29단	**1.2mm 대바늘로 바꿔서** 겉S 1, (겉 1, 안 1) × 27, 겉 2
30단	안S 1, (안 1, 겉 1) × 27, 안 2
31단	단춧구멍 단-겉S 1, (겉 1, 안 1) × 26, 겉 오D 1, 바O 1, 겉 2

겉뜨기 코는 겉뜨기로, 안뜨기 코는 안뜨기로 뜨면서 고무단 덮어씌워 코 막음으로 마무리한다.

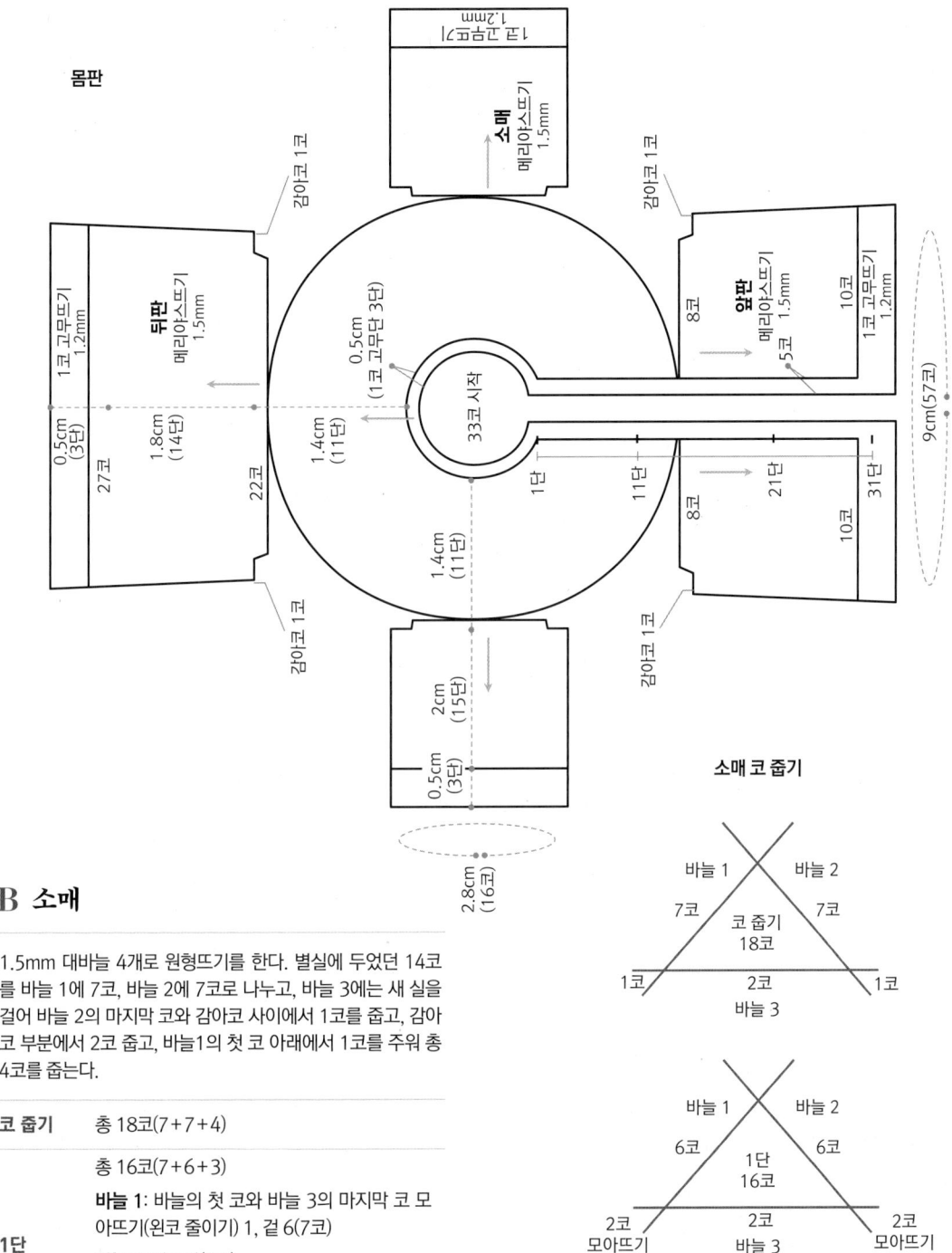

B 소매

1.5mm 대바늘 4개로 원형뜨기를 한다. 별실에 두었던 14코를 바늘 1에 7코, 바늘 2에 7코로 나누고, 바늘 3에는 새 실을 걸어 바늘 2의 마지막 코와 감아코 사이에서 1코를 줍고, 감아코 부분에서 2코 줍고, 바늘1의 첫 코 아래에서 1코를 주워 총 4코를 줍는다.

코 줍기	총 18코(7+7+4)
1단	총 16코(7+6+3) **바늘 1**: 바늘의 첫 코와 바늘 3의 마지막 코 모아뜨기(왼코 줄이기) 1, 겉 6(7코) **바늘 2**: 겉뜨기(6코) **바늘 3**: 바늘 2의 마지막 코와 바늘 3의 첫 코 모아뜨기(왼코 줄이기) 1, 겉 2(3코)
2~15단	겉뜨기 14단/ 총 16코
16~18단	1.2mm 대바늘로 바꿔서 (겉 1, 안 1) × 8

겉뜨기 코는 겉뜨기로, 안뜨기 코는 안뜨기로 뜨면서 고무단 덮어씌워 코 막음으로 마무리한다.

C 마무리

1 다림질한다.

2 돗바늘을 써서 안쪽에서 실 정리를 한다.

3 단춧구멍 위치에 맞춰 베이지색 단추 4개를 단다.

크롭탑과 핫팬츠

뜨거운 햇볕이 부담스럽기는 해도, 그만큼 대담하고
강렬한 코디를 할 수 있다는 게 여름의 묘미 아닐까요?
네온핑크 컬러를 주조로 해 화이트 라인으로 포인트를 준 서머 룩이라면 말할 것도 없죠.
당장 내 인형을 챙겨서 바캉스를 떠나고 싶은 마음이 절로 들걸요.

Descriptions

모델 디아나돌

착용 가능 사이즈 다락아이, iMda Doll 3.0, 키 31~33cm 인형

크기
크롭탑: 가슴둘레 16cm, 옷 길이 7cm
핫팬츠: 허리둘레 12cm, 바지 길이 6cm

사용한 실 랑 자울 • 네온핑크(0385), 흰색(0001)

대체 가능한 실 3합사(3ply 실)

바늘 막대바늘 • 1.5mm(4개), 1.75mm(4개)

기타 준비물 돗바늘, 가위, 꽈배기 바늘(교차무늬 바늘)

게이지 무늬뜨기 50코×60단

Crop Top

Pants

How to make
크롭탑
난이도 ★★★★☆

× 밑단 고무단부터 아래에서 위로 떠서 올라가며, 테두리는 흰색으로 매칭한다.
× 대형 도안 등 일부 도안은 185~186쪽에 수록.

겉 겉뜨기 | **안** 안뜨기 | **오L** 오른코 늘리기 | **왼L** 왼코 늘리기 | **안 오L** 안뜨기로 오른코 늘리기 | **안 왼L** 안뜨기로 왼코 늘리기 | **겉 앞뒤L** 앞뒤로 늘리며 겉뜨기 | **안 앞뒤L** 앞뒤로 늘리며 안뜨기 | **11왼C** 1 대 1 왼코 위 교차뜨기 | **11왼C** 1(겉) 대 1(안) 왼코 위 교차뜨기 | **11오C** 1 대 1 오른코 위 교차뜨기 | **11오C** 1(겉) 대 1(안) 오른코 위 교차뜨기 | **겉꼬** 겉뜨기 꼬아뜨기 | **안꼬** 안뜨기 꼬아뜨기 | **22왼C** 2 대 2 왼코 위 교차뜨기 | **안 왼2T** 안뜨기로 왼코 줄이기 | **안 오2T** 안뜨기로 오른코 줄이기

A 몸판

코 만들기~16단

코 만들기	흰색 실과 1.5mm 막대바늘을 써서 일반 코 잡기로 76코를 만든다. 그런 뒤 네온핑크색 실로 바꾸어 꼬아뜨기 기법으로 1코 고무단을 시작한다.
1단	겉 1, (겉꼬 1, 안 1) × 37, 겉 1/ 총 76코
2단	겉 1, (겉 1, 안꼬 1) × 37, 겉 1
3~6단	1~2단을 2회 반복한다.
7단	겉 1, (겉꼬 1, 안 1) × 37, 겉 1
8단	1.75mm 막대바늘로 바꾼 뒤 겉 1, (겉 1, 안 4, 겉 3, 안꼬 2, 겉 2, 안 앞뒤L 1, 겉 2, 안꼬 1, 겉 5, 안 앞뒤L 1, 겉 5, 안꼬 1, 겉 2, 안 앞뒤L 1, 겉 2, 안꼬 2, 겉 2) × 2, 겉 1/ 총 82코
9단	겉 1, (안 2, 겉꼬 2, 안 2, 11왼C 1, 안 2, 겉꼬 1, 안 4, 11왼C 1, 11오C 1, 안 4, 겉꼬 1, 안 2, 11왼C 1, 안 2, 겉꼬 2, 안 3, 22왼C 1, 안 1) × 2, 겉 1/ 총 82코
10단	겉 1, (겉 1, 안 4, 겉 3, 안꼬 2, 겉 2, 안 2, 안꼬 1, 겉 4, 안 1, 겉 2, 안 1, 겉 4, 안꼬 1, 겉 2, 안 2, 겉 2, 안꼬 2, 겉 2) × 2, 겉 1
11단	겉 1, (안 2, 겉꼬 2, 안 2, 11왼C 1, 안 2, 겉꼬 1, 안 3, 11왼C 1, 안 2, 11오C 1, 안 3, 겉꼬 1, 안 2, 11왼C 1, 안 2, 겉꼬 2, 안 3, 겉 4, 안 1) × 2, 겉 1
12단	겉 1, (겉 1, 안 4, 겉 3, 안꼬 2, 겉 2, 안 2, 안꼬 1, 겉 3, 안 1, 겉 4, 안 1, 겉 3, 안꼬 1, 겉 2, 안 2, 겉 2, 안꼬 2, 겉 2) × 2, 겉 1
13단	겉 1, (안 2, 겉꼬 2, 안 2, 11왼C 1, 안 2, 겉꼬 1, 안 2, 11왼C 1, 안 4, 11오C 1, 안 2, 겉꼬 1, 안 2, 11왼C 1, 안 2, 겉꼬 2, 안 3, 22왼C 1, 안 1) × 2, 겉 1
14단	겉 1, (겉 1, 안 4, 겉 3, 안꼬 2, 겉 2, 안 2, 겉 2, 안꼬 1, 겉 2, 안 1, 겉 6, 안 1, 겉 2, 안꼬 1, 겉 2, 안 2, 겉 2, 안꼬 2, 겉 2) × 2, 겉 1
15단	겉 1, (안 2, 겉꼬 2, 안 2, 11왼C 1, 안 2, 겉꼬 1, 안 2, 11오C 1, 안 4, 11왼C 1, 안 2, 겉꼬 1, 안 2, 11왼C 1, 안 2, 겉꼬 2, 안 3, 겉 4, 안 1) × 2, 겉 1
16단	겉 1, (겉 1, 안 4, 겉 3, 안꼬 2, 겉 2, 안 2, 겉 2, 안꼬 1, 겉 3, 안 1, 겉 4, 안 1, 겉 3, 안꼬 1, 겉 2, 안 2, 겉 2, 안꼬 2, 겉 2) × 2, 겉 1

앞쪽 몸판과 뒤쪽 몸판 나누기

17단	안 왼2T 1, 안 1, 겉꼬 2, 안 2, 11왼C 1, 안 2, 겉꼬 1, 안 3, 11오C 1, 안 2, 11왼C 1, 안 3, 겉꼬 1, 안 2, 11왼C 1, 안 2, 겉꼬 2, 안 2, 코 막음 6코, 안 2, 겉꼬 2, 안 2, 11왼C 1, 안 2, 겉꼬 1, 안 2, 11오C 1, 안 2, 11왼C 1, 안 3, 겉꼬 1, 안 2, 11왼C 1, 안 2, 겉꼬 2, 안 2, 코 막음 7코, 실을 잘라서 코 사이로 통과시키면서 마무리한다.

앞쪽 몸판

18단	새 실을 걸어서 코 막음 2코, 안꼬 2, 겉 2, 안 2, 겉 2, 안꼬 1, 겉 4, 안 1, 겉 2, 안 1, 겉 4, 안꼬 1, 겉 2, 안 2, 겉 2, 안꼬 2, 2코를 코 막음 한 뒤 실을 자르고 코 사이로 통과시켜 마무리한다./ 총 30코
19단	새 실을 걸어서, 겉 오D 1, 안 2, 11왼C 1, 안 2, 겉꼬 1, 안 4, 11오C 1, 11왼C 1, 안 4, 겉꼬 1, 안 2, 11왼C 1, 안 2, 겉 왼D 1/ 총 28코

| 20단 | 안꼬 1, 겉 2, 안 2, 겉 2, 안꼬 1, 겉 5, 안 2, 겉 5, 안꼬 1, 겉 2, 안 2, 겉 2, 안꼬 1 |

앞쪽 몸판 어깨 나누기

| 21단 | 안 오2T 1, 안 1, 11원C 1, 안 2, 겉꼬 1, 안 4, 코 막음 4코, 안 4, 겉꼬 1, 안 2, 11원C 1, 안 1, 안 왼2T 1 |

앞쪽 몸판 오른쪽 어깨 뜨기

22단	겉 2, 안 2, 겉 2, 안꼬 1, 겉 2, 2코를 코 막음 한 뒤 실을 자르고 코 사이로 통과시켜 마무리한다./ 총 9코
23단	새 실을 걸어서 안 오2T 1, 겉꼬 1, 안 2, 11원C 1, 안 2/ 총 8코
24단	겉 2, 안 2, 겉 2, 안 오2T 1/ 총 7코
25단	겉꼬 1, 안 2, 11원C 1, 안 왼2T 1/ 총 6코
26단	겉 1, 안 2, 겉 1, 겉 왼D 1/ 총 5코
27단	안 2, 11원C 1, 안 1
28단	겉 1, 안 2, 겉 오D 1/ 총 4코
29단	안 1, 11원C 1, 안 1
30단	겉 1, 안 2, 겉 1
31~42단	29~30단을 6회 반복한다. 그 후 다른 바늘에 남은 4코를 걸어 둔다.

앞쪽 몸판 왼쪽 어깨 뜨기

22단	새 실을 걸어서 코 막음 2코, 겉 2, 안꼬 1, 겉 2, 안 2, 겉 2/ 총 9코
23단	안 2, 11원C 1, 안 2, 겉꼬 1, 안 왼2T 1/ 총 8코
24단	안 왼2T 1, 겉 2, 안 2, 겉 2/ 총 7코
25단	안 오2T 1, 11원C 1, 안 2, 겉꼬 1/ 총 6코
26단	겉 오D 1, 겉 1, 안 2, 겉 1/ 총 5코
27단	안 1, 11원C 1, 안 2/ 총 5코
28단	겉 왼D 1, 안 2, 겉 1/ 총 4코
29단	안 1, 11원C 1, 안 1/ 총 4코
30단	겉 1, 안 2, 겉 1/ 총 4코

| 31~42단 | 29~30단을 6회 반복한다. 그런 뒤 다른 막대바늘에 남은 4코를 걸어 둔다. |

뒤쪽 몸판

18단	새 실을 걸어서 코 막음 2코, 안꼬 2, 겉 2, 안 2, 겉 2, 안꼬 1, 겉 4, 안 1, 겉 2, 안 1, 겉 4, 안꼬 1, 겉 2, 안 2, 겉 2, 안꼬 2, 2코를 코 막음 한 뒤 실을 자르고 코 사이로 통과시켜 마무리한다./ 총 30코
19단	새 실을 걸어서 겉 오D 1, 안 2, 11원C 1, 안 2, 겉꼬 1, 안 4, 11오C 1, 11원C 1, 안 4, 겉꼬 1, 안 2, 11원C 1, 안 2, 겉 왼D 1/ 총 28코
20단	안꼬 1, 겉 2, 안 2, 겉 2, 안꼬 1, 겉 5, 안 2, 겉 5, 안꼬 1, 겉 2, 안 2, 겉 2, 안꼬 1
21단	안 오2T 1, 안 1, 11원C 1, 안 2, 겉꼬 1, 안 5, 11원C 1, 안 5, 겉꼬 1, 안 2, 11원C 1, 안 1, 안 왼2T 1/ 총 26코
22단	겉 2, 안 2, 겉 2, 안꼬 1, 겉 5, 안 2, 겉 5, 안꼬 1, 겉 2, 안 2, 겉 2
23단	안 2, 11원C 1, 안 2, 겉꼬 1, 안 4, 11원C 1, 11오C 1, 안 4, 겉꼬 1, 안 2, 11원C 1, 안 2
24단	겉 2, 안 2, 겉 2, 안꼬 1, 겉 4, 안 1, 겉 2, 안 1, 겉 4, 안꼬 1, 겉 2, 안 2, 겉 2
25단	안 오2T 1, 11원C 1, 안 2, 겉꼬 1, 안 3, 11원C 1, 안 2, 11오C 1, 안 3, 겉꼬 1, 안 2, 11원C 1, 안 왼2T 1/ 총 24코
26단	겉 1, 안 2, 겉 2, 안꼬 1, 겉 3, 안 1, 겉 4, 안 1, 겉 3, 안꼬 1, 겉 2, 겉 1

뒤쪽 몸판 어깨 나누기

| 27단 | 안 1, 11원C 1, 안 2, 겉꼬 1, 안 3, 코 막음 6코, 안 3, 겉꼬 1, 안 2, 11원C 1, 안 1 |

뒤쪽 몸판 왼쪽 어깨 뜨기

28단	겉 1, 안 2, 겉 2, 안꼬 1, 겉 1, 2코를 코 막음 한 뒤 실을 자르고 코 사이로 통과시켜 마무리한다./ 총 7코
29단	새 실을 걸어서 안 오2T 1, 안 2, 11원C 1, 안 1/ 총 6코
30단	겉 1, 안 2, 겉 1, 겉 오D 1/ 총 5코

31단	안 2, 11원C 1, 안 1/ 총 5코
32단	겉 1, 안 2, 겉 오D 1/ 총 4코
33단	안 1, 11원C 1, 안 1
34단	겉 1, 안 2, 겉 1
35~42단	33~34단을 4회 반복한다. 그런 뒤 다른 바늘에 남은 4코를 걸어 둔다.

뒤쪽 몸판 오른쪽 어깨 뜨기

28단	새 실을 걸어서 코 막음 2코, 겉 1, 안꼬 1, 겉 2, 안 2, 겉 1/ 총 7코
29단	안 1, 11원C 1, 안 2, 안 원2T 1/ 총 6코
30단	겉 왼D 1, 겉 1, 안 2, 겉 1/ 총 5코
31단	안 1, 11원C 1, 안 2
32단	겉 왼D 1, 안 2, 겉 1/ 총 4코
33단	안 1, 11원C 1, 안 1
34단	겉 1, 안 2, 겉 1
35~42단	33~34단을 4회 반복한다. 그런 뒤 다른 대바늘에 남은 4코를 걸어 둔다.

앞뒤 어깨 마무리

1. 앞판과 뒤판의 어깨 부분의 남겨 둔 코를 왼쪽은 왼쪽끼리, 오른쪽은 오른쪽끼리 마주 댄 뒤 돗바늘로 코와 코를 이어 준다.
2. 앞뒤 몸판의 옆선 시접을 메리야스 잇기로 연결한다.
3. 어깨를 연결한 뜨개판을 다림질한다.

진동둘레 단(원형뜨기 2개)

코 줍기	네온핑크색 실과 1.5mm 막대바늘을 써서 몸판의 진동 아래 중심에서부터 58코를 줍는다. 바늘 3개에 코를 나누어 주고, 진동 아래 코 줍기를 시작한 부분에 마커로 시작점을 표시한다.
1~2단	(겉꼬 1, 안 1)을 끝까지 반복한다. 그 후 흰색 실로 겉뜨기 코는 겉뜨기, 안뜨기 코는 안뜨기하며 고무단 덮어씌워 코 막음을 한다.

• TIP 코 막음을 할 때 실이 너무 땅기지 않도록 주의!

목둘레 단

코 줍기	네온핑크색 실과 1.5mm 막대바늘을 써서 앞뒤 어깨를 이은 곳에서부터 88코를 줍는다. 바늘 3개에 코를 나누어 주고, 어깨 부분 코 줍기를 시작한 부분에 마커로 시작점을 표시한다.
1~2단	(겉꼬 1, 안 1)을 끝까지 반복한다. 그 후 흰색 실로 겉뜨기 코는 겉뜨기, 안뜨기 코는 안뜨기하며 고무단 덮어씌워 코 막음을 한다.

• TIP 코 막음을 할 때 실이 너무 땅기지 않도록 주의!

목둘레, 진동둘레 코 잡기

B 마무리

모양이 뒤틀리지 않도록 뜨개판을 잡아 주며 다림질한다.

How to make
핫팬츠
난이도 ★ ★ ★ ★ ☆

× 원형뜨기로 허리 고무단부터 아래쪽으로 떠 내려간다.
× 대형 도안 등 일부 도안은 185~186쪽에 수록.

A 앞뒤 몸판

코 만들기~27단

코 만들기	네온핑크색 실과 1.5mm 막대바늘을 써서 일반 코 잡기로 74코를 만든다. 바늘 3개에 코를 나눈 뒤(원형뜨기), 꼬아뜨기 기법으로 1코 고무단을 시작한다. 허리 옆선 중심에서 시작하며 마커로 표시해 둔다.
1~6단	(겉꼬 1, 안 1) × 37/ 총 74코
7~8단	뒤쪽 고무단 되돌아뜨기를 아래 패턴대로 진행한다. 1) (겉꼬 1, 안 1) × 31, 뜨개판을 돌린다 2) 겉S 1, (안꼬 1, 겉 1) × 14, 안꼬 1, 뜨개판을 돌린다. 3) 겉S 1, (안1, 겉꼬 1) × 10, 안 1, 뜨개판을 돌린다. 4) 겉S 1, (안꼬 1, 겉 1) × 7, 뜨개판을 돌린다. 5) 안S 1, 시작 코 마커를 해 둔 곳까지 (겉꼬 1, 안 1)를 반복한다.
9단	**1.75mm 막대바늘로 바꾼 뒤** (안 3, 겉꼬 2, 안 2, 겉 앞뒤L 1, 안 2, 겉꼬 1, 안 5, 겉 앞뒤L 1, 안 5, 겉꼬 1, 안 2, 겉 앞뒤L 1, 안 2, 겉꼬 2, 안 3, 겉 4) × 2/ 총 80코
10단	(안 3, 겉꼬 2, 안 2, 11윈C 1, 안 2, 겉꼬 1, 안 5, 11윈C 1, 안 5, 겉꼬 1, 안 2, 11윈C 1, 안 2, 겉꼬 2, 안 3, 22윈C 1) × 2
11단	(안 3, 겉꼬 2, 안 2, 겉 2, 안 2, 겉꼬 1, 안 5, 겉 2, 안 5, 겉꼬 1, 안 2, 겉 2, 안 2, 겉꼬 2, 안 3, 겉 4) × 2
12단	(안 3, 겉꼬 2, 안 2, 11윈C 1, 안 2, 겉꼬 1, 안 4, 11윈C 1, 11오C 1, 안 4, 겉꼬 1, 안 2, 11윈C 1, 안 2, 겉꼬 2, 안 3, 겉 4) × 2
13단	(안 3, 겉꼬 2, 안 2, 겉 2, 안 2, 겉꼬 1, 안 4, 겉 1, 안 2, 겉 1, 안 4, 겉꼬 1, 안 2, 겉 2, 안 2, 겉꼬 2, 안 3, 겉 4) × 2
14단	(안 3, 겉꼬 2, 안 2, 11윈C 1, 안 2, 겉꼬 1, 안 3, 11윈C 1, 안 2, 11오C 1, 안 3, 겉꼬 1, 안 2, 11윈C 1, 안 2, 겉꼬 2, 안 3, 22윈C 1) × 2
15단	(안 3, 겉꼬 2, 안 2, 겉 2, 안 2, 겉꼬 1, 안 3, 겉 1, 안 4, 겉 1, 안 3, 겉꼬 1, 안 2, 겉 2, 안 2, 겉꼬 2, 안 3, 겉 4) × 2
16단	(안 3, 겉꼬 2, 안 2, 11윈C 1, 안 2, 겉꼬 1, 안 2, 11윈C 1, 안 4, 11오C 1, 안 2, 겉꼬 1, 안 2, 11윈C 1, 안 2, 겉꼬 2, 안 3, 겉 4) × 2
17단	(안 3, 겉꼬 2, 안 2, 겉 2, 안 2, 겉꼬 1, 안 2, 겉 1, 안 6, 겉 1, 안 2, 겉꼬 1, 안 2, 겉 2, 안 2, 겉꼬 2, 안 3, 겉 4) × 2
18단	(안 3, 겉꼬 2, 안 2, 11윈C 1, 안 2, 겉꼬 1, 안 2, 11오C 1, 안 4, 11윈C 1, 안 2, 겉꼬 1, 안 2, 11윈C 1, 안 2, 겉꼬 2, 안 3, 22윈C 1) × 2
19단	(안 3, 겉꼬 2, 안 2, 겉 2, 안 2, 겉꼬 1, 안 3, 겉 1, 안 4, 겉 1, 안 3, 겉꼬 1, 안 2, 겉 2, 안 2, 겉꼬 2, 안 3, 겉 4) × 2
20단	(안 3, 겉꼬 2, 안 2, 11윈C 1, 안 2, 겉꼬 1, 안 3, 11오C 1, 안 2, 11윈C 1, 안 3, 겉꼬 1, 안 2, 11윈C 1, 안 2, 겉꼬 2, 안 3, 겉 4) × 2
21단	(안 3, 겉꼬 2, 안 2, 겉 2, 안 2, 겉꼬 1, 안 4, 겉 1, 안 2, 겉 1, 안 4, 겉꼬 1, 안 2, 겉 2, 안 2, 겉꼬 2, 안 3, 겉 4) × 2
22단	(안 1, 안 윈L 1, 안 2, 겉꼬 2, 안 2, 11윈C 1, 안 2, 겉꼬 1, 안 4, 11오C 1, 11윈C 1, 안 4, 겉꼬 1, 안 2, 11윈C 1, 안 2, 겉꼬 2, 안 2, 안 오L 1, 안 1, 22윈C 1) × 2/ 총 84코
23단	(안 4, 겉꼬 2, 안 2, 겉 2, 안 2, 겉꼬 1, 안 5, 겉 2, 안 5, 겉꼬 1, 안 2, 겉 2, 안 2, 겉꼬 2, 안 4, 겉 4) × 2
24단	(안 1, 안 윈L 1, 안 3, 겉꼬 2, 안 2, 11윈C 1, 안 2, 겉꼬 1, 안 5, 11윈C 1, 안 5, 겉꼬 1, 안 2, 11윈C 1, 안 2, 겉꼬 2, 안 3, 안 오L 1, 안 1, 겉 4) × 2/ 총 88코
25단	(안 5, 겉꼬 2, 안 2, 겉 2, 안 2, 겉꼬 1, 안 5, 겉 2, 안 5, 겉꼬 1, 안 2, 겉 2, 안 2, 겉꼬 2, 안 5, 겉 4) × 2
26단	(안 1, 안 윈L 1, 안 4, 겉꼬 2, 안 2, 11윈C 1, 안 2, 겉꼬 1, 안 4, 11윈C 1, 11오C 1, 안 4, 겉꼬 1, 안 2, 11윈C 1, 안 2, 겉꼬 2, 안 4, 안 오L 1, 안 1, 22윈C 1) × 2/ 총 92코
27단	(안 6, 겉꼬 2, 안 2, 겉 2, 안 2, 겉꼬 1, 안 4, 겉 1, 안 2, 겉 1, 안 4, 겉꼬 1, 안 2, 겉 2, 안 2, 겉꼬 2, 안 6, 겉 4) × 2

B 다리 분리

앞판 밑아래 1cm

28단	안 6, 겉꼬 2, 안 2, 11원C 1, 안 2, 겉꼬 1, 안 4, 겉 1, 안 2, 겉 1, 안 1, 나머지 코는 뜨지 않은 채 뜨개판을 돌린다.

나머지 앞판 밑아래 1.2cm

1. 겉 1, 안 1, 겉 2, 안 1, 겉 1, 나머지 코는 뜨지 않은 채 뜨개판을 돌린다. / 총 6코
2. 안 1, 겉 1, 안 2, 겉 1, 안 1
3. 겉 1, 안 1, 겉 2, 안 1, 겉 1
4. 안 1, 겉 1, 안 2, 겉 1, 안 1
5. 겉 1, 안 1, 겉 2, 안 1, 겉 1
6. 안 1, 겉 1, 안 2, 겉 1, 안 1, 실을 자른 뒤 다른 바늘에 코를 옮겨 둔다.
7. 앞쪽 밑아래를 뜬 다음 코에 새 실을 건다.
8. 안 3, 겉꼬 1, 안 2, 11원C 1, 안 2, 겉꼬 2, 안 6, 겉 4, 안 6, 겉꼬 2, 안 2, 11원C 1, 안 2, 겉꼬 1, 안 4, 겉 1, 안 2, 겉 1, 안 1, 나머지 코는 뜨지 않은 채 뜨개판을 돌린다.

뒤판 밑아래 1.5cm

1. 겉 1, 안 1, 겉 2, 안 1, 겉 1, 나머지 코를 뜨지 않은 채 뜨개판을 뒤집는다./ 총 6코
2. 안 1, 겉 1, 안 2, 겉 1, 안 1
3. 위의 2단을 3회 반복한다.
4. 실을 30cm 정도 남긴 뒤 자른다.
5. 앞판의 밑아래에 남겨 둔 코를 뒤판의 밑아래에 남겨 둔 코와 마주 댄다. 그 후 코와 코를 이어 주면 두 개의 다리통이 완성된다.
6. 새 실을 걸어서 시작 코까지 뜨지 않는 나머지 코를 떠 준다.
7. 안 3, 겉꼬 1, 안 2, 11원C 1, 안 2, 겉꼬 2, 안 6, 겉 4, 실을 잘라 낸다.

오른쪽 다리(원형뜨기)

밑아래 앞판과 뒤판 연결한 부분에 새 실을 걸어 뒤쪽 밑아래 판 옆선에서 코 줍기를 시작한다.

29단	7코 줍고, 안 3, 겉꼬 1, 안 2, 겉 2, 안 2, 겉꼬 2, 안 6, 겉 4, 안 6, 겉꼬 2, 안 2, 겉 2, 안 2, 겉꼬 1, 안 3, 앞쪽 밑아래 판 옆선에서 5코를 줍는다. 단의 시작 코(첫 코)에 마커를 달아 준다./ 총 52코
30단	안 10, 겉꼬 1, 안 2, 11원C 1, 안 2, 겉꼬 2, 안 6, 22원C 1, 안 6, 겉꼬 2, 안 2, 11원C 1, 안 2, 겉꼬 1, 안 8
31단	안 10, 겉꼬 1, 안 2, 겉 2, 안 2, 겉꼬 2, 안 6, 겉 4, 안 6, 겉꼬 2, 안 2, 겉 2, 안 2, 겉꼬 1, 안 8
32단	안 10, 겉꼬 1, 안 2, 11원C 1, 안 2, 겉꼬 2, 안 6, 겉 4, 안 6, 겉꼬 2, 안 2, 11원C 1, 안 2, 겉꼬 1, 안 8
33단	안 10, 겉꼬 1, 안 2, 겉 2, 안 2, 겉꼬 2, 안 6, 겉 4, 안 6, 겉꼬 2, 안 2, 겉 2, 안 2, 겉꼬 1, 안 8

1.5mm 막대바늘로 바꾼 뒤 꼬아뜨기 기법으로 1코 고무단을 시작한다.

34~38단	(겉꼬 1, 안 1)을 끝까지 반복한 뒤 실을 잘라 돗바늘에 꿰서 고무단을 마무리한다.

왼쪽 다리(원형뜨기)

밑아래 앞판과 뒤판을 연결한 부분에 새 실을 건다.

29단	앞쪽 밑아래 판 옆선에서 5코를 줍고, 안 3, 겉꼬 1, 안 2, 겉 2, 안 2, 겉꼬 2, 안 6, 겉 4, 안 6, 겉꼬 2, 안 2, 겉 2, 안 2, 겉꼬 1, 안 3, 뒤쪽 밑 아래 판 옆선에서 7코를 줍는다. 단의 시작 코(첫 코)에 마커를 달아 준다./ 총 52코
30단	안 8, 겉꼬 1, 안 2, 11원C 1, 안 2, 겉꼬 2, 안 6, 22원C 1, 안 6, 겉꼬 2, 안 2, 11원C 1, 안 2, 겉꼬 1, 안 10
31단	안 8, 겉꼬 1, 안 2, 겉 2, 안 2, 겉꼬 2, 안 6, 겉 4, 안 6, 겉꼬 2, 안 2, 겉 2, 안 2, 겉꼬 1, 안 10
32단	안 8, 겉꼬 1, 안 2, 11원C 1, 안 2, 겉꼬 2, 안 6, 겉 4, 안 6, 겉꼬 2, 안 2, 11원C 1, 안 2, 겉꼬 1, 안 10
33단	안 8, 겉꼬 1, 안 2, 겉 2, 안 2, 겉꼬 2, 안 6, 겉 4, 안 6, 겉꼬 2, 안 2, 겉 2, 안 2, 겉꼬 1, 안 10

1.5mm 막대바늘로 바꾼 뒤 겉뜨기 꼬아뜨기 1코 고무단을 시작한다.

34~38단	(겉꼬 1, 안 1)을 끝까지 반복한 뒤 실을 자르고 돗바늘로 고무단을 마무리한다.

C 마무리

모양이 뒤틀리지 않도록 뜨개판을 잡아 주면서 다림질한다.

다리 코 잡기

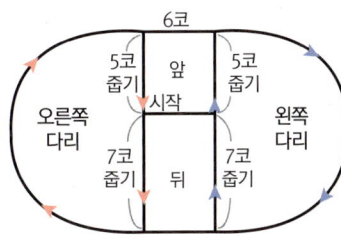

*오른쪽 다리는 밑아래 뒤판부터 시작
*왼쪽 다리는 밑아래 앞판부터 시작
*팬츠 몸판에서 떠서 내려가는 무늬뜨기를 유지하면서 다리를 떠 준다.

왼쪽 다리

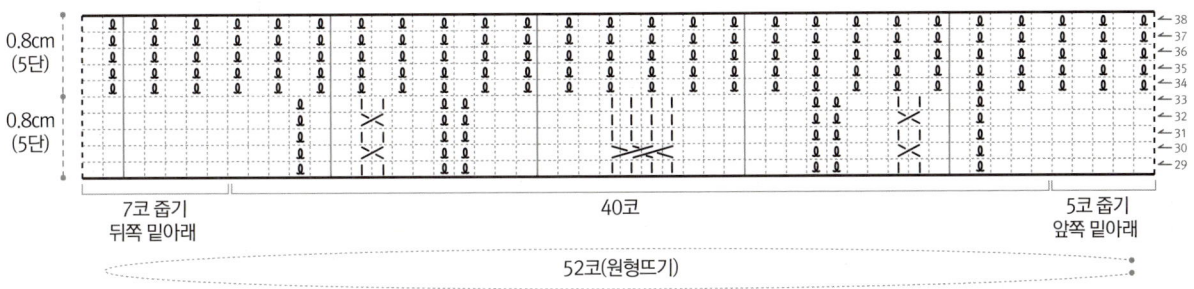

오른쪽 다리

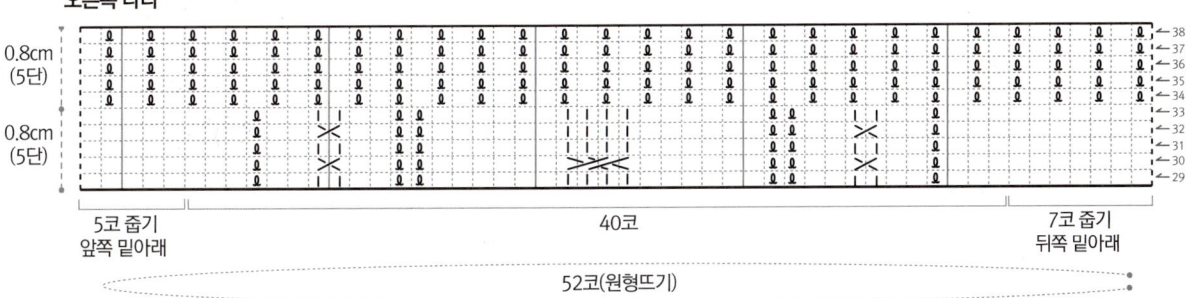

레이스 드레스와 케이프

내 인형에게 드레스를 입혀 주는 것은 일종의 로망이죠.
그런데 니트로도 그럴 수 있다면 어떨까요?
여기에 리본 디테일을 곁들인 케이프로 깔맞춤까지 해 주면 "정말 이게 니트야?"라고
감탄할 정도로 근사한 작품이 나온답니다.

Descriptions

모델 iMda Doll 3.0 'Modigli'

착용 가능 사이즈 디아나돌, 다락아이, 키 31~33cm 인형

크기 가슴둘레 14cm, 허리둘레 13cm, 원피스 길이 23cm, 케이프 길이 7cm

사용한 실 랑 레이스 • 민트색(0058), 다른 색 실 조금

대체 가능한 실 2합사(2ply 실)

바늘 줄바늘 • 1.75mm(1개), 2.0mm(1개), 2.25mm(1개), 3.0mm(1개) | 막대바늘 • 1.75mm(4개) | 레이스 코바늘 • 4호(1개)

기타 준비물 가위, 돗바늘, 마커, 바느질실, 바늘, 시침핀, 진주 단추 5.0mm(5개), 실크 리본(길이 50cm, 폭 7.0mm)

게이지 메리야스 뜨기 45코×50단

Front

Back

Cape

How to make
난이도 ★★★★☆

- × 드레스 상의는 목둘레부터 허릿단까지 톱다운 방식으로 떠서 내려간다.
- × 스커트는 허릿단부터 밑단으로 내려가며 떠서, 상의와 허리에서 모아뜨기로 연결한다(스커트 처짐을 방지).
- × 스커트 무늬뜨기는 차트에 따라 'A → B → C → D' 순서로 뜬다.
- × 케이프는 목둘레부터 어깨 단으로 떠서 내려가고, 목둘레 테두리는 코바늘 레이스 뜨기로 뜬다.
- × 도안은 187~190쪽에 수록.

겉 겉뜨기 | **안** 안뜨기 | **안 앞뒤L** 앞뒤로 늘리며 안뜨기 | **오D** 오른코 줄이기 | **왼D** 왼코 줄이기 | **중심3T** 중심 3코 모아뜨기 | **오3T** 오른코 3코 모아뜨기 | **왼3T** 왼코 3코 모아뜨기 | **바O** 바늘 비우기 | **왼4T** 왼코 4코 모아뜨기 | **겉7L** 겉뜨기로 7코 늘리기(207쪽 참조) | **겉S** 겉뜨기에서 걸러뜨기 | **오L** 오른코 늘리기 | **왼L** 왼코 늘리기 | **안 왼3T** 안뜨기로 왼코 3코 모아뜨기 | **안 왼2T** 안뜨기로 왼코 줄이기 | **겉L** 끌어 올려 겉뜨기로 늘리기 | **사슬** 사슬뜨기 | **짧C** 짧은뜨기 | **긴C** 긴뜨기 | **한긴C** 한 길 긴뜨기

A 스커트

코 만들기	2.25mm 줄바늘을 써서 일반 코로 총 56코를 만든다.

무늬 A

양끝 1코는 시접코. 무늬뜨기(괄호 안) 부분은 9회 반복한다.

1단	겉 1, (안 1, 안 앞뒤L 1, 안 2, 안 앞뒤L 1, 안 1) × 9, 겉 1/ 총 74코
2단	겉 1, 마지막 전 코까지 안뜨기, 겉 1(이후 66단까지 짝수 단 동일)
3단	겉뜨기
5단	겉 1, (겉 4, 바O 1, 겉 1, 바O 1, 겉 3) × 9, 겉 1/ 총 92코
7단	겉 1, (겉 4, 바O 1, 겉 3, 바O 1, 겉 3) × 9, 겉 1/ 총 110코
9단	겉 1, (겉 2, 왼D 1, 바O 1, 왼D 1, 겉 1, 오D 1, 바O 1, 오D 1, 겉 1) × 9, 겉 1/ 총 92코
11단	겉 1, (겉 1, 왼D 1, 바O 1, 겉 1, 겉7L 1, 겉 1, 바O 1, 오D 1) × 9, 겉 1/ 총 128코
13단	겉 1, (겉 2, 바O 1, 겉 4, 바O 1, 겉 3, 바O 1, 겉 4, 바O 1, 겉 1) × 9, 겉 1/ 총 164코
15단	겉 1, (겉 2, 바O 1, 왼4T 1, 바O 1, 겉 1, 바O 1, 오D 1, 겉 1, 왼D 1, 바O 1, 겉 1, 바O 1, 왼4T 1, 바O 1, 겉 1) × 9, 겉 1/ 총 146코
17단	겉 1, (왼3T 1, 바O 1, 겉 5, 바O 1, 오3T 1, 바O 1, 겉 5, 바O 1) × 9, 겉 1
19단	겉 1, (겉 1, 바O 1, 오D 1, 바O 1, 오D 1, 겉 7, 왼D 1, 바O 1, 왼D 1, 바O 1) × 9, 겉 1/ 총 146코
21단	겉 1, (겉 2, 바O 1, 오D 1, 바O 1, 오D 1, 겉 5, 왼D 1, 바O 1, 왼D 1, 바O 1, 겉 1) × 9, 겉 1
23단	겉 1, (겉 1, 바O 1, 오D 1, 바O 1, 오D 1, 바O 1, 오D 1, 겉 3, 왼D 1, 바O 1, 왼D 1, 바O 1, 왼D 1, 바O 1) × 9, 겉 1
25단	겉 1, (겉 1, 바O 1, 겉 1, 바O 1, 오D 1, 바O 1, 오D 1, 바O 1, 오D 1, 겉 1, 왼D 1, 바O 1, 왼D 1, 바O 1, 왼D 1, 바O 1, 겉 1, 바O 1) × 9, 겉 1/ 총 164코
27단	겉 1, (겉 1, 바O 1, 왼D 1, 바O 1, 바O 1, 바O 1, 오D 1, 바O 1, 오D 1, 바O 1, 오3T 1, 바O 1, 왼D 1, 바O 1, 왼D 1, 바O 1, 겉 1, 바O 1, 오D 1, 바O 1) × 9, 겉 1/ 총 182코
29단	겉 1, (겉 1, 바O 1, 왼D 1, 바O 1, 겉 3, 바O 1, 오D 1, 바O 1, 오D 1, 겉 1, 왼D 1, 바O 1, 왼D 1, 바O 1, 겉 3, 바O 1, 오D 1, 바O 1) × 9, 겉 1/ 총 200코
31단	겉 1, (겉 1, 바O 1, 왼D 1, 바O 1, 왼D 1, 바O 1, 겉 1, 바O 1, 오D 1, 바O 1, 오D 1, 바O 1, 오3T 1, 바O 1, 왼D 1, 바O 1, 왼D 1, 바O 1, 겉 1, 바O 1, 오D 1, 바O 1, 오D 1, 바O 1) × 9, 겉 1/ 총 218코

무늬 B

2.5mm 줄바늘로 바꾼다.

33단	겉 1, (겉 1, 왼D 1, 바O 1, 왼D 1, 바O 1, 겉 3, 바O 1, 오D 1, 바O 1, 오D 1) × 18, 겉 1/ 총 218코

35단	겉 1, (원3T 1, 바O 1, 왼D 1, 바O 1, 왼D 1, 바O 1, 겉 1, 바O 1, 오D 1, 바O 1, 오D 1, 바O 1) × 18, 겉 1
37단	겉 1, (겉 1, 왼D 1, 바O 1, 왼D 1, 바O 1, 겉 3, 바O 1, 오D 1, 바O 1, 오D 1) × 18, 겉 1
39단	겉 1, (겉 1, 바O 1, 왼D 1, 바O 1, 왼D 1, 바O 1, 오3T 1, 바O 1, 오D 1, 바O 1, 오D 1, 바O 1) × 18, 겉 1
41단	겉 1, (겉 1, 바O 1, 왼D 1, 바O 1, 왼D 1, 바O 1, 오3T 1, 바O 1, 오D 1, 바O 1, 오D 1, 바O 1) × 18, 겉 1
43단	겉 1, (겉 2, 바O 1, 오D 1, 바O 1, 오D 1, 겉 1, 왼D 1, 바O 1, 왼D 1, 바O 1, 겉 1) × 18, 겉 1
45단	겉 1, (겉 1, 바O 1, 오D 1, 바O 1, 오D 1, 바O 1, 오3T 1, 바O 1, 왼D 1, 바O 1, 왼D 1, 바O 1) × 18, 겉 1
47~50단	43~46단을 1회 반복한다.

무늬 C

51단	겉 1, (겉 2, 왼D 1, 바O 1, 왼D 1, 바O 1, 겉 1, 바O 1, 오D 1, 바O 1, 오D 1, 겉 1) × 18, 겉 1/ 총 218코
53단	겉 1, (겉 1, 왼D 1, 바O 1, 왼D 1, 바O 1, 겉 3, 바O 1, 오D 1, 바O 1, 오D 1) × 18, 겉 1
55단	겉 1, (원3T 1, 바O 1, 왼D 1, 바O 1, 겉 5, 바O 1, 오D 1, 바O 1) × 18, 겉 1

57단	겉 1, (겉 1, 왼D 1, 바O 1, 겉 7, 바O 1, 오D 1) × 18, 겉 1
59단	겉 1, (겉 1, 바O 1, 오D 1, 바O 1, 겉 2, 오3T 1, 겉 2, 바O 1, 왼D 1, 바O 1) × 18, 겉 1
61단	겉 1, (겉 2, 바O 1, 오D 1, 바O 1, 겉 1, 오3T 1, 겉 1, 바O 1, 왼D 1, 바O 1, 겉 1) × 18, 겉 1
63단	겉 1, (겉 3, 바O 1, 오D 1, 바O 1, 오3T 1, 바O 1, 왼D 1, 바O 1, 겉 2) × 18, 겉 1
65단	겉 1, (겉 4, 바O 1, 겉 1, 오3T 1, 겉 1, 바O 1, 겉 3) × 18, 겉 1
67단	겉 1, (겉 5, 바O 1, 오3T 1, 바O 1, 겉 4) × 18, 겉 1
68단	겉뜨기(가터 라인)

무늬 D(스커트 밑단)

69단	겉 1, (오3T 1, 겉 4, 바O 1, 겉 1, 바O 1, 겉 4) × 18, 겉 1/ 총 218코
70단	겉 1, 마지막 전 코까지 안뜨기, 겉 1
71~78단	69~70단을 4회 반복한다.

3.0mm 줄바늘로 바꿔 피코 코 막음을 시작한다.
3코 코 막음, (오른쪽 바늘의 한 코를 왼쪽 바늘로 옮기고, 왼쪽 바늘에 감아코 3코, 8코 코 막음) × 43
스커트 뜨개판의 피코 에지마다 핀을 꽂아, 피코 모양이 예쁘게 나오도록 다림질해 준다.

♦ **TIP** 뜨던 바늘로 피코 코막음을 하면 뜨개판의 크기가 줄어들기 때문에 그보다 더 큰 바늘(3.0mm)을 쓰는 것이다.

B 상의

코 만들기~19단

코 만들기	1.75mm 줄바늘로 52코 일반코를 만든다.
1단	겉뜨기
2단	겉S 1, 나머지 코는 겉뜨기 한다
3단	겉S 1, 겉 8, 오L 1, 겉 2, 왼L 1, 겉 7, 오L 1, 겉 2, 왼L 1, 겉 12, 오L 1, 겉 2, 왼L 1, 겉 7, 오L 1, 겉 2, 왼L 1, 겉 6, 바O 1, 왼D 1, 겉 1/ 총60코
4단	겉S 1, 나머지 코는 겉뜨기 한다
5단	겉S 1, 겉 9, 오L 1, 겉 2, 왼L 1, 겉 9, 오L 1, 겉 2, 왼L 1, 겉 14, 오L 1, 겉 2, 왼L 1, 겉 9, 오L 1, 겉 2, 왼L 1, 겉 10/ 총 68코
6단	겉S 1, 겉 3, 마지막 4코 전까지 안뜨기, 겉 4(이후 20단까지 짝수 단 동일)
7단	겉S 1, 겉 10, 오L 1, 겉 2, 왼L 1, 겉 11, 오L 1, 겉 2, 왼L 1, 겉 16, 오L 1, 겉 2, 왼L 1, 겉 11, 오L 1, 겉 2, 왼L 1, 겉 11/ 총 76코
9단	겉S 1, 겉 11, 오L 1, 겉 2, 왼L 1, 겉 13, 오L 1, 겉 2, 왼L 1, 겉 18, 오L 1, 겉 2, 왼L 1, 겉 13, 오L 1, 겉 2, 왼L 1, 겉 12/ 총 84코
11단	겉S 1, 겉 12, 오L 1, 겉 2, 왼L 1, 겉 15, 오L 1, 겉 2, 왼L 1, 겉 20, 오L 1, 겉 2, 왼L 1, 겉 15, 오L 1, 겉 2, 왼L 1, 겉 13/ 총 92코

13단	겉S 1, 겉 13, 오L 1, 겉 2, 왼L 1, 겉 17, 오L 1, 겉 2, 왼L 1, 겉 22, 오L 1, 겉 2, 왼L 1, 겉 17, 오L 1, 겉 2, 왼L 1, 겉 11, 바O 1, 왼D 1, 겉 1/ 총 100코
15단	겉S 1, 겉 14, 오L 1, 겉 2, 왼L 1, 겉 19, 오L 1, 겉 2, 왼L 1, 겉 24, 오L 1, 겉 2, 왼L 1, 겉 19, 오L 1, 겉 2, 왼L 1, 겉 15/ 총 108코
17단	겉S 1, 겉 15, 오L 1, 겉 2, 왼L 1, 겉 4, (겉 1, 겉 L 1, 겉 1)×6, 겉 5, 오L 1, 겉 2, 왼L 1, 겉 26, 오L 1, 겉 2, 왼L 1, 겉 4, (겉 1, 겉L 1, 겉 1) × 6, 겉 5, 오L 1, 겉 2, 왼L 1, 겉 16/ 총 128코
19단	겉S 1, 겉 16, 오L 1, 겉 2, 왼L 1, 겉 29, 오L 1, 겉 2, 왼L 1, 겉 28, 오L 1, 겉 2, 왼L 1, 겉 29, 오L 1, 겉 2, 왼L 1, 겉 17/ 총 136코

C 몸판과 소매 분리

21단	겉S 1, 겉 18, 소매용 33코를 별실에 두고, 감아코 6코, 겉 32, 소매용 33코 별실에 두고, 감아코 6코, 겉 19/ 총 82코
22단	겉S 1, 겉 3, 안 14, 안 왼2T 1, 안 4, 안 왼2T 1, 안 30, 안 왼2T 1, 안 4, 안 왼2T 1, 안 14, 겉 4/ 총 78코
23단	겉S 1, 마지막 3코 전까지 겉뜨기, 바O 1, 왼 D 1, 겉 1
24단	겉S 1, 겉 3, 마지막 4코 전까지 안뜨기, 겉 4
25단	겉S 1, 나머지 코 겉뜨기
26단	겉S 1, 겉 3, (겉 1, 왼D 1, 겉 1, 왼D 1, 겉 1) × 10, 겉 4/ 총 58코
27단	겉S 1, 나머지 코 겉뜨기
28단	겉S 1, 겉 3, 안 11, 바O 1, 안 왼3T 1, 바O 1, 안 22, 바O 1, 안 왼3T 1, 바O 1, 안 11, 겉 4
29단	겉S 1, 나머지 코 겉뜨기
30단	겉S 1, 겉 3, 마지막 4코 전까지 안뜨기, 겉 4
31단	겉S 1, 겉 3, 마지막 4코 전까지 안뜨기, 겉 1, 바O 1, 왼D 1, 겉 1
32단	안 왼2T 1, 안 54, 안 왼2T 1/ 총 56코

D 스커트와 상의 연결

'스커트 허리의 코 잡은 자리에서 1코를 주운 뒤 상의 허리 부분 1코와 모아뜨기'를 반복하여 마무리한다.
스커트 밑단에서 허릿단 쪽으로 메리야스 잇기를 하되, 허릿단에서 밑으로 4cm는 뒤트임으로 남겨 둔다.

E 소매 2개

소매는 원형뜨기한다. 별실에 남겨 둔 33코를 바늘 1에 15코, 바늘 2에 18코를 옮겨 두고, 바늘 3에 새 실을 걸어서, 바늘 2 몸판의 감아코 사이에서 1코를 줍고, 감아코 자리마다 코를 줍고, 바늘 1과 감아코 사이에서 1코를 줍는다(15+18+8=41코).

1단	겉 9, 왼3T 5, 겉 8, 왼D 1, 겉 5, 왼D 1/ 총 29코
2단	안 왼2T 1, 안 27코/ 총 28코
3~6단	겉뜨기 4단

코 막음을 하고, 두 번째 소매도 떠 준다(너무 바짝 당기면서 코 막음을 하지 않는다. 그래야 인형의 손이 수월히 통과할 수 있다).

F 케이프

코 만들기~22단

코 만들기	2.0mm 줄바늘로 56코 일반 코를 만든다[앞단 3코+(10코 무늬×5)+앞단 3코].
1단	겉뜨기
2단	겉S 1, 겉 2, (겉 4, 바O 1, 겉 3, 바O 1, 겉 3) × 5, 겉 3/ 총 66코
3단	겉S 1, 겉 2, 마지막 3코 전까지 안뜨기, 겉 3(이후 23단까지 홀수 단 동일)
4단	겉S 1, 겉 2, (겉 2, 왼D 1, 바O 1, 왼D 1, 겉 1, 오D 1, 바O 1, 오D 1, 겉 1) × 5, 겉 3/ 총 56코
6단	겉S 1, 겉 2, (겉 1, 왼D 1, 바O 1, 겉 1, 겉7L 1, 겉 1, 바O 1, 오D 1) × 5, 겉 3/ 총 76코
8단	겉S 1, 겉 2, (겉 2, 바O 1, 겉 4, 바O 1, 겉 3, 바O 1, 겉 4, 바O 1, 겉 1) × 5, 겉 3/ 총 96코
10단	겉S 1, 겉 2, (겉 2, 바O 1, 왼4T 1, 바O 1, 겉 1, 바O 1, 오D 1, 겉 1, 왼D 1, 바O 1, 겉 1, 바O 1, 왼4T 1, 바O 1, 겉 1) × 5, 겉 3/ 총 86코
12단	겉S 1, 겉 2, (왼3T 1, 바O 1, 겉 5, 바O 1, 오3T 1, 바O 1, 겉 5, 바O 1) × 5, 겉 3
14단	겉S 1, 겉 2, (겉 1, 바O 1, 오D 1, 바O 1, 오D 1, 겉 7, 왼D 1, 바O 1, 왼D 1, 바O 1) × 5, 겉 3
16단	겉S 1, 겉 2, (겉 2, 바O 1, 오D 1, 바O 1, 오D 1, 겉 5, 왼D 1, 바O 1, 왼D 1, 바O 1, 겉 1) × 5, 겉 3
18단	겉S 1, 겉 2, (겉 1, 바O 1, 오D 1, 바O 1, 오D 1, 바O 1, 오D 1, 겉 3, 왼D 1, 바O 1, 왼D 1, 바O 1, 왼D 1, 바O 1) × 5, 겉 3
20단	겉S 1, 겉 2, (겉 1, 바O 1, 겉 1, 바O 1, 오D 1, 바O 1, 오D 1, 바O 1, 오D 1, 겉 1, 왼D 1, 바O 1, 왼D 1, 바O 1, 왼D 1, 바O 1, 겉 1, 바O 1) × 5, 겉 3/ 총 96코
22단	겉S 1, 겉 2, (겉 1, 바O 1, 왼D 1, 바O 1, 겉 1, 바O 1, 오D 1, 바O 1, 오D 1, 바O 1, 오3T 1, 바O 1, 왼D 1, 바O 1, 왼D 1, 바O 1, 겉 1, 바O 1, 오D 1, 바O 1) × 5, 겉 3/ 총 106코

3.0mm 줄바늘로 바꾸어 피코 코 막음을 시작한다.
3코 코 막음, (오른쪽 바늘의 한 코를 왼쪽 바늘로 옮기고, 왼쪽 바늘에 감아코 3코, 8코 코 막음) × 20, 오른쪽 바늘의 한 코를 왼쪽 바늘로 옮기고, 왼쪽 바늘에 감아코 3코를 한 다음 코 막음.

케이프 사슬코와 단춧고리 만들기

코 잡은 시작 부분에 남은 실을 이용해 레이스 코바늘 4호로, 사슬뜨기 8코를 뜬다. 그런 뒤 몸판에 돗바늘로 연결하여 단춧고리를 만들어 준다.

케이프 목둘레 장식단

목둘레 코 잡은 자리 겉면 오른쪽에서 레이스용 코바늘 4호를 써서 빼뜨기로 실을 연결해 시작한다(190쪽 도안 참조).

1단	(사슬 3, 짧C 1) × 27, 사슬 1, 긴C 1
2단	기둥코 1, (짧C 1, 사슬 3) × 26, 짧C 1, 사슬 1, 긴C 1
3단	기둥코 3, 한긴C 4, 사슬 1, (짧C 1, 사슬 1, 한긴C 5, 사슬 1) × 13, 2단의 시작 부분에 빼뜨기

• **TIP** 기둥코는 사슬뜨기를 하여 단의 높이를 맞춰 주는 코를 말한다. 기둥코의 유무는 뜨개판의 모양에 따라 달라진다.

G 마무리

1 케이프 끝단의 피코 에지마다 시침핀을 꽂아, 피코 모양이 예쁘게 나오도록 다림질해 준다.
2 상의 뒤판의 단춧구멍 위치에 맞추어 반대쪽 뒤판에 단추를 달아 준다.
3 케이프의 단춧구멍 위치에 맞추어, 반대쪽에 단추를 달아 준다.
4 케이프 목둘레 구멍 무늬에 실크 리본을 끼워 준다.
5 허릿단에도 실크 리본을 끼워 둘러 준다. 원피스의 허리 옆선 구멍에 맞추어, 뒤판에서 시작한다.

레이스 보닛과 양말

인형을 위한 섬세한 보닛과 양말 제작은 한 번쯤 내 손으로 구현해 보고 싶은 로망이죠.
그래서 이번에는 마치 레이스를 연상케 하는 섬세한 터치가 돋보이는 사랑스러운 보닛과 양말을 떠 보았어요.
다양한 컬러의 실로 여러 개를 떠서 내 인형들에게 선물해 보세요. 수위를 넘어선 귀여움에 뿌듯하기 그지없으실 거예요.

Descriptions

모델 디아나돌

착용 가능 사이즈 다락아이, USD, 키 31~33cm 인형

크기 보닛: 머리둘레 23cm | 양말: 발 길이 4.3cm, 양말 길이 5.5cm

사용한 실
보닛: 랑 레이스 • 아이보리색(0094), 연보라색(0009)
양말: 랑 레이스 • 아이보리색, 민트색(0058), 다른 색 실 조금

대체 가능한 실 2합사(2ply 실)

바늘
보닛: 줄바늘 • 2.0mm(1개), 2.25mm(1개) | 막대바늘 • 2.0mm(4개) | 레이스용 코바늘 • 2호(1개)
양말: 줄바늘 • 1.5mm(1개), 1.75mm(2개), 2.0mm(1개)

기타 준비물 보닛: 실크 리본, 돗바늘, 가위 | 양말 • 돗바늘, 가위

게이지
보닛: 무늬뜨기 35코×54단(2.0mm 바늘)
양말: 무늬뜨기 37코×45단(2.0mm 바늘), 메리야스뜨기 40코×60단(1.75mm 바늘)

• **TIP** 같은 실을 써서 막대바늘 1.5mm(4개), 레이스용 코바늘 4호(1개)로 레이스 보닛을 뜨면 오비츠 11(11쪽 사진 참조), 모모, 쿠쿠 클라라에게 잘 맞는다.

Bonnet

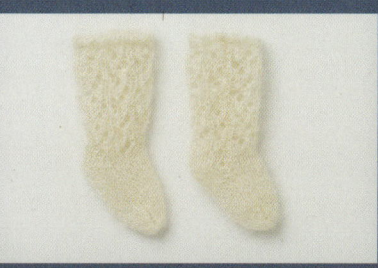

Socks

How to make
레이스 보닛
난이도 ★★★☆☆

- × 이마 부분에서 시작해서 무늬뜨기를 뜬 후 줄여 가는 방식으로 뜬다.
- × 줄이는 부분은 원형뜨기를 한다.

겉 겉뜨기 | **안** 안뜨기 | **왼D** 왼코 줄이기 | **오D** 오른코 줄이기 | **바O** 바늘 비우기

A 보닛

코 만들기	2.25mm 줄바늘을 써서 일반 코 잡기로 61코를 만든다.
1~3단	겉뜨기(앞단 부분)
4단	**2.0mm 줄바늘로 바꿔** 겉뜨기를 한다.
5단	안뜨기
6단	겉 1, (왼D 2, 바O 1, 겉 1, 바O 1, 겉 1, 바O 1, 겉 1, 바O 1, 오D 2, 겉 1) × 5
7단	안뜨기
8단	겉 1, (왼D 2, 바O 1, 겉 1, 바O 1, 겉 1, 바O 1, 겉 1, 바O 1, 오D 2, 겉 1) × 5
9단	안뜨기
10단	겉 1, (왼D 1, 겉 3, 바O 1, 겉 1, 바O 1, 겉 3, 오D 1, 겉 1) × 5
11단	안뜨기
12~13단	겉뜨기
14~33단	4~13단을 2회 반복한 뒤 33단 마지막 코 끝에서 감아코 3코를 만든다/ 총 64코

2.0mm 막대바늘로 바꿔 원형뜨기를 한다.

34단	(겉 6, 왼D 1) × 8/ 총 56코
35단	겉뜨기
36단	(겉 5, 왼D 1) × 8/ 총 48코
37단	겉뜨기
38단	(겉 4, 왼D 1) × 8/ 총 40코
39단	겉뜨기
40단	(겉 3, 왼D 1) × 8/ 총 32코
41단	겉뜨기
42단	(겉 2, 왼D 1) × 8/ 총 24코
43단	겉뜨기
44단	(겉 1, 왼D 1) × 8/ 총 16코
45단	왼D 1 × 8/ 총 8코

실을 10cm 이상 남기고 자른다. 그리고 자른 실을 돗바늘에 꿰어 남은 코에 통과시킨 후 잡아당겨 조인다.

B 목둘레 단

코줍기	2.0mm 줄바늘을 써서 보닛 목둘레의 겉면에서 2코마다 1코씩을 거르며 49코를 줍는다.
1단	겉뜨기
2단	겉 3, (바O 1, 왼D 1, 겉 4) × 7, 바O 1, 왼D 1, 겉 2
3단	겉뜨기

겉뜨기로 코 막음을 한다. 실을 자르지 않고 이어서 앞단 피코 무늬뜨기를 한다.

목둘레 단

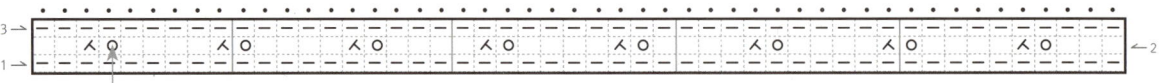

리본 구멍 부분

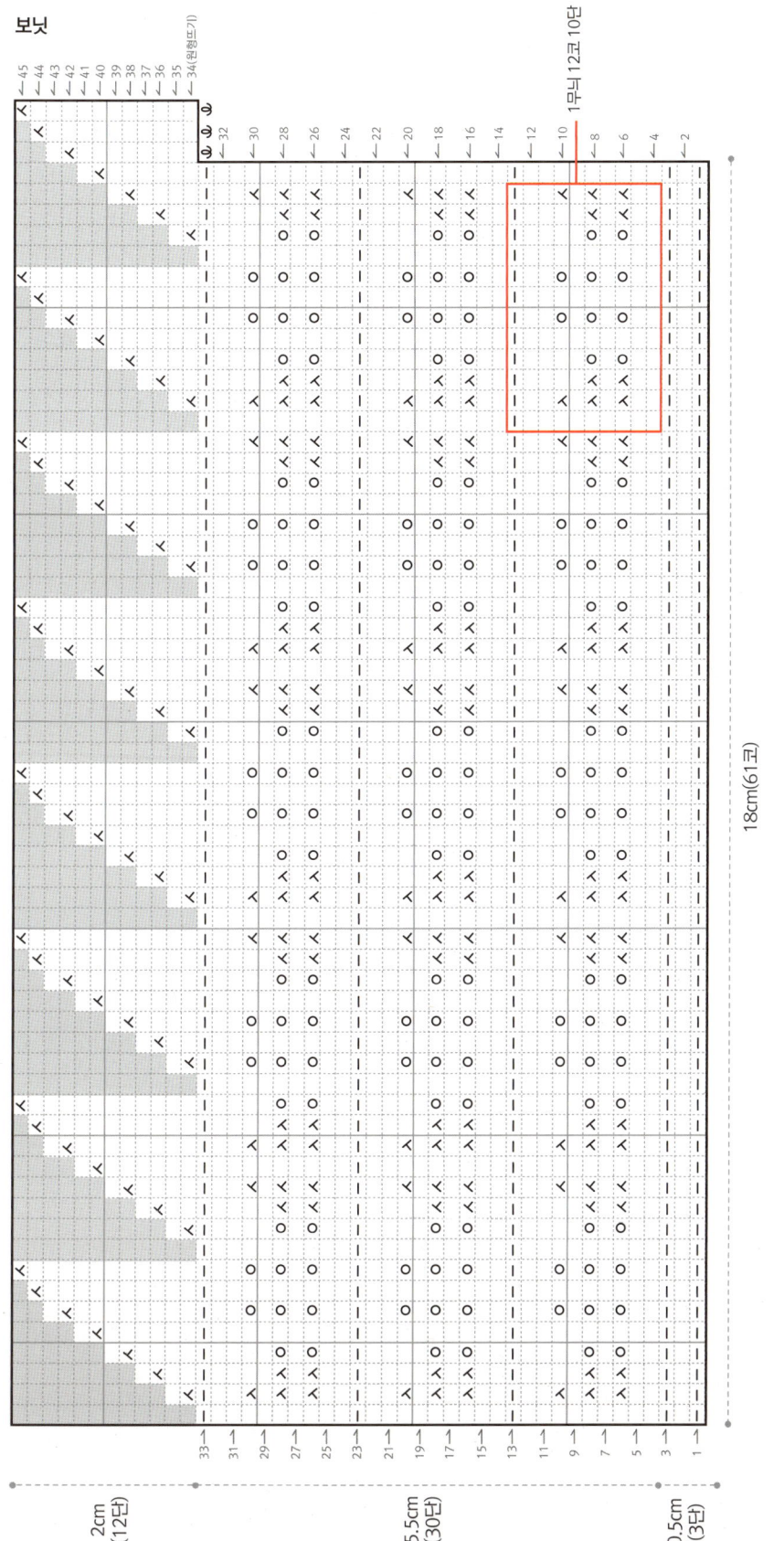

앞단 피코 무늬

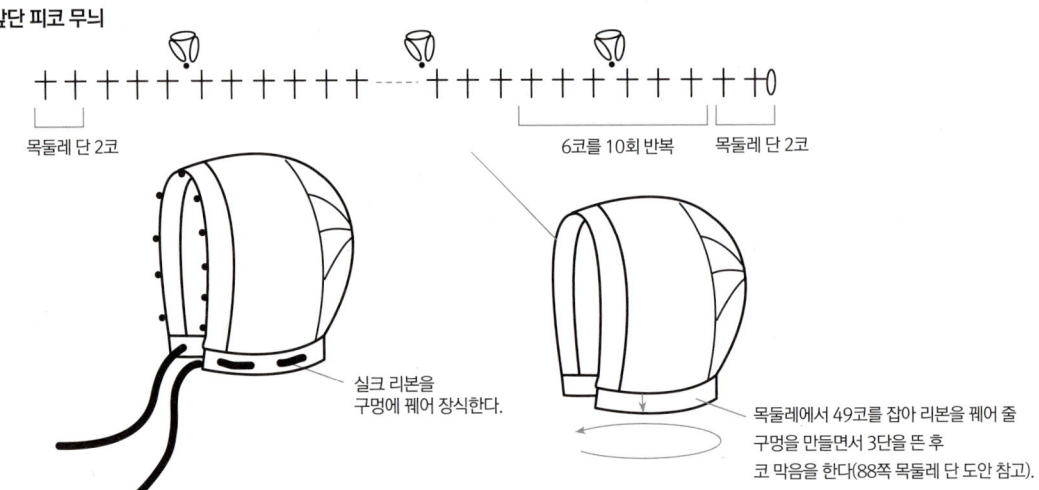

목둘레 단 2코   6코를 10회 반복   목둘레 단 2코

실크 리본을 구멍에 꿰어 장식한다.

목둘레에서 49코를 잡아 리본을 꿰어 줄 구멍을 만들면서 3단을 뜬 후 코 막음을 한다(88쪽 목둘레 단 도안 참고).

C 마무리

1 레이스용 코바늘 2호를 사용하여 보닛 앞단에 피코 무늬뜨기(위 그림 참조)를 진행하는데, 목둘레 단 부분에 짧은뜨기 2코, 앞단 부분에 (짧은뜨기 3코, 피코 무늬뜨기, 짧은뜨기 3코)×10, 목둘레 단 부분에 짧은뜨기 2코를 뜬 후 실을 잘라 준다.
2 안쪽에서 실 정리를 해 준다.
3 실크 리본을 목둘레 단 구멍에 꿰어 장식한 뒤 마무리한다.

How to make
레이스 양말
난이도 ★★★★★

× 위에서 아래로 떠서 내려가는 방식으로 무늬를 넣으면서 뜬다.
× 평면으로 떠서 옆선을 연결해 준다.
× 바늘 사이즈를 바꿔 가며 사이즈를 조절한다.

겉 겉뜨기 | **안** 안뜨기 | **왼D** 왼코 줄이기 | **오D** 오른코 줄이기 | **바O** 바늘 비우기

A 양말목(오른쪽)

코 만들기	별실로 1.75mm 줄바늘을 써서 일반 코 잡기로 26코를 만든다.	6단	안뜨기
1단	레이스 실로 바꾸어 겉뜨기를 한다.	7단	겉뜨기
2단	안뜨기	8단	안뜨기
3~4단	1~2단을 1회 반복한다.	별실로 잡았던 코 부분을 다른 바늘로 옮긴다(91쪽 피코 겹단 설명 2~3번 참조).	
5단	겉 1, (바O 1, 왼D 1) × 12, 겉 1		

9단	뜨개판을 반으로 접어 1단과 8단을 겹쳐 2코를 한꺼번에 겉뜨기한다. 같은 방법으로 끝까지 뜬 다음 코를 잡았던 별실을 푼다.
10단	안뜨기
11단	**2.0mm 줄바늘로 바꿔** 겉 1, (겉 1, 오D 1, 겉 1, 바O 1, 겉 1, 바O 1, 겉 1, 왼D 1) × 3, 겉 1
12단	안뜨기
13단	겉 1, (겉 1, 오D 1, 바O 1, 겉 3, 바O 1, 왼D 1) × 3, 겉 1
14단	안뜨기
15단	겉 1, (겉 1, 바O 1, 겉 1, 왼D 1, 겉 1, 오D 1, 겉 1, 바O 1) × 3, 겉 1

16단	안뜨기
17단	겉 1, (겉 2, 바O 1, 왼D 1, 겉 1, 오D 1, 바O 1, 겉 1) × 3, 겉 1
18단	안뜨기
19~26단	11~18단
27~34단	**1.75mm 줄바늘로 바꿔** 11~18단을 1회 반복한다.
35~42단	**1.5mm 줄바늘로 바꿔** 11~18단을 1회 반복한다.
43단	겉뜨기
44단	안뜨기

피코 겹단(코 만들기~9단)

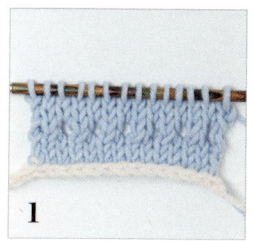

1 나중에 풀어 낼 실(별실)로 코를 잡아 서술 도안대로 1~8단을 뜬다.

2 코 잡은 부분에서 다른 바늘로 첫 코에 바늘을 넣는다.

3 별실이 아닌 하늘색 실 부분에만 바늘을 넣으며 코를 줍는다.

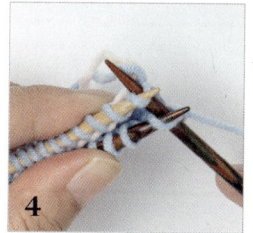

4 겉뜨기 부분을 바깥으로 하여 뜨개판을 반으로 접은 후 앞쪽 바늘의 코와 뒤쪽 바늘의 코(총 2코)에 한꺼번에 바늘을 넣는다.

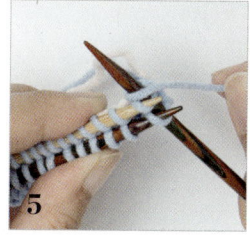

5 바늘에 실을 감는다.

6 실을 빼서 같은 방법으로 끝까지 뜬다.

7 코를 잡았던 별실을 푼다.

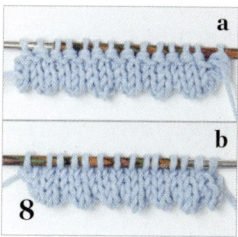

8 완성한 모습(뒷면-a, 앞면-b)

B 뒤꿈치 되돌아뜨기 단(오른쪽)

※ 사진의 뜨개판은 양말목의 일부만 떠서 연출한 것이다. 90~91쪽의 설명대로 44단까지 뜬 다음 뒤꿈치 되돌아뜨기 단을 시작해야 한다.

1단 겉뜨기 11코를 뜬다.(1) 실을 앞으로 보내고, 왼쪽 바늘의 1코를 뜨지 않고 오른쪽 바늘로 옮긴다.(2) 1코를 오른쪽 바늘에 옮긴 모습.(3) 실을 뒤로 보내고, 오른쪽 바늘로 옮겨 놓았던 1코를 다시 왼쪽 바늘로 옮긴다.(4) 1코를 왼쪽 바늘에 옮긴 모습.(5) 뜨개판을 뒤로 돌린다.(6)

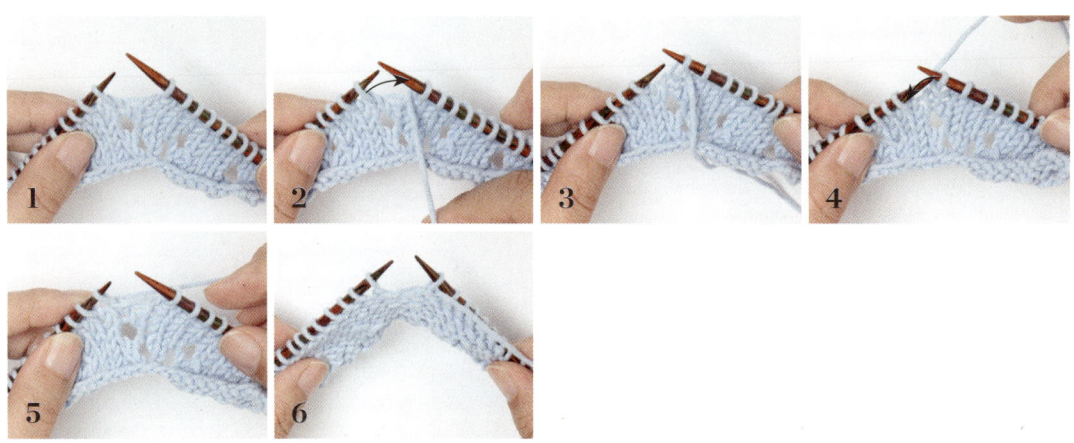

2단 안뜨기 8코를 뜬다.(1) 실을 앞에 둔 상태에서 왼쪽 바늘의 1코를 뜨지 않고 오른쪽 바늘로 옮긴다.(2) 실을 뒤로 보내고, 오른쪽 바늘로 옮겨 놓았던 1코를 다시 왼쪽 바늘로 옮긴다.(3) 1코를 왼쪽 바늘에 옮긴 모습.(4) 뜨개판을 뒤로 돌린다.(5)

3단 실을 뒤로 보내고, 겉 7, 실을 앞으로 놓고 왼쪽 바늘의 1코를 뜨지 않고 오른쪽 바늘로 옮긴다. 실을 뒤로 놓고, 오른쪽 바늘에 옮겨 놓았던 1코를 다시 왼쪽 바늘로 옮긴 후(사진) 뜨개판을 뒤로 돌린다(1단의 1~6번 참조).

4단 안 6, 실을 앞에 둔 상태에서, 왼쪽 바늘의 1코를 뜨지 않고 오른쪽 바늘로 옮긴다. 실을 뒤로 보내고, 오른쪽 바늘에 옮겨 놓았던 1코를 다시 왼쪽 바늘로 옮긴 후(사진) 뜨개판을 뒤로 돌린다(2단의 1~5번 참조).

5단 실을 뒤로 보내고, 겉 7, 실을 앞으로 보내고 왼쪽 바늘의 1코를 뜨지 않고 오른쪽 바늘로 옮긴다. 실을 뒤로 보내고, 오른쪽 바늘에 옮겨 놓았던 1코를 다시 왼쪽 바늘로 옮긴 후(사진) 뜨개판을 뒤로 돌린다(1단의 1~6번 참조).

6단 안 6, 실을 앞에 둔 상태에서, 왼쪽 바늘의 1코를 뜨지 않고 오른쪽 바늘로 옮긴다. 실을 뒤로 보내고, 오른쪽 바늘에 옮겨 놓았던 1코를 다시 왼쪽 바늘로 옮긴 후(사진) 뜨개판을 뒤로 돌린다(2단의 1~5번 참조).

7단 실을 뒤로 보낸다.(1) 왼쪽 바늘 첫 코 밑에 걸려 있는 코를 끌어 올린다.(2) 끌어 올린 코와 왼쪽 바늘의 첫 코를 한꺼번에 겉뜨기로 뜬다.(3) 실을 앞으로 보내고 왼쪽 바늘의 1코를 뜨지 않고 오른쪽 바늘로 옮긴다(1단 2~3번 참조). 실을 뒤로 보내고, 오른쪽 바늘에 옮겨 놓았던 1코를 다시 왼쪽 바늘로 옮긴다.(4) 뜨개판을 뒤로 돌린다.

8단 안뜨기 5코를 뜬다.(1) 왼쪽 바늘 첫 코 밑에 걸려 있는 코를 끌어 올린다.(2) 끌어 올린 코를 왼쪽 바늘에 건 다음, 2코를 한꺼번에 안뜨기로 뜬다.(3) 실을 앞에 둔 상태에서 왼쪽 바늘의 1코를 뜨지 않고 오른쪽 바늘로 옮긴다.(4) 실을 뒤로 보내고, 오른쪽 바늘에 옮겨 놓았던 1코를 다시 왼쪽 바늘로 옮긴 후(5) 뜨개판을 뒤로 돌린다(2단의 1~5번 참조).

9단 실을 뒤로 보내고 겉뜨기 6코를 뜬다.(1) 왼쪽 바늘 첫 코 밑에 걸려 있는 2코를 끌어 올린다.(2) 끌어 올린 2코와 왼쪽 바늘의 첫 코를 한꺼번에 겉뜨기로 뜬다.(3) 실을 앞으로 보내고 왼쪽 바늘의 1코를 뜨지 않고 오른쪽 바늘로 옮긴다(1단 2~3번 참조). 실을 뒤로 보내고, 오른쪽 바늘에 옮겨 놓았던 1코를 다시 왼쪽 바늘로 옮긴 후(4) 뜨개판을 뒤로 돌린다.

10단 안뜨기로 7코를 뜬다.(1) 왼쪽 바늘 첫 코 밑에 걸려 있는 2코를 끌어 올린다. 끌어 올린 2코와 왼쪽 바늘의 첫 코를 한꺼번에 안뜨기로 뜬다.(2) 실을 앞에 둔 상태에서 왼쪽 바늘의 1코를 뜨지 않고 오른쪽 바늘로 옮긴다. 실을 뒤로 보내고, 오른쪽 바늘에 옮겨 놓았던 1코를 다시 왼쪽 바늘로 옮긴 후 뜨개판을 뒤로 돌린다(2단의 1~5번 참조).

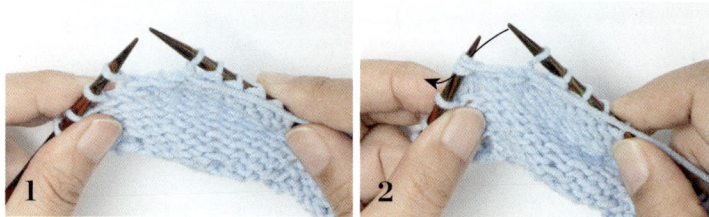

11단 실을 뒤로 보내고, 겉 8, 왼쪽 바늘 첫 코 밑에 걸려 있는 2코를 끌어 올린다. 끌어 올린 2코와 왼쪽 바늘의 첫 코를 한꺼번에 겉뜨기로 뜬다. 실을 앞으로 보내고 왼쪽 바늘의 1코를 뜨지 않고 오른쪽 바늘로 옮긴다. 실을 뒤로 보내고, 오른쪽 바늘에 옮겨 놓았던 1코를 다시 왼쪽 바늘로 옮긴 후 뜨개판을 뒤로 돌린다(1단 2~6번 참조).

12단 안 9, 왼쪽 바늘 첫 코 밑에 걸려 있는 2코를 끌어 올린다. 끌어 올린 2코와 왼쪽 바늘의 첫 코를 한꺼번에 안뜨기로 뜬다. 실을 앞에 둔 상태에서 왼쪽 바늘의 1코를 뜨지 않고 오른쪽 바늘로 옮긴다. 실을 뒤로 보내고, 오른쪽 바늘에 옮겨 놓았던 1코를 다시 왼쪽 바늘로 옮긴 후 뜨개판을 뒤로 돌린다(2단의 1~5번 참조).

13단 실을 뒤로 보내고, 겉뜨기 10코를 뜬다.(1) 왼쪽 바늘 첫 코 밑에 걸려 있는 코를 끌어 올린다. 끌어 올린 코와 왼쪽 바늘의 첫 코를 한꺼번에 겉뜨기로 뜬다(7단 2~3번 참조).(2) 겉뜨기로 13코를 뜬다.(3)

14단 뜨개판을 뒤로 돌린 다음,(1) 안뜨기로 24코를 뜬다. 왼쪽 바늘 첫 코 밑에 걸려 있는 코를 끌어 올린다.(2) 끌어 올린 코를 바늘에 건 다음, 2코를 한꺼번에 안뜨기로 뜬다(8단 2~3번 참조). 남은 1코는 안뜨기로 뜬다.(3)

완성한 모습

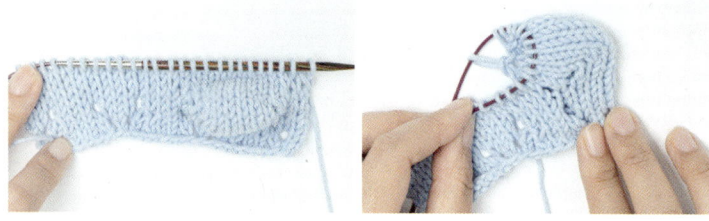

C 양말 바닥 평단(오른쪽)

45단	1.75mm 줄바늘로 바꾸어 겉뜨기		61단	겉 1, (왼D 1, 겉 6, 오D 1) × 2, 겉 1/ 총 18코
46단	안뜨기		62단	안뜨기
47~58단	45~46단을 6회 반복한다.		63단	겉 1, (왼D 1, 겉 4, 오D 1) × 2, 겉 1/ 총 14코
59단	겉 1, (왼D 1, 겉 8, 오D 1) × 2, 겉 1/ 총 22코		64단	안뜨기
60단	안뜨기			

D 양말목(왼쪽)

코 만들기	별실과 1.75mm 줄바늘을 써서 일반 코 잡기로 26코를 만든다.
1~44단	레이스 실로 바꾸어 오른쪽과 같은 방법으로 뜬다.

E 뒤꿈치 되돌아뜨기 단(왼쪽)

※ 사진의 뜨개판은 양말목의 일부만 떠서 연출한 것이다. 위의 양말목(왼쪽) 설명대로 44단까지 뜬 다음 뒤꿈치 되돌아뜨기 단을 시작해야 한다.

1단 겉뜨기 23, 실을 앞으로 보내고, 왼쪽 바늘의 1코를 뜨지 않고 오른쪽 바늘로 옮긴다. 실을 뒤로 보내고, 오른쪽 바늘로 옮겨 놓았던 1코를 다시 왼쪽 바늘로 옮긴다.(사진) 뜨개판을 뒤로 돌린다(오른쪽 뒤꿈치 1단 참조).

2단 안뜨기 8, 실을 앞에 둔 상태에서 왼쪽 바늘의 1코를 뜨지 않고 오른쪽 바늘로 옮긴다. 실을 뒤로 보내고, 오른쪽 바늘로 옮겨 놓았던 1코를 다시 왼쪽 바늘로 옮긴다.(사진) 뜨개판을 뒤로 돌린다(오른쪽 뒤꿈치 2단 참조).

3~12단 오른쪽 뒤꿈치 3~12단과 동일.

13단 실을 뒤로 보내고, 겉뜨기 10코를 뜬다. 왼쪽 바늘 첫 코 밑에 걸려 있는 코를 끌어 올린다. 끌어 올린 코와 왼쪽 바늘의 첫 코를 한꺼번에 겉뜨기로 뜬다(오른쪽 뒤꿈치 7단 참조). 겉뜨기로 1코를 뜬다.(사진) 뜨개판을 뒤로 돌린다.

14단 뜨개판을 뒤로 돌린 다음(1) 안뜨기로 12코를 뜬다. 왼쪽 바늘 첫 코 밑에 걸려 있는 코를 끌어 올린다. 끌어 올린 코를 바늘에 걸어 준 후, 2코를 한꺼번에 안뜨기로 뜬다.(2) (오른쪽 뒤꿈치 8단 참조) 남은 13코는 안뜨기로 뜬다. 완성한 모습.(3)

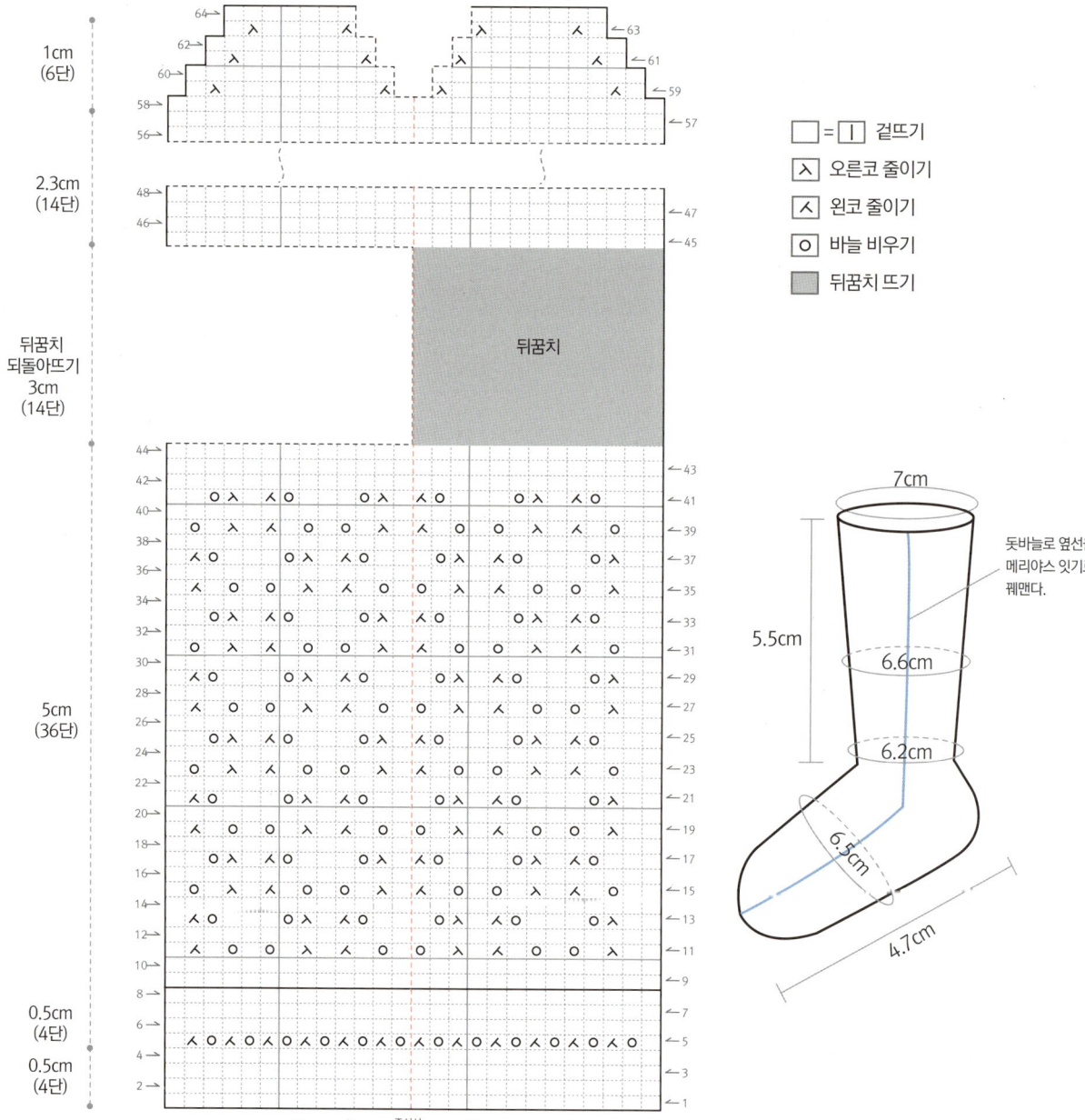

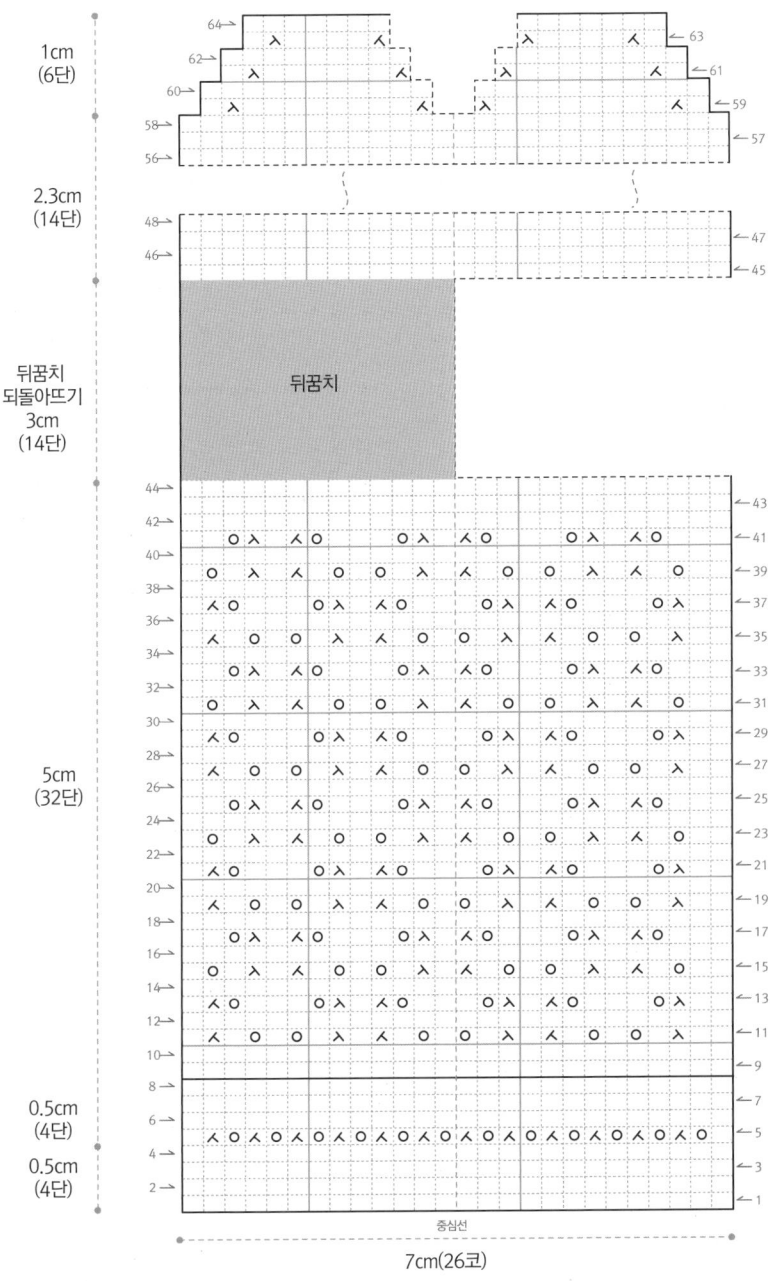

F 양말 바닥 평단(왼쪽)

45~64단 오른쪽과 동일.

G 마무리

1 양말의 발가락 쪽을 겉과 겉끼리 맞대고, 양쪽에서 1코씩 2코를 한꺼번에 뜨며 코 막음 한다.
2 겉쪽이 나오도록 뜨개판을 뒤집는다. 그런 뒤 돗바늘로 옆선을 메리야스 잇기 한다.

숄 칼라 아란 베스트와 베레모

아란 패턴은 원래 아일랜드 서쪽에 있는 애런(Aran) 섬에서 유래했답니다. 그곳 사람들이 각자의 집 모양을 상징하는 무늬를 수직으로 엮어 짰다는 이야기가 전해지는 방한복이지요. 입체적이고 멋스러운 그들의 패턴은 오늘날까지도 세계 곳곳에서 다양한 형태로 발전하고 있답니다. 숄 칼라를 둘러 따뜻함을 더하고, 아란 패턴을 귀엽게 배열한 베스트와 베레모를 매치해 근사한 룩을 완성해 보세요. 그리고 이번 강좌에는 소매 패턴도 넣어 두었어요. 베스트에 소매를 덧붙이면 카디건이 되니 베스트뿐 아니라 카디건으로도 만들어 보세요.

Beret　　　　　　　Front　　　　　　　Back

Descriptions

모델 제리베리 '쁘띠 베리' & '쁘띠 코지'

착용 가능 사이즈
베스트: 오비츠 11, 임다돌 팀프, 헤동이
베레모: 오비츠 11, 모모, 쿠쿠 클라라

크기
베스트: 가슴둘레 9.5cm, 길이 4cm
베레모: 모자 둘레 20cm, 길이 5cm

사용한 실 샤헨마이어 레기아 Shachenmayr Regia
2합사(2ply 실) • 베이지색(17)

대체 가능한 실 2합사(2ply 실)

바늘
베스트: 막대바늘 • 1.2mm(4개)
베레모: 막대바늘 • 1.2mm(4개), 1.5mm(4개)

기타 준비물 단추 4.0mm(3개), 가위, 꽈배기 바늘(교차무늬 바늘), 돗바늘, 바느질실, 바늘

게이지
베스트: 무늬뜨기 42코×72단(1.2mm 바늘)
베레모: 무늬뜨기 56코×69단(1.5mm 바늘)

• **TIP** 셰틀랜드(Shetland) 빨간색 실 등 3합사 실과 막대바늘 2.0mm(4개, 고무단), 2.5mm(4개)로 베레모를 뜨면 임다돌(20쪽, 167쪽 사진 참조) 등 머리둘레 20~22cm 인형에게 잘 맞는다.

How to make

숄 칼라 아란 베스트
난이도 ★★★★☆

- 뒤판과 좌우 앞쪽 몸판을 이어서 뜬다.
- 진동둘레는 원형뜨기로 작업한다.
- 진동둘레에서 코를 잡아 고무단을 2단 뜨고 마무리하면 조끼가 되고, 소매를 떠서 메리야스 잇기로 연결하면 카디건으로 변신! 수록된 패턴 중 진동둘레와 소매 중 하나를 선택해 뜨면 된다.

겉 겉뜨기 | **안** 안뜨기 | **왼D** 왼코 줄이기 | **오D** 오른코 줄이기 | **안 왼2T** 안뜨기로 왼코 줄이기 | **안 오2T** 안뜨기로 오른코 줄이기 | **안L** 끌어 올려 안뜨기로 늘리기 | **바O** 바늘 비우기 | **11왼C** 1 대 1 왼코 위 교차뜨기 | **11오C** 1 대 1 오른코 위 교차뜨기 | **22왼C** 2 대 2 왼코 위 교차뜨기 | **22오C** 2 대 2 오른코 위 교차뜨기 | **겉꼬** 겉뜨기 꼬아뜨기 | **안꼬** 안뜨기 꼬아뜨기 | **안S** 안뜨기에서 걸러뜨기 | **끌한겉** 왼쪽 바늘 첫 코(A) 밑에 걸려 있는 코를 끌어 올려 왼쪽 바늘에 건 다음, 끌어 올린 코와 A를 한꺼번에 겉뜨기로 뜨기 | **끌한안** 왼쪽 바늘 첫 코(A) 밑에 걸려 있는 코를 끌어 올려 왼쪽 바늘에 건 다음, 끌어 올린 코와 A를 한꺼번에 안뜨기로 뜨기 | **베** 베이지색

A 몸판

코 만들기	1.2mm 막대바늘과 베이지색 실을 써서 일반 코 잡기로 59코를 만든다.
1단	겉 1, (겉꼬 1, 안 1) × 28, 겉꼬 1, 겉 1
2단	안 1, (안꼬 1, 겉 1) × 28, 안꼬 1, 안 1
3단	1단 반복
4단	(안 3, 안L 1, 안 3) × 4, 안 2, 안L 1, 안 3, (안 3, 안L 1, 안 3) × 5/ 총 69코
5단	겉 1, [안 1, 11왼C 1, 안 1, 22왼C 1, 안 1, 11왼C 1, 11오C 1, (안 1, 겉 1) × 3, 안 2, 11왼C 1, 11오C 1, 안 1, 22오C 1, 안 1, 11오C 1] × 2, 안 1, 겉 1
6단	안 1, 겉 1, [안 2, (겉 1, 안 4) × 2, (겉 1, 안 1) × 3, 겉 2, (안 4, 겉 1) × 2, 안 2, 겉 1] × 2, 안 1/ 이후 14단까지 짝수 단 동일
7단	겉 1, 안 1, 11왼C 1, 안 1, 겉 4, 안 1, 11오C 1, 11왼C 1, (안 1, 겉 1) × 3, 안 2, 11오C 1, 11왼C 1, 안 1, 겉 4, 안 1, 11오C 1, 11왼C 1, 안 1, 겉 4, 안 1, 11오C 1, 11왼C 1, (안 1, 겉 1) × 3, 안 2, 11오C 1, 11왼C 1, 안 1, 겉 4, 안 1, 11오C 1, 안 1, 겉 1
9단	5단을 1회 반복한다.
11단	7단을 1회 반복한다.
13단	5단을 1회 반복한다.
15단	겉 오D 1, 11왼C 1, 안 1, 겉 4, 안 1, 11오C 1, 11왼C 1, 안 1, 겉 1, 안 1, 나머지 52코는 다른 바늘에 걸어 쉼코로 두고 16코로 오른쪽 앞판을 뜨기 시작한다.
16단	안 1, 겉 1, (겉 1, 안 4) × 2, 겉 1, 안 오2T 1/ 총 15코
17단	겉 오D 1, 안 1, 22왼C 1, 안 1, 11왼C 1, 11오C 1, 안 1, 겉 왼D 1/ 총 13코
18단	안 1, (겉 1, 안 4) × 2, 안 오2T 1/ 총 12코
19단	겉 오D 1, 겉 3, 안 1, 11오C 1, 11왼C 1, 겉 왼D 1/ 총 10코
20단	안 5, 겉 1, 안 2, 안 오2T 1/ 총 9코
21단	겉오D 1,겉 1,안 1,11왼C 1,11오C 1,겉 1/ 총8코
22단	안 5, 겉 1, 안 오2T 1/ 총 7코
23단	겉 오D 1, 11오C 1, 11왼C 1, 겉 1/ 총 6코
24단	안 6/ 이후 30단까지 짝수 단 동일
25단	겉 1, 11왼C 1, 11오C 1, 겉 1
27단	겉 1, 11오C 1, 11왼C 1, 겉 1
29단	25단을 1회 반복한다.
31단	27단을 1회 반복한다.
32단	안 6

남은 6코는 다른 바늘에 걸어 어깨 쉼코(오른쪽 앞 어깨)로 둔다.

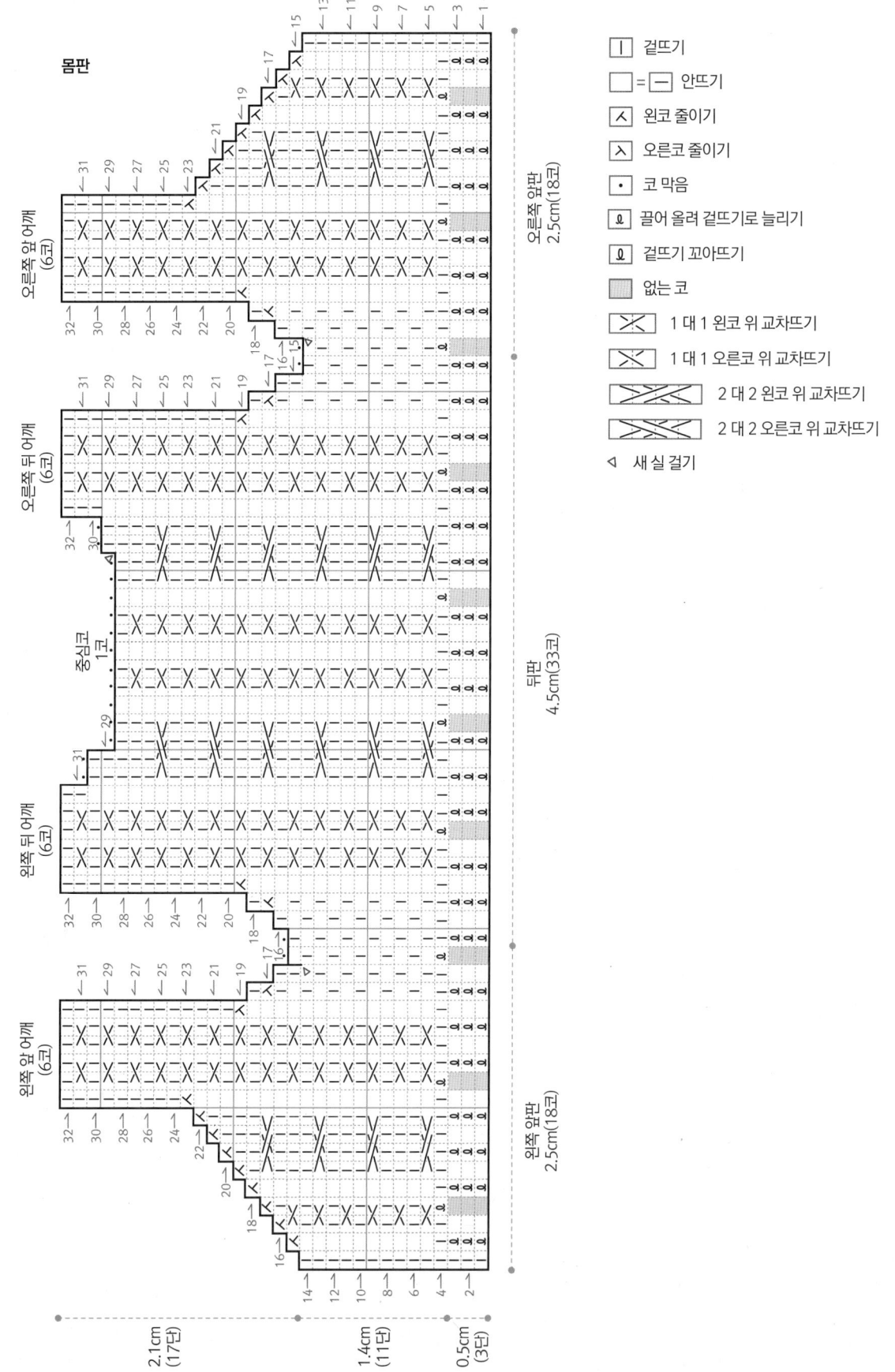

쉼코로 둔 52코의 첫 코에 새 실을 걸어 뒤판을 뜨기 시작한다.

15단	겉뜨기로 코 막음 2코, 겉 1, 안 2, 11오C 1, 11원 C 1, 안 1, 겉 4, 안 1, 11원C 1, 안 1, 11오C 1, 안 1, 겉 4, 안 1, 11오C 1, 11원C 1, (안 1, 겉 1) × 2, 안 1/ 총 33코

나머지 17코는 다른 바늘에 걸어 쉼코로 두고 33코만으로 뜬다.

16단	안뜨기로 코 막음 2코, 안 1, 겉 1, (겉 1, 안 4) × 2, (겉 1, 안 2) × 2, (겉 1, 안 4) × 2, 겉 1, 안 2/ 총 31코
17단	겉 오D 1, 안 1, 11원C 1, 11오C 1, 안 1, 22오C 1, 안 1, 11오C 1, 11원C 1, 안 1, 22오C 1, 안 1, 11원C 1, 11오C 1, 안 1, 겉 왼D 1/ 총 29코
18단	안 1, (겉 1, 안 4) × 2, (겉 1, 안 2) × 2, (겉 1, 안 4) × 2, 겉 1, 안 1
19단	겉 오D 1, 11오C 1, 11원C 1, 안 1, 겉 4, 안 1, 11원C 1, 안 1, 11오C 1, 안 1, 겉 4, 안 1, 11원C 1, 11원C 1, 겉 왼D 1/ 총 27코
20단	안 5, 겉 1, 안 4, (겉 1, 안 2) × 2, (겉 1, 안 4) × 2, 안 1/ 이후 28단까지 짝수 단 동일
21단	겉 1, 11원C 1, 11오C 1, 안 1, 22오C 1, 안 1, 11오C 1, 안 1, 11원C 1, 안 1, 22오C 1, 안 1, 11원C 1, 11오C 1, 겉 1
23단	겉 1, 11오C 1, 11원C 1, 안 1, 겉 4, 안 1, 11원C 1, 안 1, 11오C 1, 안 1, 겉 4, 안 1, 11오C 1, 11원C 1, 겉 1
25단	21단을 1회 반복한다.
27단	23단을 1회 반복한다.

이어서 오른쪽 뒤 어깨를 뜨기 시작한다.

29단	겉 1, 11원C 1, 11오C 1, 안 1, 겉 2 나머지 19코는 다른 바늘에 걸어 쉼코로 두고 8코만으로 뜬다.
30단	안뜨기로 코 막음 2코, 안 6/ 총 6코
31단	겉 1, 11오C 1, 11원C 1, 겉 1
32단	안 6, 남은 6코는 다른 바늘에 걸어 어깨 쉼코 (오른쪽 뒤 어깨)로 둔다.

쉼코로 둔 19코의 첫 코에 새 실을 걸어 왼쪽 뒤 어깨를 뜨기 시작한다.

29단	겉뜨기로 코 막음 11코, 겉 2, 안 1, 11원C 1, 11오C 1, 겉 1/ 총 8코
30단	안 5, 겉 1, 안 2
31단	겉뜨기로 코 막음 2코, 겉 1, 11오C 1, 11원C 1, 겉 1/ 총 6코
32단	안 6, 남은 6코는 다른 바늘에 걸어 어깨 쉼코 (왼쪽 뒤 어깨)로 둔다.

쉼코로 둔 17코의 첫 코에 새 실을 걸어 왼쪽 앞 어깨를 뜨기 시작한다.

15단	겉 1, 안 2, 11오C 1, 11원C 1, 안 1, 겉 4, 안 1, 11오C 1, 겉 왼D 1/ 총 16코
16단	안 왼2T 1, 안 1, (겉 1, 안 4) × 2, 겉 1, 안 2/ 총 15코

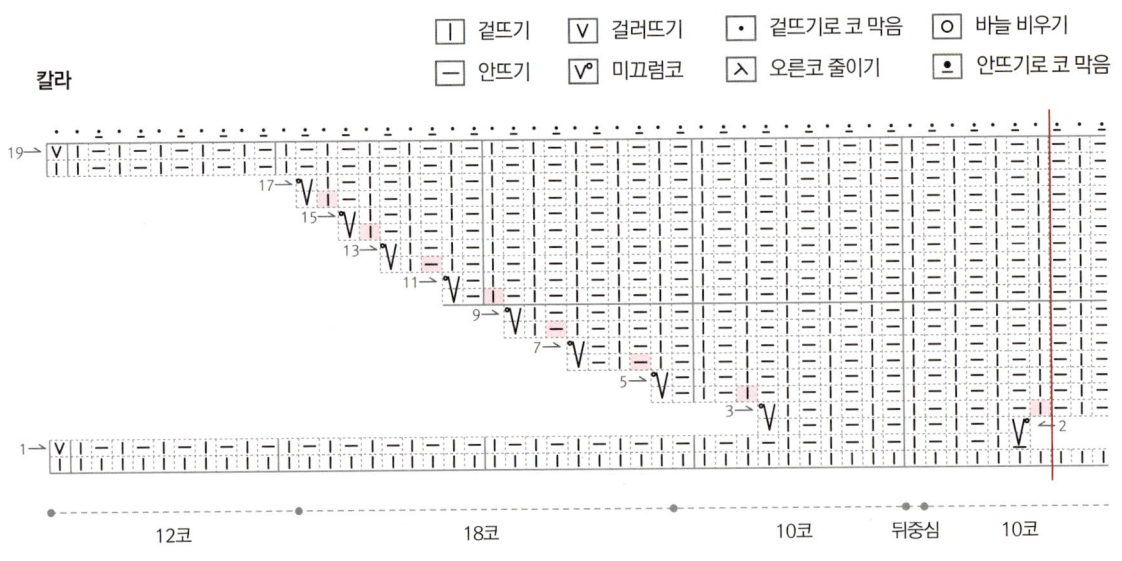

칼라

17단	겉 오D 1, 안 1, 11왼C 1, 11오C 1, 안 1, 22 오C 1, 안 1, 겉 왼D 1/ 총 13코
18단	안 왼2T 1, (안 4, 겉 1) × 2, 안 1/ 총 12코
19단	겉 오D 1, 11오C 1, 11왼C 1, 안 1, 겉 3, 겉 왼D 1/ 총 10코
20단	안 왼2T 1, 안 2, 겉 1, 안 5/ 총 9코
21단	겉 1, 11왼C 1, 11오C 1, 안 1, 겉 1, 겉 왼D 1/ 총 8코
22단	안 왼2T 1, 겉 1, 안 5/ 총 7코
23단	겉 1, 11오C 1, 11왼C 1, 겉 왼D 1/ 총 6코
24~32단	오른쪽 앞판의 24~32단과 동일. 남은 6코는 다른 바늘에 걸어 어깨 쉼코(왼쪽 앞 어깨)로 둔다.

오른쪽 뒤 어깨와 오른쪽 앞 어깨, 왼쪽 뒤 어깨와 왼쪽 앞 어깨를 마주 댄 후 각각 돗바늘에 실을 끼워 코와 코 잇기로 연결한다.

B 앞단과 숄 칼라

코만들기	겉면에서 1.2mm 막대바늘을 써서 앞단의 오른쪽 밑단부터 위쪽으로 전체 둘레에서 '12＋18＋10＋중심 1코＋10＋18＋12'로 총 81코를 줍는다 (아래 도안 참조). 되돌아뜨기 부분(1~17단)은 92~95쪽 참고.
1단	안S 1, (안 1, 겉 1) × 22, 안 1, ① 실을 뒤로 보내고, 다음 코를 뜨지 않고 오른쪽 바늘로 옮긴다. 실을 앞으로 보내고, 오른쪽 바늘에 있던 코를 다시 왼쪽 바늘로 옮긴다. 뜨개판을 돌린다.
2단	(겉 1, 안 1) × 5, 겉 1, ② 실을 앞으로 보내고, 다음 코를 뜨지 않고 오른쪽 바늘로 옮긴다. 실을 뒤로 보내고 오른쪽 바늘에 있던 코를 다시 왼쪽 바늘로 옮긴다. 뜨개판을 돌린다.
3단	(안 1, 겉 1) × 5, 안 1, 끌한겉 1, (안 1, 겉 1) × 2, 이하 ②번과 동일
4단	(안 1, 겉 1) × 8, 끌한안 1, (겉 1, 안 1) × 2, 이하 ①번과 동일
5단	(겉 1, 안 1) × 10, 겉 1, 끌한안 1, 겉 1, 안 1, 겉 1, 이하 ②번과 동일
6단	(안 1, 겉 1) × 12, 안 1, 끌한겉 1, 안 1, 겉 1, 안 1, 이하 ①번과 동일
7단	(겉 1, 안 1) × 14, 겉 1, 끌한안 1, 겉 1, 안 1, 이하 ①번과 동일
8단	(겉 1, 안 1) × 16, 끌한겉 1, 안 1, 겉 1, 이하 ②번과 동일
9단	(안 1, 겉 1) × 17, 안 1, 끌한겉 1, 안 1, 겉 1, 이하 ②번과 동일
10단	(안 1, 겉 1) × 19, 끌한안 1, 겉 1, 안 1, 이하 ①번과 동일
11단	(겉 1, 안 1) × 20, 겉 1, 끌한안 1, 겉 1, 안 1, 이하 ①번과 동일
12단	(겉 1, 안 1) × 22, 끌한겉 1, 안 1, 겉 1, 이하 ②번과 동일

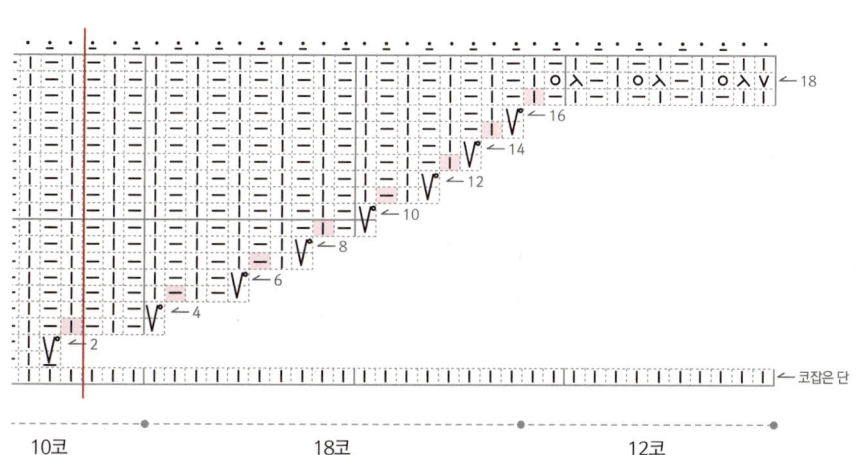

13단	(안 1, 겉 1) × 23, 안 1, 끌한겉 1, 안 1, 이하 ① 번과 동일
14단	(겉 1, 안 1) × 24, 겉 1, 끌한안 1, 겉 1, 이하 ② 번과 동일
15단	(안 1, 겉 1) × 25, 안 1, 끌한겉 1, 안 1, 이하 ① 번과 동일
16단	(겉 1, 안 1) × 26, 겉 1, 끌한안 1, 겉 1, 이하 ② 번과 동일.
17단	(안 1, 겉 1) × 27, 안 1, 끌한겉 1, 안 1, (겉 1, 안 1) × 5, 안 1
18단	(단춧구멍 단) 겉S 1, 겉 오D 1, 바O 1, 겉 1, 안 1) × 3, (겉 1, 안 1) × 27, 겉 1, 끌한안 1, 겉 1, (안 1, 겉 1) × 5, 겉 1
19단	안S 1, (안 1, 겉 1) × 39, 안 2

겉뜨기 코는 겉뜨기로, 안뜨기 코는 안뜨기로 뜨면서 고무단 덮어씌워 코 막음으로 마무리한다.

C 진동둘레 - 베스트

코 줍기	1.2mm 막대바늘 4개로 원형뜨기를 한다. 새 실을 걸어서 진동둘레 앞뒤에서 총 28코를 줍는다
1~2단	(겉 1, 안 1) × 14 / 총 28코

겉뜨기 코는 겉뜨기로, 안뜨기 코는 안뜨기로 뜨면서 고무단 덮어씌워 코 막음으로 마무리한다.

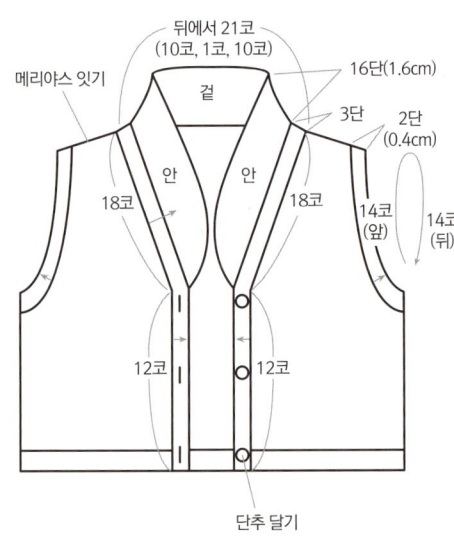

앞단, 숄 칼라, 진동둘레

D 소매 - 카디건

코 만들기	1.2mm 막대바늘과 베이지색 실을 써서 일반 코 잡기로 22코를 만든다
1단	겉 1, (겉꼬 1, 안 1) × 10, 겉 1
2단	안 1, (겉 1, 안꼬 1) × 10, 안 1
3단	1단을 1회 반복한다.
4단	안 3, (안L 1, 안 5) × 3, 안L 1, 안 4/ 총 26코
5단	겉 1, (11원C 1, 11오C 1, 안 1, 22원C 1, 안 1) × 2, 11원C 1, 11오C 1, 겉 1
6단	안 5, (겉 1, 안 4) × 4, 안 1/ 이후 10단까지 짝수 단 동일
7단	겉 1, (11오C 1, 11원C 1, 안 1, 겉 4, 안 1) × 2, 11오C 1, 11원C 1, 겉 1
9단	5단을 1회 반복한다.
11단	겉 1, 안L 1, (11오C 1, 11원C 1, 인 1, 겉 4, 안 1) × 2, 11오C 1, 11원C 1, 안L 1, 겉 1/ 총 28코
12단	안 1, (겉 1, 안 4) × 5, 겉 1, 안 1/ 이후 20단까지 짝수 단 동일
13단	겉 1, (안 1, 11원C 1, 11오C 1, 안 1, 22원C 1, 안 1) × 2, 11원C 1, 11오C 1, 안 1, 겉 1
15단	겉 1, (안 1, 11오C 1, 11원C 1, 안 1, 겉 4) × 2, 안 1, 11오C 1, 11원C 1, 안 1, 겉 1
17단	13단을 1회 반복한다.
19단	15단을 1회 반복한다.
21단	겉뜨기로 코 막음 2코, 겉 2, 11오C 1, (안 1, 22원C 1, 안 1, 11원C 1, 11오C 1) × 2, 안 1, 겉 1/ 총 26코

22단	안뜨기로 코 막음 2코, (안 4, 겉 1) × 4, 안 4/ 총 24코
23단	겉뜨기로 코 막음 2코, 겉 2, 안 1, 겉 4, 안 1, 11오C 1, 11윈C 1, 안 1, 겉 4, 안 1, 11오C 1, 겉 2/ 총 22코
24단	안뜨기로 코 막음 2코, 안 2, 겉 1, (안 4, 겉 1) × 3, 안 2/ 총 20코
25단	겉 오D 1, 안 1, 22윈C 1, 안 1, 11윈C 1, 11오C 1, 안 1, 22윈C 1, 안 1, 겉 왼D 1/ 총 18코
26단	안 왼2T 1, (안 4, 겉 1) × 2, 안 4, 안 오2T 1/ 총 16코
27단	겉 오D 1, 겉 3, 안 1, 11오C 1, 11윈C 1, 안 1, 겉 3, 겉 왼D 1/ 총 14코
28단	안 왼2T 1, 안 2, 겉 1, 안 4, 겉 1, 안 2, 안 오2T 1/ 총 12코
29단	겉 오D 1, 겉 1, 안 1, 11윈C 1, 11오C 1, 안 1, 겉 1, 겉 왼D 1/ 총 10코
30단	안 왼2T 1, 겉 1, 안 4, 겉 1, 안 오2T 1/ 총 8코
31단	겉 오D 1, 11오C 1, 11윈C 1, 겉 왼D 1/ 총 6코

겉뜨기로 코 막음을 한 뒤 같은 방법으로 소매 1장을 더 뜬다.

소매-카디건

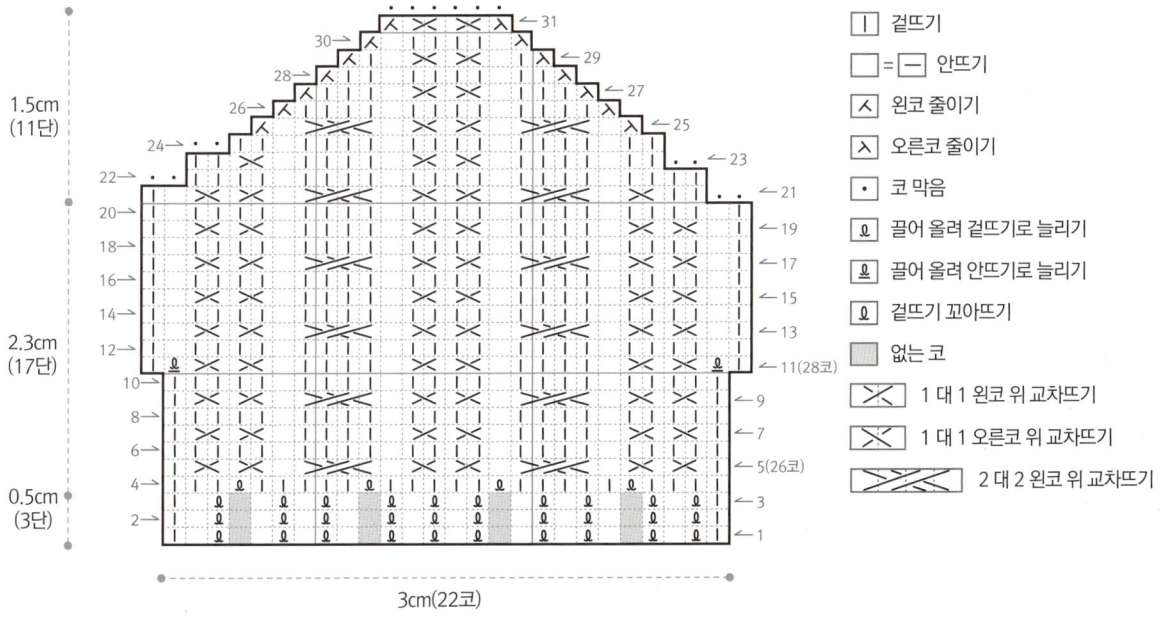

E 마무리

1 다림질한다.

2 돗바늘을 써서 안쪽에서 실 정리를 한다.

3 단춧구멍 위치에 맞춰 단추 3개를 단다.

4 겉쪽에서 돗바늘을 써서 메리야스 잇기로 소매 옆선을 연결한다.

5 소매를 몸판의 진동 부분에 잘 맞춘 후 돗바늘을 써서 단과 코 잇기 기법으로 꿰맨다.

How to make
베레모
난이도 ★★★☆☆

× 원형으로 코를 잡아 모자 둘레에서 모자 끝까지 올라가는 방식으로 뜬다.
× 위쪽에서 코 줄임을 한 뒤 꼭지를 달아 마무리한다.

겉 겉뜨기 | 안 안뜨기 | 왼D 왼코 줄이기 | 오D 오른코 줄이기 | 안 오2T 안뜨기로 오른코 줄이기 | 안L 끌어 올려 안뜨기로 늘리기 | 33오C 3 대 3 오른코 위 교차뜨기

A 베레모

코 만들기	1.2mm 막대바늘과 베이지색 실을 써서 일반 코 잡기로 80코를 만든다.
1~6단	(겉 1, 안 1) × 40
7단	**1.5mm 막대바늘로 바꿔서** (겉 6, 안 4) × 8
8단	(겉 6, 안L 1, 안 4, 안L 1) × 8/ 총 96코
9단	(겉 6, 안 6) × 8
10단	(33오C 1, 안 6) × 8
11단	(겉 6, 안L 1, 안 6, 안L 1) × 8/ 총 112코
12~13단	(겉 6, 안 8) × 8
14단	(33오C 1, 안 8) × 8
15~17단	(겉 6, 안 8) × 8
18단	(33오C 1, 안 8) × 8
19~22단	15~18단을 1회 반복한다.
23단	겉 5, 겉 오D 1, 안 6, (겉 왼D 1, 겉 4, 겉 오D 1, 안 6) × 6, 겉 왼D 1, 겉 4, 겉 오D 1, 안 5, 안 오2T 1/ 총 96코
24~25단	(겉 6, 안 6) × 8
26단	(33오C 1, 안 6) × 8
27단	겉 5, 겉 오D 1, 안 4, (겉 왼D 1, 겉 4, 겉 오D 1, 안 4) × 6, 겉 왼D 1, 겉 4, 겉 오D 1, 안 3, 안 오2T 1/ 총 80코
28단	(겉 6, 안 4) × 8
29단	겉 5, 겉 오D 1, 안 2, (겉 왼D 1, 겉 4, 겉 오D 1, 안 2) × 6, 겉 왼D 1, 겉 4, 겉 오D 1, 안 1, 안 오2T 1/ 총 64코
30단	(33오C 1, 안 2) × 8
31단	(겉 왼D 1, 겉 2, 겉 오D 1, 안 2) × 8/ 총 48코
32단	(겉 4, 안 2) × 8
33단	(겉 왼D 1, 겉 오D 1, 안 2) × 8/ 총 32코
34단	(겉 2, 안 2) × 8
35단	(겉 1, 겉 오D 1, 안 1) × 8/ 총 24코
36단	(겉 1, 겉 오D 1) × 8/ 총 16코

B 베레모 마무리

1 실을 10cm 이상 남기고 자른다.
2 자른 실을 돗바늘에 꿰어 남은 코에 통과시킨 후 잡아당겨 조인다.
3 다림질한다.
4 모자 안쪽에서 실을 정리하여 마무리한다.

베레모

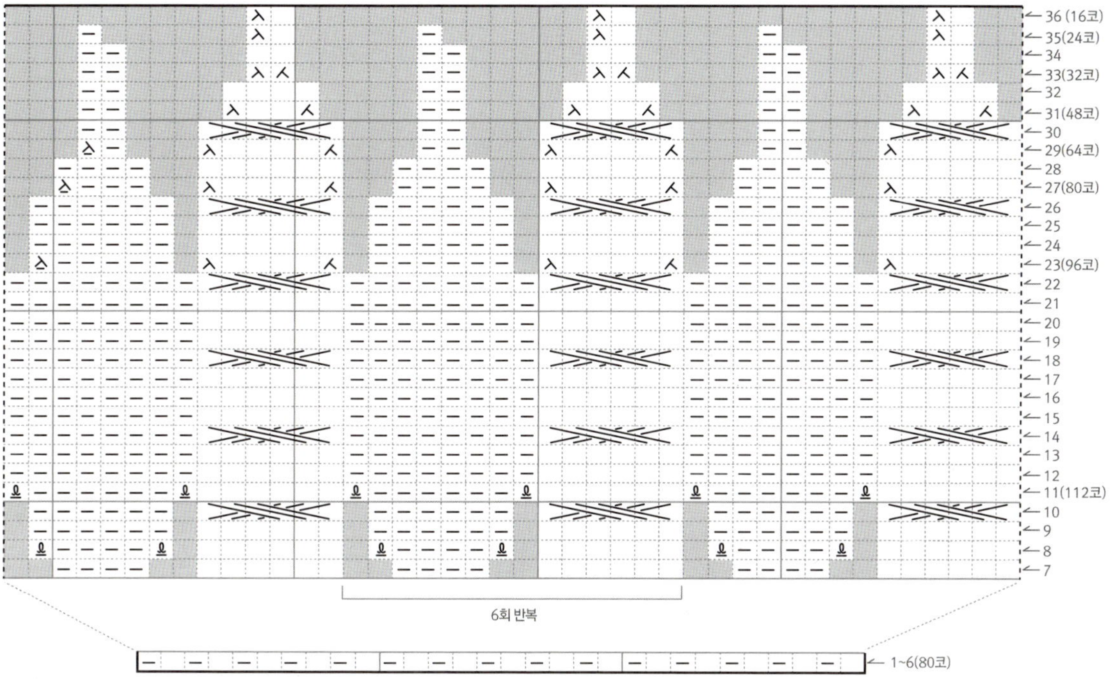

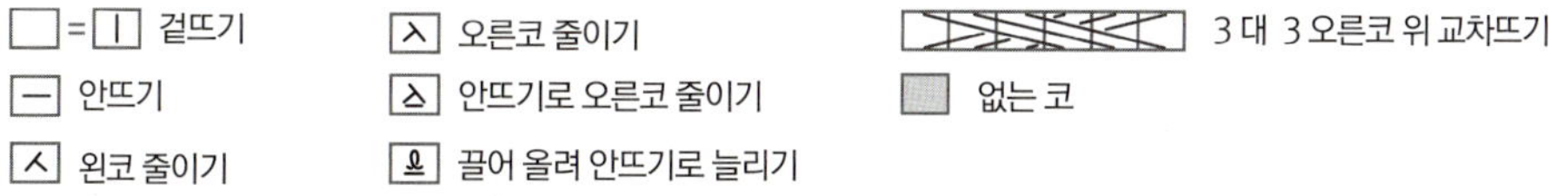

	=		겉뜨기	ㅅ	오른코 줄이기		3 대 3 오른코 위 교차뜨기
	ㅡ		안뜨기	ㅿ	안뜨기로 오른코 줄이기		없는 코
	ㅅ		왼코 줄이기	♉	끌어 올려 안뜨기로 늘리기		

C 꼭지

1.5mm 막대바늘을 써서 일반 코 잡기로 4코를 잡아 아이코드(61쪽 아이코드 뜨기 참조)로 뜬다.

1~4단   겉뜨기

D 꼭지 마무리

1 실을 10cm 이상 남기고 자른다.

2 자른 실을 돗바늘에 꿰어 남은 코에 통과시킨 후 잡아당겨 조이고, 조인 구멍으로 돗바늘을 관통해 아래쪽(코 잡은 쪽)으로 뺀다. 그런 다음 모자 코 조임을 한 부분에 돗바늘을 넣고 모자 안쪽에서 실을 매듭지어 고정한다.

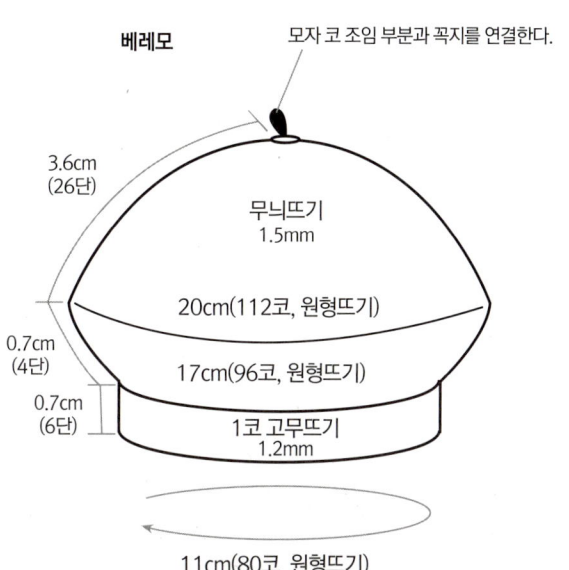

107

심플 하이넥 풀오버

심플하고 데일리한 아이템이라 꾸준히 사랑받는 풀오버 스웨터예요.
단색이라 그 심플한 매력이 더욱 빛난답니다.
이 아이템을 완성한 후에는 다양한 컬러의 실로 배리에이션을 즐겨 보세요!

Front   Back

Descriptions

모델 디아나돌

착용 가능 사이즈 다락아이, iMda Doll 3.0, 키 31~33cm 인형

크기 가슴둘레 20cm, 옷 길이 15cm, 소매 길이 11.4 cm

사용한 실 랑 캐시미어 레이스 Cashmere Lace • 흰색(0002), 다른 색 실 조금

대체 가능한 실 3합사(3ply 실)

바늘 막대바늘 • 1.5mm(4개), 1.75mm(4개) | 줄바늘 • 2.0mm(1개), 2.25mm(1개)

기타 준비물 단추 5.0mm(6개), 가위, 꽈배기 바늘(교차무늬 바늘), 돗바늘, 마커, 바느질 실, 바늘

게이지 2코 고무단 게이지 • 45코×50단 1 대 1 왼코 위 교차뜨기 • 50코×59단

How to make
난이도 ★★★☆☆

- 위에서 아래로 뜨는 톱다운 방식이다. 일반 코를 잡아서 하이넥부터 몸통 아래로 떠서 내려간다.
- 소매는 원형뜨기를 한다.
- 6단마다 2코로 1 대 1 왼코 위 교차뜨기를 한다.
- 대형 도안 등 일부 도안은 193~194쪽에 수록.

겉 겉뜨기 | **안** 안뜨기 | **오L** 오른코 늘리기 | **왼L** 왼코 늘리기 | **오D** 오른코 줄이기 | **왼D** 왼코 줄이기 | **안 왼2T** 안뜨기로 왼코 줄이기 | **겉L** 끌어 올려 겉뜨기로 늘리기 | **안L** 끌어 올려 안뜨기로 늘리기 | **11왼C** 1 대 1 왼코 위 교차뜨기 | **겉S** 겉뜨기에서 걸러뜨기 | **안S** 안뜨기에서 걸러뜨기 | **겉꼬** 겉뜨기 꼬아뜨기 | **안꼬** 안뜨기 꼬아뜨기

A 몸판

코 만들기~20단

코 만들기	2.25mm 줄바늘을 써서 일반 코로 총 68코를 만든다(2코 고무단 2cm).
1단	안 3, (겉 2, 안 2) × 16, 안 1
2단	겉S 1, (겉 2, 안 2) × 16, 겉 3
3단	안S 1, (안 2, 겉 2) × 16, 바O 1, 안 왼2T 1, 안 1
4단	겉S 1, (겉 2, 안 2) × 16, 겉 3
5단	안S 1, (안 2, 겉 2) × 16, 안 3
6~9단	위의 2단을 2회 반복한다.
2.0mm 줄바늘로 바꾼다(2코 고무단 2cm).	
10~19단	4~5단을 5회 반복한다.
20단	겉S 1, (겉 2, 안 2) × 16, 겉 3

몸판 코 늘림

21단	**1.75mm 막대바늘로 바꾼 뒤** 안S 1, 겉 64, 바O 1, 안 왼2T 1, 안 1/ 총 68코
22단	겉S 1, (겉 2, 안 2) × 2, 겉 2, 안L 1, 겉 2, 안L 1, (겉 2, 안 2) × 2, 겉 2, 안L 1, 겉 2, 안L 1, (겉 2, 안 2) × 4, 겉 2, 안L 1, 겉 2, 안L 1, (겉 2, 안 2) × 2, 겉 2, 안L 1, 겉 2, 안L 1, (겉 2, 안 2) × 2, 겉 3/ 총 76코
23단	안S 1, (안 2, 겉 2) × 2, (안 2, 겉 1) × 2, (안 2, 겉 2) × 2, (안 2, 겉 1) × 2, (안 2, 겉 2) × 4, (안 2, 겉 1) × 2, (안 2, 겉 2) × 2, (안 2, 겉 1) × 2, (안 2, 겉 2) × 2, 안 3
24단	겉 1, (겉 2, 안 2) × 2, 겉 2, 안 1, 안L 1, 겉 2, 안L 1, 안 1, (겉 2, 안 2) × 2, 겉 2, 안 1, 안L 1, 겉 2, 안L 1, 안 1, (겉 2, 안 2) × 4, 겉 2, 안 1, 안L 1, 겉 2, 안L 1, 안 1, (겉 2, 안 2) × 2, 겉 2, 안 1, 안L 1, 겉 2, 안L 1, 안 1, (겉 2, 안 2) × 2, 겉 3/ 총 84코
25단	안S 1, (안 2, 겉 2) × 20, 안 3
26단	겉S 1, (11왼C 1, 안 2) × 3, 겉L 1, 겉 2, 겉L 1, (안 2, 11왼C 1) × 3, 안 2, 겉L 1, 겉 2, 겉L 1, (안 2, 11왼C 1) × 5, 안 2, 겉L 1, 겉 2, 겉L 1, (안 2, 11왼C 1) × 3, 안 2, 겉L 1, 겉 2, 겉L 1, (안 2, 11왼C 1) × 3, 겉 1/ 총 92코
27단	안S 1, (안 2, 겉 2) × 3, 안 4, (겉 2, 안 2) × 3, 겉 2, 안 4, (겉 2, 안 2) × 5, 겉 2, 안 4, (겉 2, 안 2) × 3, 겉 2, 안 4, (겉 2, 안 2) × 3, 안 1
28단	겉S 1, (겉 2, 안 2) × 3, 겉 1, 겉L 1, 겉 2, 겉L 1, 겉 1, (안 2, 겉 2) × 3, 안 2, 겉 1, 겉L 1, 겉 2, 겉L 1, 겉 1, (안 2, 겉 2) × 5, 안 2, 겉 1, 겉L 1, 겉 2, 겉L 1, 겉 1, (안 2, 겉 2) × 3, 안 2, 겉 1, 겉L 1, 겉 2, 겉L 1, 겉 1, (안 2, 겉 2) × 3, 겉 1/ 총 100코

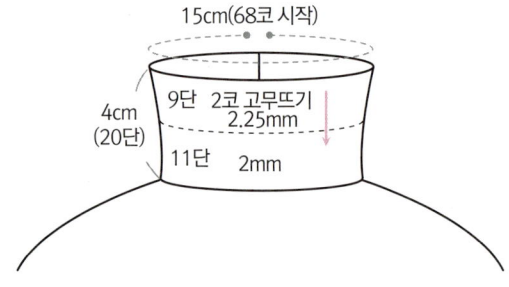

하이넥

15cm(68코 시작)
9단 2코 고무뜨기
     2.25mm
4cm (20단)
11단 2mm

29단	안S 1, (안 2, 겉 2) × 3, 안 6, (겉 2, 안 2) × 3, 겉 2, 안 6, (겉 2, 안 2) × 5, 겉 2, 안 6, (겉 2, 안 2) × 3, 겉 2, 안 6, (겉 2, 안 2) × 3, 안 1
30단	겉S 1, (겉 2, 안 2) × 3, 겉 2, 안L 1, 겉 2, 안L 1, (겉 2, 안 2) × 4, 겉 2, 안L 1, 겉 2, 안L 1, (겉 2, 안 2) × 6, 겉 2, 안L 1, 겉 2, 안L 1, (겉 2, 안 2) × 4, 겉 2, 안L 1, 겉 2, 안L 1, (겉 2, 안 2) × 3, 겉 3/ 총 108코
31단	안S 1, (안 2, 겉 2) × 3, (안 2, 겉 1) × 2, (안 2, 겉 2) × 4, (안 2, 겉 1) × 2, (안 2, 겉 2) × 6, (안 2, 겉 1) × 2, (안 2, 겉 2) × 4, (안 2, 겉 1) × 2, (안 2, 겉 2) × 3, 안 3
32단	겉S 1, (11윈C 1, 안 2) × 3, 11윈C 1, 안 1, 안L 1, 겉 2, 안L 1, 안 1, (11윈C 1, 안 2) × 4, 11윈C 1, 안 1, 안L 1, 겉 2, 안L 1, 안 1, (11윈C 1, 안 2) × 6, 11윈C 1, 안 1, 안L 1, 겉 2, 안L 1, 안 1, (11윈C 1, 안 2) × 4, 11윈C 1, 안 1, 안L 1, 겉 2, 안L 1, 안 1, (11윈C 1, 안 2) × 3, 11윈C 1, 겉 1/ 총 116코
33단	안S 1, (안 2, 겉 2) × 28, 안 3
34단	겉S 1, (겉 2, 안 2) × 4, 겉L 1, 겉 2, 겉L 1, (안 2, 겉 2) × 5, 안 2, 겉L 1, 겉 2, 겉L 1, (안 2, 겉 2) × 7, 안 2, 겉L 1, 겉 2, 겉L 1, (안 2, 겉 2) × 5, 안 2, 겉L 1, 겉 2, 겉L 1, (안 2, 겉 2) × 4, 겉 1/ 총 124코
35단	안S 1, (안 2, 겉 2) × 4, 안 4, (겉 2, 안 2) × 5, 겉 2, 안 4, (겉 2, 안 2) × 7, 겉 2, 안 4, (겉 2, 안 2) × 5, 겉 2, 안 4, (겉 2, 안 2) × 4, 안 1
36단	겉S 1, (겉 2, 안 2) × 4, 겉 1, 겉L 1, 겉 2, 겉L 1, 겉 1, (안 2, 겉 2) × 5, 안 2, 겉 1, 겉L 1, 겉 2, 겉L 1, 겉 1, (안 2, 겉 2) × 7, 안 2, 겉 1, 겉L 1, 겉 2, 겉L 1, 겉 1, (안 2, 겉 2) × 5, 안 2, 겉 1, 겉L 1, 겉 2, 겉L 1, 겉 1, (안 2, 겉 2) × 4, 겉 1/ 총 132코
37단	안S 1, (안 2, 겉 2) × 4, 안 6, (겉 2, 안 2) × 5, 겉 2, 안 6, (겉 2, 안 2) × 7, 겉 2, 안 6, (겉 2, 안 2) × 5, 겉 2, 안 6, (겉 2, 안 2) × 4, 안 1
38단	겉S 1, (11윈C 1, 안 2) × 4, 11윈C 1, 안L 1, 겉 2, 안L 1, (11윈C 1, 안 2) × 6, 11윈C 1, 안L 1, 겉 2, 안L 1, (11윈C 1, 안 2) × 8, 11윈C 1, 안L 1, 겉 2, 안L 1, (11윈C 1, 안 2) × 6, 11윈C 1, 안L 1, 겉 2, 안L 1, (11윈C 1, 안 2) × 4, 11윈C 1, 겉 1/ 총 140코
39단	안S 1, (안 2, 겉 2) × 4, (안 2, 겉 1) × 2, (안 2, 겉 2) × 6, (안 2, 겉 1) × 2, (안 2, 겉 2) × 8, (안 2, 겉 1) × 2, (안 2, 겉 2) × 6, (안 2, 겉 1) × 2, (안 2, 겉 2) × 4, 바O 1, 안윈2T 1, 안 1
40단	겉S 1, (겉 2, 안 2) × 4, 겉 2, 안 1, 안L 1, 겉 2, 안L 1, 안 1, (겉 2, 안 2) × 6, 겉 2, 안 1, 안L 1, 겉 2, 안L 1, 안 1, (겉 2, 안 2) × 8, 겉 2, 안 1, 안L 1, 겉 2, 안L 1, 안 1, (겉 2, 안 2) × 6, 겉 2, 안 1, 안L 1, 겉 2, 안L 1, 안 1, (겉 2, 안 2) × 4, 겉 3/ 총 148코
41단	안S 1, (안 2, 겉 2) × 36, 안 3
42단	겉S 1, (겉 2, 안 2) × 5, 겉L 1, 겉 2, 겉L 1, (안 2, 겉 2) × 7, 안 2, 겉L 1, 겉 2, 겉L 1, (안 2, 겉 2) × 9, 안 2, 겉L 1, 겉 2, 겉L 1, (안 2, 겉 2) × 7, 안 2, 겉L 1, 겉 2, 겉L 1, (안 2, 겉 2) × 5, 겉 1/ 총 156코
43단	안S 1, (안 2, 겉 2) × 5, 안 4, (겉 2, 안 2) × 7, 겉 2, 안 4, (겉 2, 안 2) × 9, 겉 2, 안 4, (겉 2, 안 2) × 7, 겉 2, 안 4, (겉 2, 안 2) × 5, 안 1
44단	겉S 1, (11윈C 1, 안 2) × 5, 겉 1, 겉L 1, 겉 2, 겉L 1, 겉 1, (안 2, 11윈C 1) × 7, 안 1, 겉L 1, 겉 2, 겉L 1, 겉 1, (안 2, 11윈C 1) × 9, 안 2, 겉 1, 겉L 1, 겉 2, 겉L 1, 겉 1, (안 2, 11윈C 1) × 7, 안 2, 겉 1, 겉L 1, 겉 2, 겉L 1, 겉 1(안 2, 11윈C 1) × 5, 겉 1/ 총 164코
45단	안S 1, (안 2, 겉 2) × 5, 안 6, (겉 2, 안 2) × 7, 겉 2, 안 6, (겉 2, 안 2) × 9, 겉 2, 안 6, (겉 2, 안 2) × 7, 겉 2, 안 6, (겉 2, 안 2) × 5, 안 1
46단	겉S 1, (겉 2, 안 2) × 5, 겉 2, 안L 1, 겉 2, 안L 1, (겉 2, 안 2) × 8, 겉 2, 안L 1, 겉 2, 안L 1, (겉 2, 안 2) × 10, 겉 2, 안L 1, 겉 2, 안L 1, (겉 2, 안 2) × 8, 겉 2, 안L 1, 겉 2, 안L 1, (겉 2, 안 2) × 5, 겉 3/ 총 172코
47단	안S 1, (안 2, 겉 2) × 5, (안 2, 겉 1) × 2, (안 2, 겉 2) × 8, (안 2, 겉 1) × 2, (안 2, 겉 2) × 10, (안 2, 겉 1) × 2, (안 2, 겉 2) × 8, (안 2, 겉 1) × 2, (안 2, 겉 2) × 5, 안 3

B 몸판과 소매 분리

48단	겉S 1, (겉 2, 안 2) × 6, 별실에 소매용 38코를 빼 둔 뒤, 감아코 8코 만들기, (안 2, 겉 2) × 11, 안 2, 별실에 소매용 38코를 빼 둔 뒤, 감아코 8코 만들기, (안 2, 겉 2) × 6, 겉 1/ 총 112코
49단	안S 1, (안 2, 겉 2) × 5, 안 2, 겉 1, 겉 왼D 1, 안 2, 겉 2, 안 2, 겉 왼D 1, 겉 1, (안 2, 겉 2) × 10, 안 2, 겉 1, 겉 왼D 1, 안 2, 겉 2, 안 2, 겉 왼D 1, 겉 1, (안 2, 겉 2) × 5, 안 3/ 총 108코
50단	겉S 1, (11윈C 1, 안 2) × 26, 11윈C 1, 겉 1
51단	안S 1, (안 2, 겉 2) × 26, 안 3
52단	겉S 1, (겉 2, 안 2) × 26, 겉 3
53~54단	51~52단을 1회 반복한다.
55단	안S 1, (안 2, 겉 2) × 26, 안 3
56단	**2.0mm 줄바늘로 바꾼 뒤** 겉S 1, (11윈C 1, 안 2) 마지막 3코 전까지 반복, 11윈C 1, 겉 1
57단	안S 1, (안 2, 겉 2) × 26, 바O 1, 안 왼2T 1, 안 1
58~61단	52~55단을 1회 반복한다.
62~67단	50~55단을 1회 반복한다
68~73단	**2.25mm 줄바늘로 바꾼 뒤** 50~55단을 1회 반복한다.
74~75단	56~57단을 1회 반복한다.
76단	52단을 1회 반복한다.
77단	51단을 1회 반복한다.
밑단	**2.0mm 줄바늘로 바꾼 뒤** 1코 고무뜨기를 하는데, 겉면을 뜰 때는 겉뜨기 부분만, 안면을 뜰 때는 안뜨기 부분만 꼬아뜨기를 한다.
78단	겉S 1, (겉꼬 1, 안 1) × 52, 겉꼬 1, 겉 오D 1/ 총 107코
79단	안S 1, (안꼬 1, 겉 1) × 52, 안꼬 1, 안 1
80단	겉S 1, (겉꼬 1, 안 1) × 52, 겉꼬 1, 겉 1
81~84단	79~80단을 2회 반복한다.
85단	안S 1, (안꼬 1, 겉 1) × 51, 안꼬 1, 바O 1, 안 왼2T 1, 안 1
86단	겉S 1, (겉꼬 1, 안 1) × 52, 겉꼬 1, 겉 1
87단	안S 1, (안꼬 1, 겉 1) × 52, 안꼬 1, 안 1
밑단	겉뜨기 코는 겉뜨기를, 안뜨기 코는 안뜨기를 하면서 고무단 덮어씌워 코 막음을 한다.

C 소매

1 소매는 원형뜨기로 진행하며 총 2개를 만든다.
2 별실에 빼 둔 소매용 38코를 1.75mm 막대바늘 두 개에 각각 19코씩 나누어 끼운다.
3 3번째 막대바늘에, 바늘 2의 마지막 코와 진동 아래 첫 번째 감아코 자리 사이에서 1코 줍기, 감아코 자리마다 코 줍기 8코, 마지막 감아코와 바늘 1의 첫 번째 코 사이에서 1코를 줍는다(10코)./ 총 48코
4 몸판의 무늬뜨기를 유지하면서 원형뜨기를 시작한다.

1단	(안 2, 겉 2) × 9, 안 1, 안 왼2T 1, 겉 오D 1, 겉 1, 안 2, 겉 2, 안 왼2T 1/ 총 45코
2단	(안 2, 겉 2) × 10, 안 2, 겉 1, 겉 왼D 1
3단	(안 2, 11윈C 1) × 11
4~8단	(안 2, 겉 2) × 11
9~32단	3~8단을 4회 반복한다.
33단	**1.5mm 막대바늘로 바꾼 뒤** [겉 왼D 1, (안 1, 겉꼬 1) × 2, 안 왼2T 1, (겉꼬 1, 안 1) × 2] × 3, 겉 왼D 1, (안 1, 겉꼬 1) × 2, 안 왼2T 1/ 총 36코
34~42단	(겉꼬 1, 안 1)을 끝까지 반복한다.

겉뜨기 코는 겉뜨기를, 안뜨기 코는 안뜨기를 하면서 코 막음을 한다.

반대쪽 소매도 패턴대로 만들어 준다.

소매

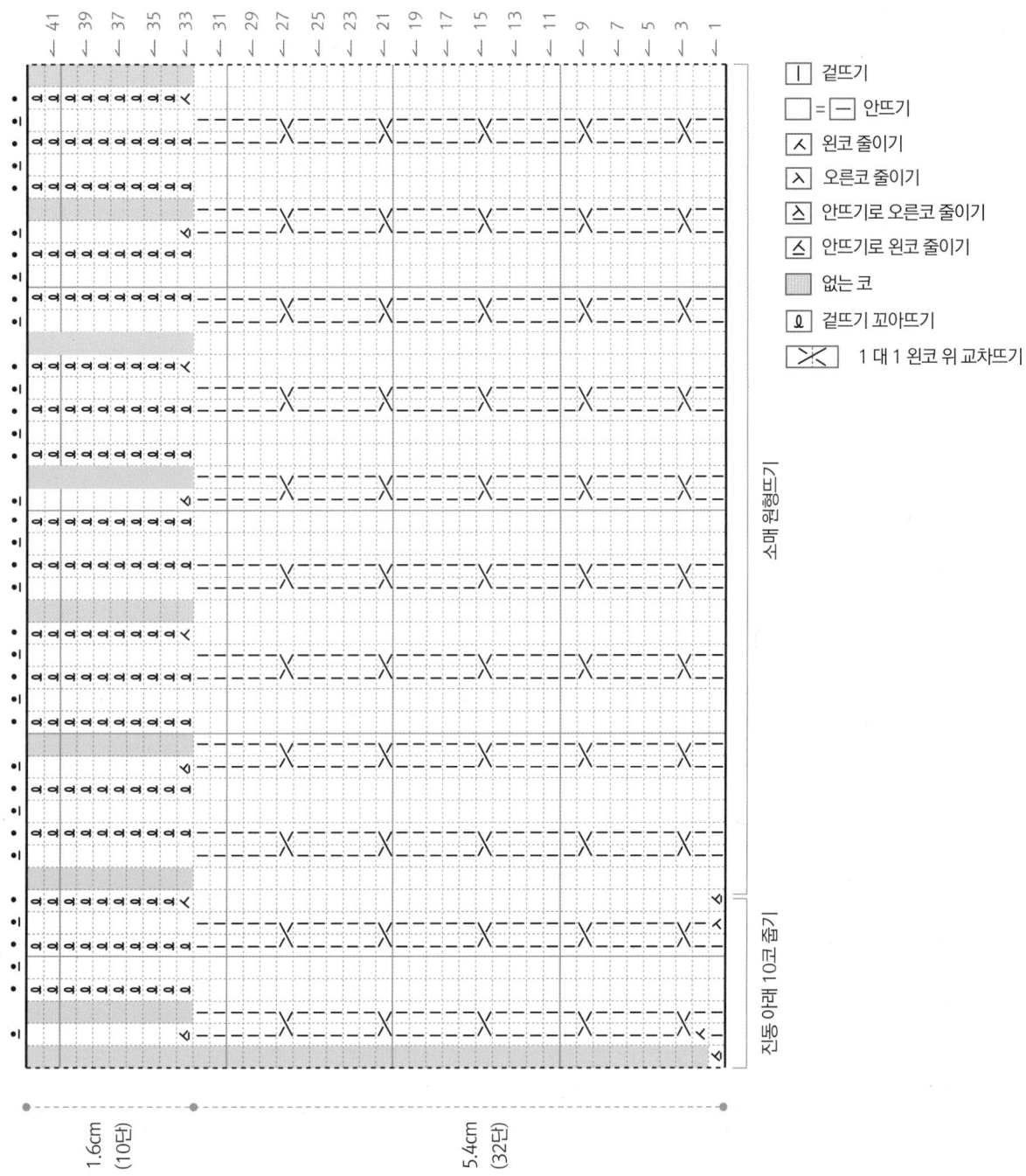

D 마무리

1 뜨개판을 평평하게 누르면서 다림질한다.
2 단춧구멍 위치에 맞추어 단추를 달아 준다.

공룡 우비

아이들에게 공룡은 공포의 대상이 아닌 재미있고, 신기하고, 뭔가 환상으로 가득한 동물이죠.
그런 해맑은 아이들의 로망을 한 코 한 코 짜 넣어 너무나도 깜찍한 우비를 준비해 봤어요.
후드와 등에 붉은색 돌기를 포인트로 넣어 공룡의 느낌을 더욱 실감 나게 살렸답니다.

Descriptions

모델 제리베리 '쁘띠 베리'

착용 가능 사이즈 오비츠11, 임다돌 팀프

크기 가슴둘레 11cm, 총 길이 13.5cm, 소매길이 4.5cm

사용한 실 아인반트 Einband • 초록색(1763), 빨간색(1766)

대체 가능한 실 2합사(2ply 실)

바늘 막대바늘 • 1.5mm(4개), 1.75mm(4개)

기타 준비물 노란색 단추 5.0mm(2개), 빨간색 콩단추 5.0mm(3개), 가위, 돗바늘, 바느질실, 바늘, 시침핀, 마커(4개)

게이지 메리야스뜨기 40코×57단(1.75mm 막대바늘)

Side

How to make
난이도 ★★★☆☆

- 뒤 몸판과 좌우 앞 몸판, 꼬리를 이어서 뜬다.
- 후드와 카디건 뒤판 안뜨기 부분에 따로 떠 둔 공룡 돌기를 붙인다.
- 주머니는 따로 떠서 붙인다.

겉 겉뜨기 | **안** 안뜨기 | **오L** 오른코 늘리기 | **왼L** 왼코 늘리기 | **왼D** 왼코 줄이기 | **오D** 오른코 줄이기 | **안 왼2T** 안뜨기로 왼코 줄이기 | **안 오2T** 안뜨기로 오른코 줄이기 | **중심3T** 중심 3 모아뜨기 | **바O** 바늘 비우기 | **겉S** 겉뜨기에서 걸러뜨기 | **안S** 안뜨기에서 걸러뜨기

A 몸판

코 만들기~22단

코 만들기	1.75mm 막대바늘과 초록색 실을 써서 일반 코 잡기로 총 44코를 만든다.
1단	안 44
2단	안 22, 감아코 만들기 22코를 한 다음, 1.75mm 바늘1에 안 22코, 바늘2에 감아코 11코, 바늘3에 감아코 11코를 나눠 걸고, 이어서 안 22코를 뜬다./ 총 66코
3단	겉 32, 안 2, 겉 32
4단	안 32, 겉 2, 안 32
5단	겉 30, 겉 왼D 1, 안 2, 겉 오D 1, 겉 30/ 총 64코
6단	안 31, 겉 2, 안 31
7단	겉 29, 겉 왼D 1, 안 2, 겉 오D 1, 겉 29/ 총 62코
8단	안 30, 겉 2, 안 30
9단	겉 28, 겉 왼D 1, 안 2, 겉 오D 1, 겉 28/ 총 60코
10단	안 29, 겉 2, 안 29
11단	겉 9, 겉 오D 1, 겉 왼D 1, 겉 14, 겉 왼D 1, 안 2, 겉 오D 1, 겉 14, 겉 오D 1, 겉 왼D 1, 겉 9/ 총 54코
12단	안 26, 겉 2, 안 26
13단	겉 24, 겉 왼D 1, 안 2, 겉 오D 1, 겉 24/ 총 52코
14단	안 25, 겉 2, 안 25
15단	겉 23, 겉 왼D 1, 안 2, 겉 오D 1, 겉 23/ 총 50코
16단	안 24, 겉 2, 안 24
17단	겉 22, 겉 왼D 1, 안 2, 겉 오D 1, 겉 22/ 총 48코
18단	안 23, 겉 2, 안 23
19단	겉 23, 안 2, 겉 23
20단	안 23, 겉 2, 안 23
21단	겉 14, 겉 왼D 1, 겉 5, 겉 왼D 1, 안 2, 겉 오D 1, 겉 5, 겉 왼D 1, 겉 14/ 총 44코
22단	안 21, 겉 2, 안 21

오른쪽 앞판

23단	겉 9, 나머지 35코는 다른 바늘에 걸어 쉼코 (쉼코 1)로 두고 오른쪽 앞판 9코만으로 뜬다.
24단	안 9
25단	겉 7, 왼D 1/ 총 8코
26단	안 8
27단	겉 6, 왼D 1/ 총 7코
28단	안 7
29단	오D 1, 겉 3, 왼D 1/ 총 5코
30단	안 5
31단	겉 3, 왼D 1/ 총 4코
32~34단	안뜨기로 시작하는 메리야스 3단

4코는 다른 바늘에 페어 어깨쉼코(오른쪽 앞 어깨)에 둔다.

뒤판(오른쪽 뒤 어깨와 왼쪽 뒤 어깨)

쉼코로 두었던 쉼코 1(35코)의 첫 코에 새 실을 걸어 시작한다.

23단	겉뜨기로 코 막음 2코, 겉 10, 안 2, 겉 12, 나머지 9코는 다른 바늘에 걸어 쉼코(쉼코 2)로 두고 뒤판 24코만으로 뜬다./ 총 24코
24단	안뜨기로 코 막음 2코, 안 10, 겉 2, 안 10/ 총 22코
25단	겉 오D 1, 겉 6, 겉 왼D 1, 안 2, 겉 오D 1, 겉 6, 겉 왼D 1/ 총 18코

26단	안 8, 겉 2, 안 8
27단	겉 오D 1, 겉 6, 안 2, 겉 6, 겉 왼D 1/ 총 16코
28단	안 7, 겉 2, 안 7
29단	오D 1, 겉 4, 오D 1, 왼D 1, 겉 4, 왼D 1/ 총 12코
30단	안 12
31단	오D 1, 겉 8, 왼D 1/ 총 10코
32단	안 10
33단	겉 4, 나머지 6코는 다른 바늘에 걸어 쉼코(쉼코 3)로 두고 뒤판 오른쪽 뒤 어깨 4코만으로 뜬다.
34단	안 4

4코는 다른 바늘에 꿰어 어깨 쉼코(오른쪽 뒤 어깨)로 둔다. 쉼코로 두었던 쉼코 3(6코)의 첫코에 새 실을 걸어 시작한다.

33단	겉뜨기로 코 막음 2코, 겉 4/ 총 4코
34단	안 4

4코는 다른 바늘에 꿰어 어깨 쉼코(왼쪽 뒤 어깨)로 둔다.

왼쪽 앞판

쉼코로 두었던 쉼코 2(9코)의 첫 코에 새 실을 걸어서 뜨기를 시작한다.

23~24단	겉뜨기로 시작하는 메리야스 2단
25단	오D 1, 겉 7/ 총 8코
26단	안 8
27단	오D 1, 겉 6/ 총 7코
28단	안 7
29단	오D 1, 겉 3, 왼D 1/ 총 5코
30단	안 5
31단	오D 1, 겉 3/ 총 4코
32~34단	안뜨기로 시작하는 메리야스 3단, 4코는 다른 바늘에 꿰어 어깨 쉼코(왼쪽 앞 어깨)로 둔다.

B 어깨 쉼코 연결

1 오른쪽 뒤 어깨와 오른쪽 앞 어깨의 겉면을 마주 대고 안쪽에서 겉뜨기로 덮어씌워 코 막음을 한다.

2 왼쪽 뒤 어깨와 왼쪽 앞 어깨의 겉면을 마주 대고 안쪽에서 겉뜨기로 덮어씌워 코 막음을 한다.

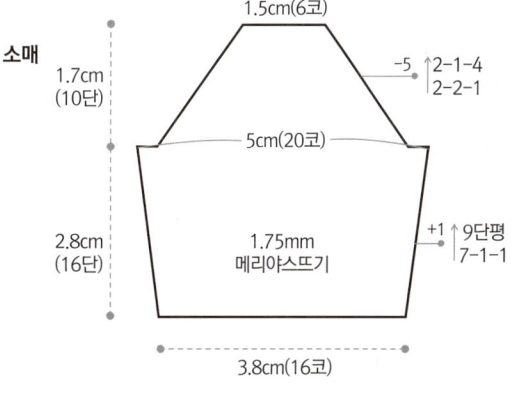

C 소매(2개)

코 만들기	1.75mm 막대바늘과 빨간색 실을 써서 일반 코 잡기로 총 16코를 만든다.
1단	안 16
2~6단	초록색 실로 바꿔서 안뜨기로 시작하는 메리야스 5단
7단	겉 1, 오L 1, 겉 14, 왼L 1, 겉 1/ 총 18코
8~16단	안뜨기로 시작하는 메리야스 9단
17단	겉뜨기 코 막음 2코, 겉 16/ 총 16코
18단	안뜨기 코 막음 2코, 안 14/ 총 14코
19단	오D 1, 겉 10, 왼D 1/ 총 12코
20단	안 12
21단	오D 1, 겉 8, 왼D 1/ 총 10코
22단	안 10
23단	오D 1, 겉 6, 왼D 1/ 총 8코
24단	안 8
25단	오D 1, 겉 4, 왼D 1/ 총 6코
코 막음 단	안뜨기로 코 막음을 한 뒤 같은 방법으로 소매 1장을 더 뜬다.

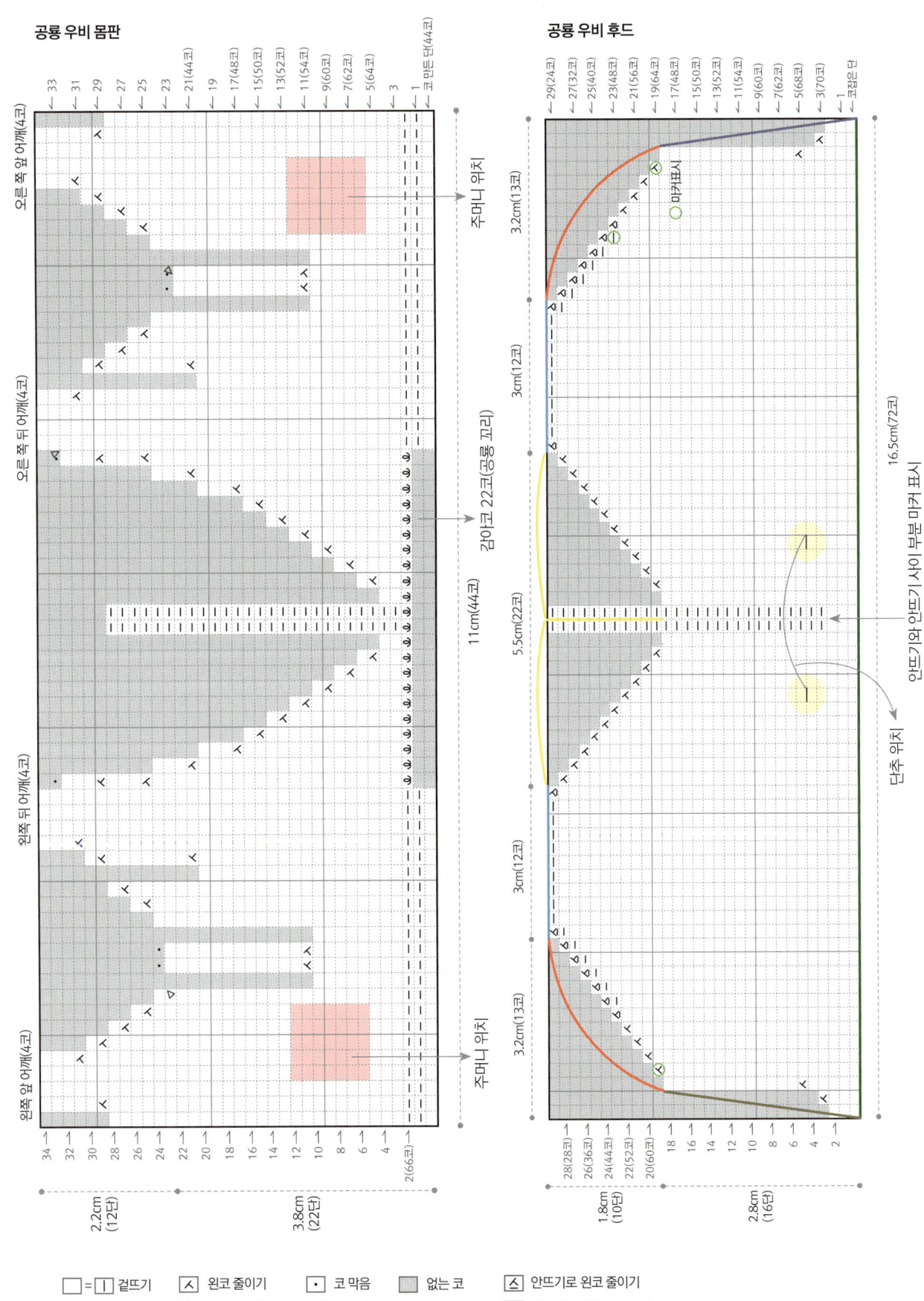

후드 조립

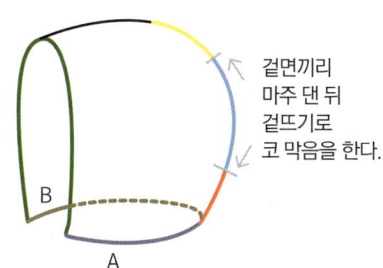

마커 있는 부분(19단)까지 같은 색깔 부분을 돗바늘로 메리야스 잇기

후드 연결과 앞단

70코
전체 둘레에서 118코를 줍는다.
후드 그림의 B 부분과 카디건 B 부분을 메리야스 잇기
후드 그림의 A 부분과 카디건 A 부분을 메리야스 잇기
B 중심 A
24코 24코
오른쪽 앞판 왼쪽 앞판
0.8cm
멍석뜨기 5단

D 후드

코 만들기	1.75mm 막대바늘과 초록색 실을 써서 일반코 잡기로 총 72코를 만든다.
1~2단	겉뜨기로 시작하는 메리야스뜨기 2단
3단	겉 오D 1, 겉 33, 안 2(안 1과 안 1 사이를 마커로 표시한다), 겉 33, 겉 왼D 1/ 총 70코
4단	안 34, 겉 2, 안 34
5단	겉 오D 1, 겉 32, 안 2, 겉 32, 겉 왼D 1/ 총 68코
6단	안 33, 겉 2, 안 33
7단	겉 33, 안 2, 겉 33
8~17단	6~7단을 5회 반복한다.
18단	안 33, 겉 2, 안 33
19단	첫 코와 끝 코를 마커로 표시한다. 겉 오D 1, 겉 29, 겉 왼D 1, 안 2, 겉 오D 1, 겉 29, 겉 왼D 1/ 총 64코
20단	안 왼2T 1, 안 27, 안 오2T 1, 겉 2, 안 왼2T 1, 안 27, 안 오2T 1/ 총 60코
21단	겉 오D 1, 겉 25, 겉 왼D 1, 안 2, 겉 오D 1, 겉 25, 겉 왼D 1/ 총 56코
22단	안 왼2T 1, 안 23, 안 오2T 1, 겉 2, 안 왼2T 1, 안 23, 안 오2T 1/ 총 52코
23단	안 오2T 1, 안 1(마커로 표시한다), 겉 20, 겉 왼D 1, 안 2, 겉 오D 1, 겉 20, 안 1, 안 왼2T 1/ 총 48코
24단	겉 왼D 1, 겉 1, 안 18, 안 오2T 1, 겉 2, 안 왼2T 1, 안 18, 겉 1, 겉 오D 1/ 총 44코
25단	안 오2T 1, 안 1, 겉 16, 겉 왼D 1, 안 2, 겉 오D 1, 겉 16, 안 1, 안 왼2T 1/ 총 40코
26단	겉 왼D 1, 겉 1, 안 14, 안 오2T 1, 겉 2, 안 왼2T 1, 안 14, 겉 1, 겉 오D 1/ 총 36코
27단	안 오2T 1, 안 1, 겉 12, 겉 왼D 1, 안 2, 겉 오D 1, 겉 12, 안 1, 안 왼2T 1/ 총 32코
28단	겉 왼D 1, 겉 1, 안 10, 안 오2T 1, 겉 2, 안 왼2T 1, 안 10, 겉 1, 겉 오D 1/ 총 28코
29단	안 오2T 1, 안 9, 안 왼2T 1, 안 2, 안 오2T 1, 안 9, 안 왼2T 1 / 총 24코
코 막음 단	1.75mm 막대바늘 2개를 쓴다. 이때 바늘 1에 12코, 바늘 2에 12코를 나누고, 겉면끼리 마주 댄 뒤 안쪽에서 겉뜨기로 코 막음을 한다.

완성한 후드 뜨개판을 위 그림을 참조해 후드 모양으로 조립한 뒤 몸판에 연결한다.

E 앞단

코 줍기	1.5mm 막대바늘과 초록색 실로 앞단의 전체 둘레에서 총 118코(오른쪽 앞단 24코+후드 70코+왼쪽 앞단 24코)를 주운 후 멍석뜨기로 뜬다.
1단	안S 1, (안 1, 겉 1) × 58, 안 1
2단	겉S 1, (겉 1, 안 1) × 58, 겉 1
3단	단춧구멍 단-안S 1, (안 1, 겉 1) × 46, 안 1, (겉 오D 1, 바O 1, 겉 1, 안 1) × 3, (겉 1, 안 1) × 6
4단	2단을 1회 반복한다.
코 막음 단	겉뜨기 코는 겉뜨기로, 안뜨기 코는 안뜨기로 뜨면서 고무단 덮어씌워 코 막음으로 마무리한다.

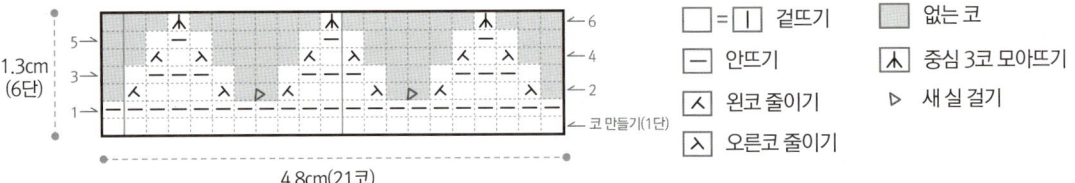

몸판용 돌기

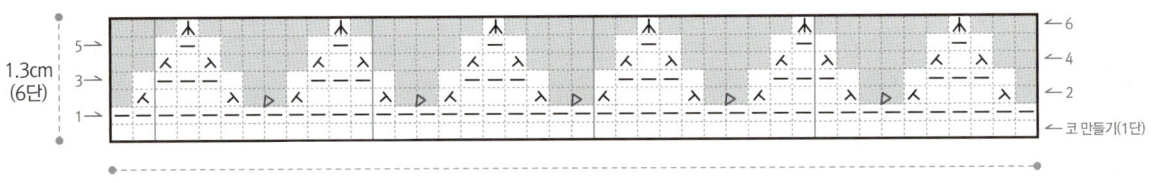

후드용 돌기

F 공룡 돌기

몸판용 돌기

코 만들기	1.75mm 막대바늘과 빨간색 실을 써서 일반 코 잡기로 총 21코를 만든다.
1단	겉 21
2단	오D 1, 겉 3, 왼D 1, 뜨개판을 돌려 5코만으로 뜬다.
3단	안 1, 겉 3, 안 1
4단	오D 1, 겉 1, 왼D 1/ 총 3코
5단	안 1, 겉 1, 안 1
6단	겉 중심3T 1/ 총 1코

실을 10cm 이상 남기고 자른다.
자른 실을 남은 코에 통과시킨다.**
바늘에 14코가 걸려 있는지 확인한다.
빨간색 실을 바늘에 새로 걸어서 2단~**를 1번 반복한다.
바늘에는 7코가 걸려 있는지 확인한다.
빨간색 실을 바늘에 새로 걸어서 2단~**를 1번 반복한다.

후드용 돌기

코 만들기	1.75mm 막대바늘과 빨간색 실을 써서 일반 코 잡기로 총 42코를 만든다.
1단	겉 42
2~6단	2단~** 공룡 돌기의 몸판과 동일.

바늘에 35코가 걸려 있는지 확인한다.
빨간색 실을 바늘에 새로 걸어서 공룡 돌기의 몸판 2단~**를 1번 반복한다.
바늘에는 28코가 걸려 있는지 확인한다.
빨간색 실을 바늘에 새로 걸어서 공룡 돌기의 몸판 2단~**를 1번 반복한다.
바늘에 14코가 걸려 있는지 확인한다.
빨간색 실을 바늘에 새로 걸어서 공룡 돌기의 몸판 2단~**를 1번 반복한다.
바늘에는 7코가 걸려 있는지 확인한다.
빨간색 실을 바늘에 새로 걸어서 공룡 돌기의 몸판 2단~**를 1번 반복한다.

G 주머니

코 만들기	1.75mm 막대바늘과 빨간색 실을 써서 일반 코 잡기로 총 7코를 만든다.
1~5단	겉뜨기로 시작하는 메리야스뜨기 5단

6단	겉 7
코 막음 단	안뜨기로 코 막음을 한 뒤 같은 방법으로 주머니 1장을 더 뜬다.

몸판에 돌기 연결

1 실 꼬리를 돗바늘에 넣어 오른쪽 아래로 실을 감춘 후 실을 자른다.
2 위쪽에 있는 실 꼬리들은 1번과 같은 방법으로 숨겨 준다.

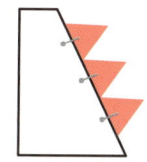

3 우비 뒤판의 안뜨기 2코 부분에 공룡 돌기를 넣고 시침 핀으로 고정한다.
4 빨간색 실을 돗바늘에 꿰어 감침질로 고정한다.

후드에 돌기 연결

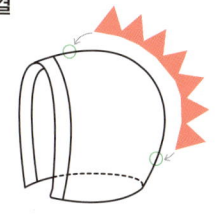

1 후드 안뜨기 2코 부분(3단)의 마커로 표시한 부분부터 마커 표시(23단)를 한 부분까지 공룡 돌기를 시침핀으로 고정한다.
2 빨간색 실을 돗바늘에 꿰어 감침질로 고정한다.

꼬리 마무리

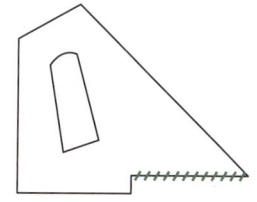

코를 만든 부분의 안쪽 면을 맞댄 후 초록색 실과 돗바늘을 써서 감침질을 한다.

H 마무리

1 다림질을 한다.
2 돗바늘을 써서 안쪽에서 실을 정리한다.
3 소매 옆선 겉쪽에서 돗바늘을 써서 메리야스 잇기로 연결한다.
4 소매를 몸판의 진동에 잘 맞춘 후 돗바늘로 단과 코 잇기 기법을 써서 꿰맨다.
5 주머니에 달린 실 꼬리를 돗바늘에 꿴다. 그리고 118쪽 그림을 참조해 우비 앞판 양쪽에 메리야스 잇기로 단다.
6 위 그림을 참조해 공룡 돌기를 몸판과 후드에 연결한다.
7 노란색 단추 2개를 후드 윗부분에 단다(115쪽 사진 참조).
8 위 그림처럼 꼬리 하단을 감침질로 막는다.
9 단춧구멍의 반대쪽에 단추 3개를 단 뒤, 안쪽에서 실을 정리해 마무리한다.

페어 아일 베스트

멋스러운 기하학 문양에 다양한 색상이 어우러지는 페어 아일 패턴은 아가일, 노르딕 등과 함께 긴 세월 사랑받은 니팅 기법이죠. 이번에는 다양한 핑크를 대담하게 조합하고, 그린 컬러를 포인트로 넣어 레트로하면서도 세련된, 만능 아이템으로 손색이 없는 베스트를 제작해 보았어요. 온화한 뮤트 컬러도 좋지만, 이런 대담한 조합도 한번 도전해 보시는 게 어떨까요?

Front　　　　　　　　　Back

Descriptions

모델 디아나돌

착용 가능 사이즈 USD, 다락아이, 키 31~33cm 인형

크기 가슴둘레 20cm, 옷 길이 11cm

사용한 실 랑 레인포스먼트・곤색, 핫핑크색, 연핑크색, 초록색, 노란색 (소장 실), 미색(0094)

대체 가능한 실 2합사(2ply 실), 울 자수실

바늘 막대바늘・1.5mm(4개) | 줄 바늘・1.75mm(2개)

기타 준비물 가위, 돗바늘, 마커

게이지 배색 무늬 56코×61단

How to make
난이도 ★★★★☆

- 밑단부터 시작해서 목둘레 쪽으로 떠서 올라간다.
- 몸판은 앞판과 뒤판을 한꺼번에 평단으로 뜬다.
- 목둘레와 소매 둘레의 2코 배색 고무단은 원형뜨기를 한다.

겉 겉뜨기 | **안** 안뜨기 | **오D** 오른코 줄이기 | **왼D** 왼코 줄이기 | **안 오2T** 안뜨기로 오른코 줄이기 | **안 왼2T** 안뜨기로 왼코 줄이기 | **겉꼬** 겉뜨기 꼬아뜨기 | **안꼬** 안뜨기 꼬아뜨기 | **곤** 곤색 | **핫핑** 핫핑크색 | **연핑** 연핑크색 | **미** 미색 | **초** 초록색 | **노** 노란색

A 몸판

코 만들기~9단

코 만들기	1.75mm 줄바늘을 써서 일반 코로 총 114코를 만든다.
1단	곤 안뜨기
2단	곤 겉 1, (곤 겉꼬 2, 핫핑 안 2) 마지막 전 1코까지 반복, 핫핑 안 1.
3단	핫핑 겉 3, (곤 안꼬 2, 핫핑 겉 2) 마지막 3코 전까지 반복, 곤 안꼬 2, 곤 안 1
4~9단	2~3단을 3회 반복한다.

몸판 배색 무늬

10단	곤 겉뜨기
11단	곤 안뜨기
12단	곤 겉 2, (연핑 겉 1, 곤 겉 3)을 끝까지 반복한다.
13단	곤 안 1, (곤 안 1, 연핑 안 3) 마지막 1코 전까지 반복, 연핑 안 1
14단	연핑 겉뜨기
15단	연핑 안 2, (초 안 1, 연핑 안 1) 마지막 2코 전까지 반복, 초 안 2
16단	연핑 겉 2, (핫핑 겉 1, 연핑 겉 3) 마지막 코까지 반복
17단	연핑 안 1, (연핑 안 1, 핫핑 안 3) 마지막 1코 전까지 반복, 연핑 안 1
18단	연핑 겉 2, (핫핑 겉 1, 연핑 겉 3) 마지막 코까지 반복
19단	연핑 안 1, (연핑 안 1, 초 안 1) 마지막 1코 전까지 반복, 초 안 1
20단	연핑 겉 뜨기
21단	곤 안 1, (곤 안 1, 연핑 안 3) 마지막 1코 전까지 반복, 곤 안 1
22단	곤 겉 2, (연핑 겉 1, 곤 겉 3) 마지막 코까지 반복
23단	곤 안뜨기
24단	미 겉 1, (미 겉 1, 곤 겉 3, 미 겉 1, 곤 겉 5, 미 겉 1, 곤 겉 3, 미 겉 2) × 7, 미 겉 1
25단	미 안 1, (미 안 1, 곤 안, 미 안 1, 곤 안 2, 안 2, 곤 안 3, 미 안 2, 곤 안 2, 미 안 1, 곤 안 1) × 7, 곤 안 1
26단	곤 겉 1, (곤 겉 2, 미 겉 1, 곤 겉 1, 미 겉 3, 곤 겉 1, 미 겉 3, 곤 겉 1, 미 겉 1, 곤 겉 3) × 7, 곤 겉 1
27단	곤 안 1, (곤 안 4, 미 안 4, 곤 안 1, 미 안 4, 곤 안 3) × 7, 곤 안 1
28단	초 겉 1, (초 겉 4, 연핑 겉 1, 초 겉 2, 연핑 겉 1, 초 겉 2, 연핑 겉 1, 초 겉 4, 연핑 겉 1) × 7, 연핑 겉 1

29단	연핑 안 1, (연핑 안 2, 초 안 4, 연핑 안 1, 초 안 1, 연핑 안 1, 초 안 1, 연핑 안 1, 초 안 4, 연핑 안 1) × 7, 연핑 안 1
30단	연핑 겉 1, (연핑 겉 2, 초 겉 4, 연핑 겉 1, 초 겉 1, 연핑 겉 1, 초 겉 4, 연핑 겉 3) × 7, 연핑 겉 1
31단	미 안 1, (미 안 1, 핫핑 안 6, 미 안 3, 핫핑 안 6) × 7, 핫핑 안 1
32단	연핑 겉 1, (연핑 겉 2, 초 겉 4, 연핑 겉 1, 초 겉 1, 연핑 겉 1, 초 겉 4, 연핑 겉 3) × 7, 연핑 겉 1
33단	연핑 안 1, (연핑 안 2, 초 안 4, 연핑 안 1, 초 안 1, 연핑 안 1, 초 안 1, 연핑 안 1, 초 안 4, 연핑 안 1) × 7, 연핑 안 1
34단	초 겉 1, (초 겉 4, 연핑 겉 1, 초 겉 2, 연핑 겉 1, 초 겉 2, 연핑 겉 1, 초 겉 4, 연핑 겉 1) × 7, 연핑 겉 1
35단	곤 안 1, (곤 안 4, 미 안 1, 곤 안 1, 미 안 4, 곤 안 3) × 7, 곤 안 1
36단	곤 겉 1, (곤 겉 2, 미 겉 1, 곤 겉 1, 미 겉 3, 곤 겉 1, 미 겉 3, 곤 겉 1, 미 겉 1, 곤 겉 3) × 7, 곤 겉 1
37단	미 안 1, (미 안 1, 곤 안 1, 미 안 1, 곤 안 2, 미 안 2, 곤 안 3, 미 안 2, 곤 안 2, 미 안 1, 곤 안 1) × 7, 곤 안 1
38단	미 겉 1, (미 겉 1, 곤 겉 3, 미 겉 1, 곤 겉 5, 미 겉 1, 곤 겉 3, 미 겉 2) × 7, 미 겉 1
39단	곤 안뜨기

B 앞쪽 몸판과 뒤쪽 몸판 분리

40단	코 막음 5코, 곤 겉 2, (핫핑 겉 1, 곤 겉 3) × 11, 핫핑 겉 1, 곤 겉 1, 코 막음 8코, 곤 겉 2, (핫핑 겉 1, 곤 겉 3) × 12, 핫핑 겉 1, 곤 겉 2)

C 뒤쪽 몸판

41단	코 막음 5코, (핫핑 안 3, 곤 안 1) × 12/ 총 48코
42단	코 막음 2코, (연핑 겉 1, 핫핑 겉 3) × 11, 연핑 겉 1, 핫핑 겉 1/ 총 46코
43단	코 막음 2코, 연핑 안 1, (연핑 안 1, 연핑 안 3) × 10, 핫핑 안 1, 연핑 안 2/ 총 44코
44단	연핑 왼D 1, 연핑 겉 2, (초 겉 1, 연핑 겉 3) × 10/ 총 43코
45단	연핑 안 왼2T 1, (초 안 1, 노 안 1, 초 안 1, 연핑 안 1) × 10, 초 안 1/ 총 42코
46단	연핑 왼D 1, 연핑 겉 1, (초 겉 1, 연핑 겉 3) × 9, 초 겉 1, 연핑 겉 2/ 총 41코
47단	연핑 안 왼2T 1, 연핑 안 2, (핫핑 안 1, 연핑 안 3) × 9, 핫핑 안 1/ 총 40코
48단	핫핑 겉 2, (연핑 겉 1, 핫핑 겉 3) × 9, 연핑 겉 1, 핫핑 겉 1
49단	(핫핑 안 3, 곤 안 1) × 10
50단	곤 겉 2, (핫핑 겉 1, 곤 겉 3) × 9, 핫핑 겉 1, 곤 겉 1
51단	곤 안뜨기
52단	(곤 겉 2, 초 겉 2) × 10
53단	곤 안 1, (초 안 2, 곤 안 2) × 9, 초 안 2, 곤 안 1
54단	(노 겉 2, 곤 겉 2) × 10
55단	곤 안 1, (초 안 2, 곤 안 2) × 9, 초 안 2, 곤 안 1
56단	(곤 겉 2, 초 겉 2) × 10

57단	곤 안뜨기
58단	곤 겉 1, (연핑 겉 1, 곤 겉 3) × 9, 연핑 겉 1, 곤 겉 2
59단	(곤 안 1, 연핑 안 3) × 10
60단	연핑 겉뜨기
61단	(연핑 안 1, 초 안 1) × 20
62단	연핑 겉 1, (핫핑 겉 1, 연핑 겉 3) × 9, 핫핑 겉 1, 연핑 겉 2
63단	(연핑 안 1, 핫핑 안 3) × 10
64단	연핑 겉 1, (핫핑 겉 1, 연핑 겉 3) × 9, 핫핑 겉 1, 연핑 겉 2

뒤쪽 어깨 분리

65단	(연핑 안 1, 초 안 1) × 7, 코 막음 12코, (연핑 안 1, 초 안 1) × 7

오른쪽 어깨

66단	연핑 겉 12, 코 막음 2코, 실을 40cm 정도 남겨 자른다. 그리고 코 사이로 통과시킨 후 나머지 단을 뜬다./ 총 12코
67단	연핑 안 왼2T 1, 연핑 안 2, (곤 안 1, 연핑 안 3) × 2 / 총 11코
68단	곤 겉 1, (연핑 겉 1, 곤 겉 3) × 2, 연핑 왼D 1/ 총 10코
69단	곤 안 7, 코 막음 3코, 코 사이로 실을 통과시킨다.
70단	코 막음 3코, 곤 겉 4

나머지 4코는 덮어씌워 코 막음으로 마무리한다.

왼쪽 어깨

코 막음 후 왼쪽에 남겨 둔 14코에 목 뒤쪽 중심 왼쪽에서 연핑 크색 실을 걸어서 겉뜨기로 시작한다.

66단	코 막음 2코, 연핑 겉 12/ 총 12코
67단	(곤 안 1, 연핑 안 3) × 2, 곤 안 1, 연핑 안 1, 연핑 안 오2T 1/ 총 11코
68단	곤 오D 1, 곤 겉 2, 연핑 겉 1, 곤 겉 3, 연핑 겉 1, 곤 겉 2
69단	코 막음 3코, 곤 안 7/ 총 7코
70단	곤 겉 4, 코 막음 3코, 실을 잘라 코 사이로 통과시킨 후 이 실로 나머지 4코를 덮어씌워 코 막음으로 마무리한다./ 총 4코

D 앞쪽 몸판

왼쪽 어깨

41단	앞뒤 몸판의 가운데 안쪽 면에서 새 실을 걸어서 (핫핑 안 3, 곤 안 1) × 12/ 총 48코
42단	코 막음 2코, (연핑 겉 1, 핫핑 겉 3) × 5, 연핑 겉 1, 나머지 코는 뜨지 않고 바늘에 둔 상태로 뜨개판을 돌린다./ 총 21코
43단	연핑 안 2, (핫핑 안 1, 연핑 안 3) × 4, 핫핑 안 1, 연핑 안 2
44단	연핑 오D 1, 연핑 겉 2, (초 겉 1, 연핑 겉 3) × 4, 초 겉 1/ 총 20코
45단	초 안 왼2T 1, (연핑 안 1, 초 안 1, 노 안 1, 초 안 1) × 4, 연핑 안 1, 초 안 1/ 총 19코
46단	연핑 오D 1, 연핑 겉 1, (초 겉 1, 연핑 겉 3) × 4/ 총 18코
47단	연핑 안 1, (핫핑 안 1, 연핑 안 3) × 4, 핫핑 안 1
48단	핫핑 겉 2, (연핑 겉 1, 핫핑 겉 3) × 3, 연핑 겉 1, 핫핑 겉 1, 핫핑 왼D 1/ 총 17코
49단	(곤 안 1, 핫핑 안 3) × 4, 곤 안 1
50단	곤 겉 2, (핫핑 겉 1, 곤 겉 3) × 3, 핫핑 겉 1, 곤 겉 2
51단	곤 안 왼2T 1, 곤 안 15/ 총 16코
52단	(곤 겉 2, 초 겉 2) × 4
53단	곤 안 1, (초 안 2, 곤 안 2) × 3, 초 안 2, 곤 안 1

54단	(노 겉 2, 곤 겉 2) × 3, 노 겉 2, 곤 겉 왼D 1/ 총 15코
55단	(초 안 2, 곤 안 2) × 3, 초 안 2, 곤 안 1
56단	(곤 겉 2, 초 겉 2) × 3, 곤 겉 2, 초 겉 1
57단	곤 안 왼2T 1, 곤 안 13/ 총 14코
58단	곤 겉 1, (연핑 겉 1, 곤 겉 3) × 3, 연핑 겉 1
59단	연핑 안 2, (곤 안 1, 연핑 안 3) × 3
60단	연핑 겉 12, 연핑 왼D 1/ 총 13코
61단	(초 안 1, 연핑 안 1) × 6, 초 안 1
62단	연핑 겉 1, (핫핑 겉 1, 연핑 겉 3) × 3
63단	연핑 안 왼2T 1, (핫핑 안 3, 연핑 안 1) × 2, 핫핑 안 3/ 총 12코
64단	연핑 겉 1, (핫핑 겉 1, 연핑 겉 3) × 2, 핫핑 겉 1, 연핑 겉 2
65단	(연핑 안 1, 초 안 1) × 6
66단	연핑 겉 10, 연핑 왼D 1/ 총 11코
67단	(연핑 안 3, 곤 안 1) × 2, 연핑 안 3
68단	곤 겉 1, (연핑 겉 1, 곤 겉 3) × 2, 연핑 겉 1, 곤 겉 1
69단	곤 안 왼2T 1, 곤 안 6, 코 막음 3코, 실을 30cm 정도 남겨 코 사이로 통과시킨 후 이 실로 나머지 단을 뜬다./ 총 7코
70단	코 막음 3코, 곤 4/ 총 4코

나머지 4코는 덮어씌워 코 막음으로 마무리한다.

오른쪽 어깨

42단	중심 2코를 마커에 걸어 둔 후 핫핑 겉 1, (연핑 겉 1, 핫핑 겉 3) × 5, 연핑 2/ 총 21코
43단	코 막음 2코, 연핑 안 1, (핫핑 안 1, 연핑 안 3) × 5/ 총 21코
44단	연핑 겉 1, (초 겉 1, 연핑 겉 3) × 4, 초 겉 1, 연핑 겉 1, 연핑 왼D 1/ 총 20코
45단	(연핑 안 1, 초 안 1, 노 안 1, 초 안 1) × 4, 연핑 안 1, 초 안 1, 노 안 왼2T 1/ 총 19코
46단	(초 겉 1, 연핑 겉 3) × 4, 초 겉 1, 연핑 왼D 1/ 총 18코

47단	(연핑 안 3, 핫핑 안 1) × 4, 연핑 안 2
48단	핫핑 오D 1, 핫핑 겉 2, (연핑 겉 1, 핫핑 겉 3) × 3, 연핑 겉 1, 핫핑 겉 1/ 총 17코
49단	(핫핑 안 3, 곤 안 1) × 4, 핫핑 안 1
50단	(곤 겉 3, 핫핑 겉 1) × 4, 곤 겉 1
51단	곤 안 15, 곤 안 왼2T 1/ 총 16코
52단	(곤 겉 2, 초 겉 2) × 4
53단	곤 안 1, (초 안 2, 곤 안 2) × 3, 초 안 2, 곤 안 1
54단	노 오D 1, (곤 겉 2, 노 겉 2) × 3, 곤 겉 2/ 총 15코
55단	곤 안 1, (초 안 2, 곤 안 2) × 3, 초 안 2
56단	곤 겉 1, (초 겉 2, 곤 겉 2) × 3, 초 겉 2
57단	곤 안 13, 곤 안 왼2T 1/ 총 14코
58단	(곤 겉 3, 연핑 겉 1) × 3, 곤 겉 2
59단	(곤 안 1, 연핑 안 3) × 3, 곤 안 2
60단	연핑 오D 1, 연핑 겉 12/ 총 13코
61단	(연핑 안 1, 초 안 1) × 6, 연핑 안 1
62단	연핑 겉 2, (핫핑 겉 1, 연핑 겉 3) × 2, 핫핑 겉 1, 연핑 겉 2
63단	(연핑 안 1, 핫핑 안 3) × 2, 연핑 안 1, 핫핑 안 2, 핫핑 안 왼2T 1/ 총 12코
64단	연핑 겉 1, (핫핑 겉 1, 연핑 겉 3) × 2, 핫핑 겉 1, 연핑 겉 2
65단	(연핑 안 1, 초 안 1) × 6
66단	연핑 오D 1, 연핑 겉 10/ 총 11코
67단	(곤 안 1, 연핑 안 3) × 2, 곤 안 1, 연핑 안 2
68단	(연핑 겉 1, 곤 겉 3) × 2, 연핑 겉 1, 곤 겉 2
69단	코 막음 3코, 곤 안 6, 곤 안 오2T 1/ 총 7코
70단	곤 겉 4, 코 막음 3코, 실을 30cm 정도 남겨 코 사이로 통과시킨 후 이 실로 나머지 단을 뜬다./ 총 4코

나머지 4코는 덮어씌워 코 막음으로 마무리한다.

E 몸판과 어깨를 연결

1 앞판과 뒤판의 몸통 옆선은 메리야스 잇기로 연결한다.

2 앞 어깨와 뒤 어깨를 마주 댄 뒤 코와 코 잇기로 연결한다.

3 남은 배색 실을 돗바늘에 꿰어 뜨개판 안쪽에서 코와 코 사이에 숨기며 정리해 준다.

F 목둘레 단

원형뜨기를 하되, 겉뜨기 부분만 꼬아뜨는 배색 2코 고무단으로 작업한다.

겉면에서 1.5mm 막대바늘 3개를 써서 곤색 실로 코 줍기를 한다.

바늘 1 뒤쪽 목둘레에서 24코를 줍는다.

바늘 2 왼쪽 앞판 사선에서 29코를 줍고, 남겨 둔 중심 2코 중에 1코 겉뜨기를 한다.

바늘 3 나머지 중심 1코 겉뜨기를 하고, 오른쪽 앞쪽 사선에서 29코를 줍는다(목 뒤쪽 24+앞 왼쪽 29+중심 2+앞 오른쪽 29=총 84코).

1단	곤 안뜨기
2단	핫핑 안 1, (겉꼬 곤 2, 핫핑 안 2) × 12, 곤 겉꼬 2, 핫핑 안 왼2T 1, 곤 겉꼬 2, 핫핑 안 왼 2T 1, (곤 겉꼬 2, 핫핑 안 2) × 6, 곤 겉꼬 2, 핫핑 안 1/ 총 82코
3단	핫핑 안 1, 안 1, (곤 겉꼬 2, 핫핑 안 2) × 12, (곤 겉꼬 2, 핫핑 안 1) × 2, (곤 겉꼬 2, 핫핑 안 2) × 6, 곤 겉꼬 2, 핫핑 안 1
4단	핫핑 안 1, (곤 겉꼬 2, 핫핑 안 2) × 12, 곤 겉꼬 2, 곤 겉 왼D 1, 곤 겉 오D 1, (곤 겉꼬 2, 핫핑 안 2) × 6, 곤 겉꼬 2, 핫핑 안 1/ 총 80코

핫핑크색 실을 끊은 뒤 곤색 실로 덮어씌워 코 막음으로 마무리한다.

겉뜨기 코는 겉뜨기, 안뜨기 코는 안뜨기를 한다.

브이넥의 중심 2코 자리에서는 겉 오D 1와 겉 왼D 1을 하면서 코 막음을 해 준다.

목둘레, 진동둘레

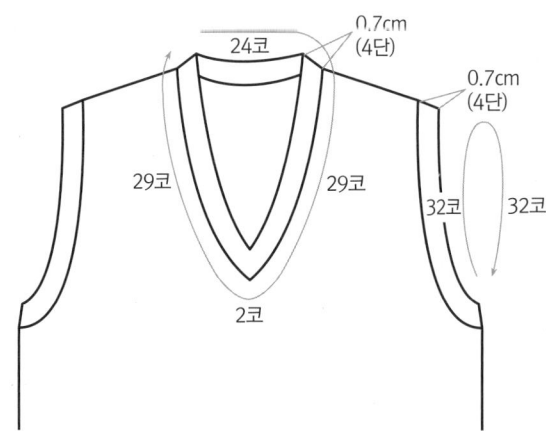

G 진동둘레 단

1.5mm 막대바늘과 곤색 실을 써서 진동 아래 코 막음을 한 곳의 중심에서 시작한다.
뒤판에서 32코, 앞판에서 32코를 줍는다(32코＋32코＝64코).
바늘 3개에 뜨기 편한 콧수대로 나누어 걸어서 원형뜨기를 시작한다.

1단	곤 안뜨기
2~4단	(곤 겉꼬 2, 핫핑 안 2) × 16

핫핑크색 실을 끊은 뒤 곤색 실로 덮어씌워 코 막음으로 마무리한다.
겉뜨기 코는 겉뜨기, 안뜨기 코는 안뜨기를 한다.

H 마무리

다림질하여 뜨개판 모양을 잡아 준다.

배색하는 법

❶ 가로 줄무늬 배색

 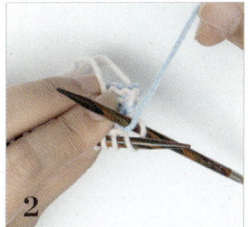  

1. 첫 코에 바늘을 넣는다.
2. 배색 실을 바늘에 건다.
3. 매 코마다 배색 실로 겉뜨기를 한다.
4. 완성한 모습.

❷ 무늬 배색 무늬를 뜰 때는 바탕실(하늘색 실)과 배색실(분홍색 실)을 제대로 교차시키는 것이 중요하다.

1. 배색할 코에 바늘을 넣고 배색 실을 들어 올리듯이 위쪽으로 뺀 상태에서 바탕 실을 배색 실 위쪽으로 X자 모양으로 걸쳐 늘어뜨린다.
2. 배색 실로 떠 준다.
3. 배색한 모습.

몸판 무늬 배색

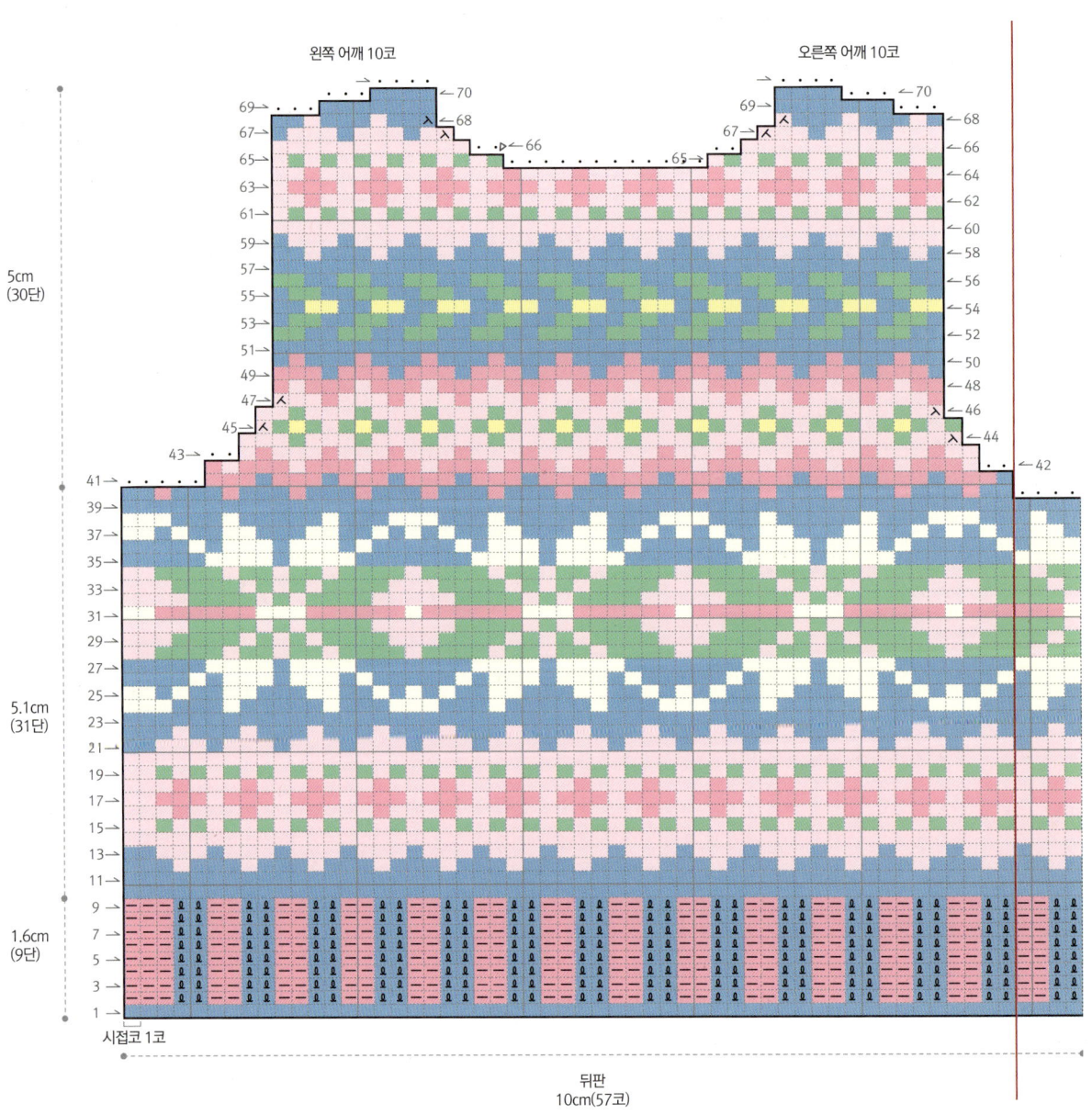

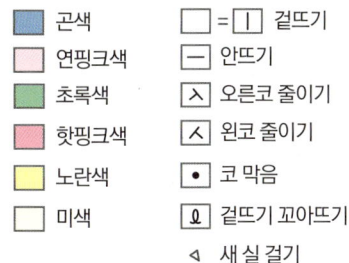

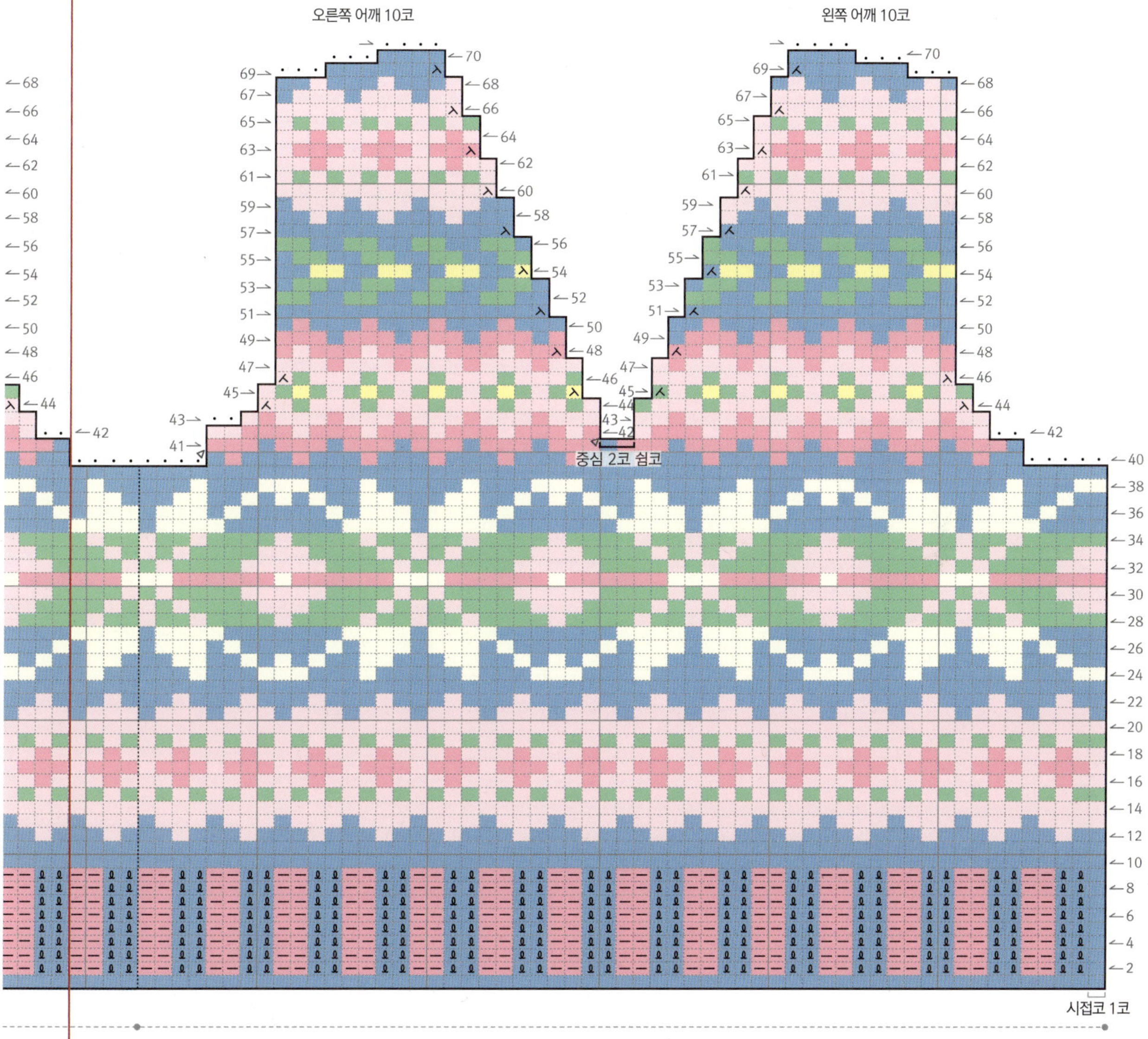

곰돌이 후드 카디건

부드러운 갈색 톤에 넉넉한 핏감을 지닌 카디건에 곰돌이 귀와 동그란 꼬리가 깜찍한 후드를 달아 주었어요. 곰돌이 꼬리가 포인트인 숨막히는 뒤태까지 일품이랍니다! 장난기가 가득하고 사랑스럽기 그지없는 의상이죠.

Descriptions

모델 제리베리 '쁘띠 코지'

착용 가능 사이즈 오비츠11

크기 가슴둘레 10cm, 총 길이 13 cm

사용한 실 랑 파시오네 Passione • 브라운(39), 진갈색(15)

대체 가능한 실 3합사(3ply 실)

바늘 막대바늘 • 2.0mm(4개)

기타 준비물 갈색 떡볶이 단추 10mm(4개), 가위, 돗바늘, 바느질실, 바늘, 시침핀

게이지 가터무늬뜨기 42코×80단(2.0mm 막대바늘)

Front　　　　　Back

How to make

난이도 ★★★☆☆

- 뒤판과 좌우 앞판을 이어서 뜬다.
- 겉뜨기만 계속하는 가터 무늬로 뜬다.
- 후드에는 곰돌이 귀를 붙이고 꼬리는 몸판에 붙인다.

겉 겉뜨기 | **안** 안뜨기 | **왼D** 왼코 줄이기 | **오D** 오른코 줄이기 | **겉L** 끌어 올려 겉뜨기로 늘이기 | **바O** 바늘 비우기 | **겉 앞뒤L** 앞뒤로 늘리며 겉뜨기 | **안 왼2T** 안뜨기로 왼코 줄이기 | **안 오 2T** 안뜨기로 오른코 줄이기 | **브** 브라운색 실 | **진** 진갈색 실

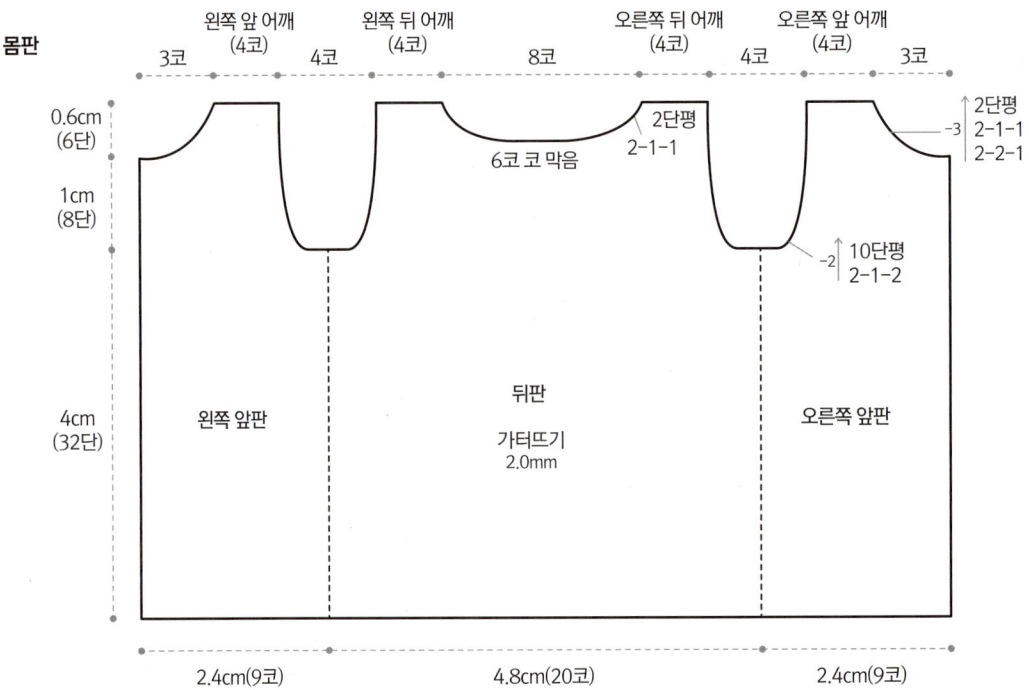

A 몸판

코 만들기~32단	
코 만들기	2.0mm 막대바늘과 브라운색 실을 써서 일반 코 잡기로 총 38코를 만든다.
1~32단	겉뜨기

오른쪽 앞판	
33단	겉 8, 나머지 30코는 다른 바늘에 걸어 쉼코 (쉼코 1)로 둔 뒤 오른쪽 앞판 8코만으로 뜬다.
34단	겉 8
35단	겉 6, 왼D 1/ 총 7코
36단	겉 7
37~40단	겉뜨기

41단	겉뜨기로 코 막음 2코, 겉 5/ 총 5코
42단	겉 5
43단	오D 1, 겉 3/ 총 4코
44~46단	겉뜨기 3단

4코는 다른 바늘에 꿰어 어깨 쉼코(오른쪽 앞 어깨)로 둔다.

뒤판	
	쉼코로 두었던 쉼코 1(30코)의 첫 코에 새 실을 걸어 시작한다.
33단	겉뜨기로 코 막음 2코, 겉 20, 나머지 8코는 다른 바늘에 걸어 쉼코(쉼코 2)로 두고 뒤판 20코로만 뜬다./ 총 20코

34단	겉뜨기로 코 막음 2코, 겉 18/ 총 18코
35단	오D 1, 겉 14, 왼D 1/ 총 16코
36~42단	겉뜨기 7단
43단	겉 5, 나머지 11코는 다른 바늘에 걸어 쉼코 (쉼코 3)로 둔 후 뒤판 오른쪽 뒤 어깨 5코로 만 뜬다.
44단	오D 1, 겉 3/ 총 4코
45~46단	겉뜨기 2단, 4코는 다른 바늘에 꿰어 어깨 쉼코(오른쪽 뒤 어깨)로 둔다.

쉼코로 두었던 쉼코 3(11코)의 첫 코에 새 실을 걸어 시작한다.

43단	겉뜨기로 코 막음 6코, 겉 5/ 총 5코
44단	겉 3, 왼D 1/ 총 4코
45~46단	겉뜨기 2단, 4코는 다른 바늘에 꿰어 어깨 쉼코(왼쪽 뒤 어깨)로 둔다.

왼쪽 앞판

쉼코로 두었던 쉼코 2(8코)의 첫 코에 새 실을 걸어 준다.

33~34단	겉뜨기 2단
35단	오D 1, 겉 6/ 총 7코
36~41단	겉뜨기 6단
42단	겉뜨기로 코 막음 2코, 겉 5/ 총 5코
43단	겉 5
44단	오D 1, 겉 3/ 총 4코
45~46단	겉뜨기 2단

4코는 다른 바늘에 꿰어 어깨 쉼코(왼쪽 앞 어깨)로 둔다.

B 어깨 쉼코 연결

1 오른쪽 뒤 어깨와 오른쪽 앞 어깨의 겉면을 마주 댄다. 그리고 안쪽에서 겉뜨기로 뜨면서 덮어씌워 코 막음을 한다.

2 왼쪽 뒤 어깨와 왼쪽 앞 어깨의 겉면을 마주 댄다. 그리고 안쪽에서 겉뜨기로 뜨면서 덮어씌워 코 막음을 한다.

C 소매

코 만들기	2.0mm 막대바늘과 브라운색 실을 써서 일반 코 잡기로 총 18코를 만든다.
1~8단	겉뜨기 8단
9단	겉 1, 겉L 1, 겉 16, 겉L 1, 겉 1/ 총 20코
10~16단	겉뜨기 7단
17단	겉뜨기로 코 막음 2코, 겉 18/ 총 18코
18단	겉뜨기로 코 막음 2코, 겉 16/ 총 16코
19단	겉뜨기로 코 막음 2코, 겉 14/ 총 14코
20단	겉뜨기로 코 막음 2코, 겉 12/ 총 12코
21단	오D 1, 겉 8, 왼D 1/ 총 10코
22단	오D 1, 겉 6, 왼D 1/ 총 8코
23단	오D 1, 겉 4, 왼D 1/ 총 6코

겉뜨기로 코 막음을 한 뒤 같은 방법으로 소매 1장을 더 뜬다.

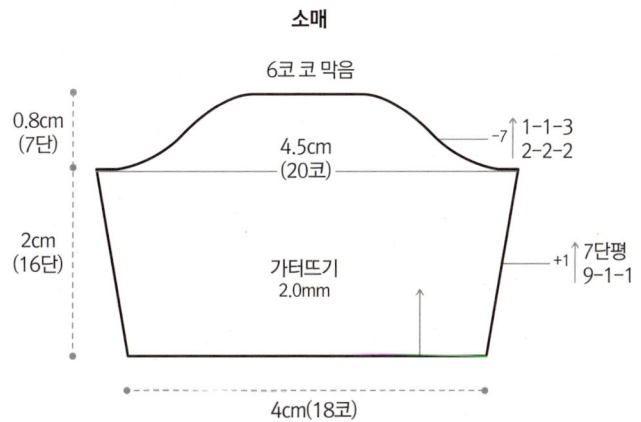

소매

D 후드

코 만들기	2.0mm 막대바늘과 브라운색 실을 써서 일반 코 잡기로 총 70코를 만든다.
1단	겉 70
2단	오D 1, 겉 66, 왼D 1/ 총 68코
3단	겉 68
4단	오D 1, 겉 64, 왼D 1/ 총 66코
5~12단	겉뜨기 8단
13단	(겉 15, 왼D 1, 겉 16) × 2/ 총 64코
14~20단	겉뜨기 7단
21단	(겉 15, 왼D 1, 겉 15) × 2/ 총 62코
22~28단	겉뜨기 7단
29단	겉뜨기로 코 막음 22코, 겉 18, 겉뜨기로 코 막음 22코. 이때 실은 5cm 이상 자르고 코 막음을 한 마지막 코 사이로 통과시킨 후 잡아당긴다./ 총 18코
30~32단	새 실을 걸어서 겉뜨기 3단
33단	오D 1, 겉 14, 왼D 1/ 총 16코
34~40단	겉뜨기 7단
41단	오D 1, 겉 12, 왼D 1/ 총 14코
42~48단	겉뜨기 7단
49단	오D 1, 겉 10, 왼D 1/ 총 12코
50~56단	겉뜨기 7단
57단	오D 1, 겉 8, 왼D 1/ 총 10코
58~66단	겉뜨기 9단

겉뜨기로 코 막음을 한다.

완성한 후드 뜨개판을 그림(아래, 오른쪽)을 참조해 후드 모양으로 조립한 뒤 몸판에 연결한다.

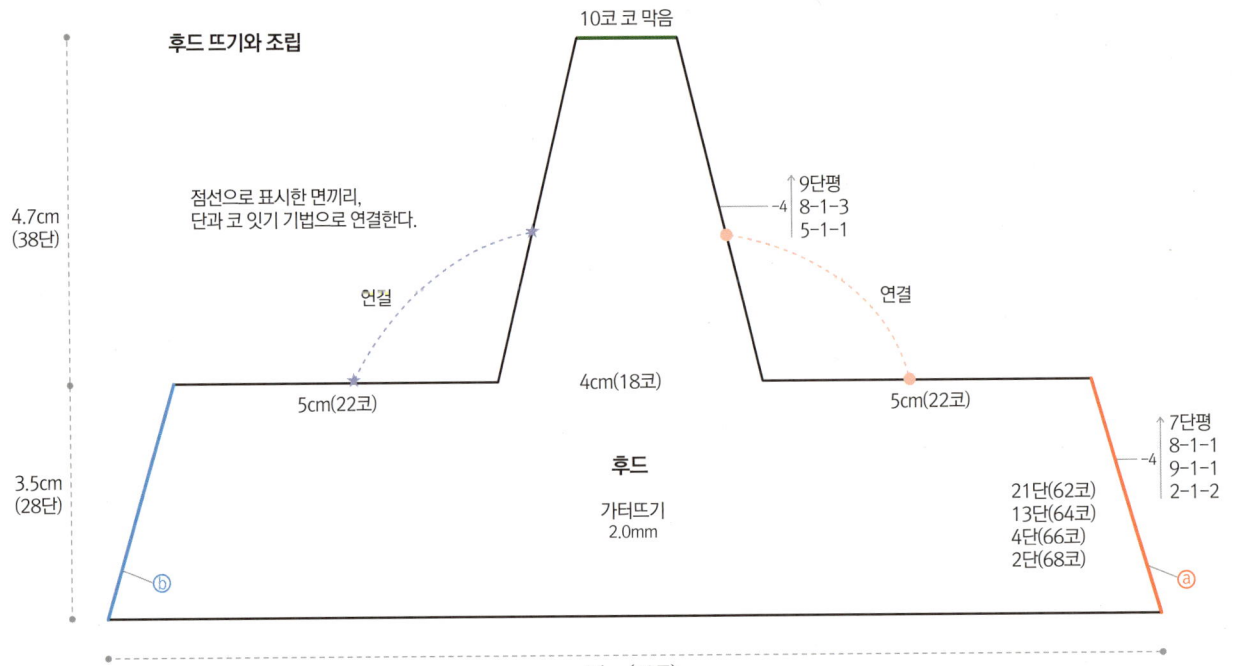

후드 뜨기와 조립

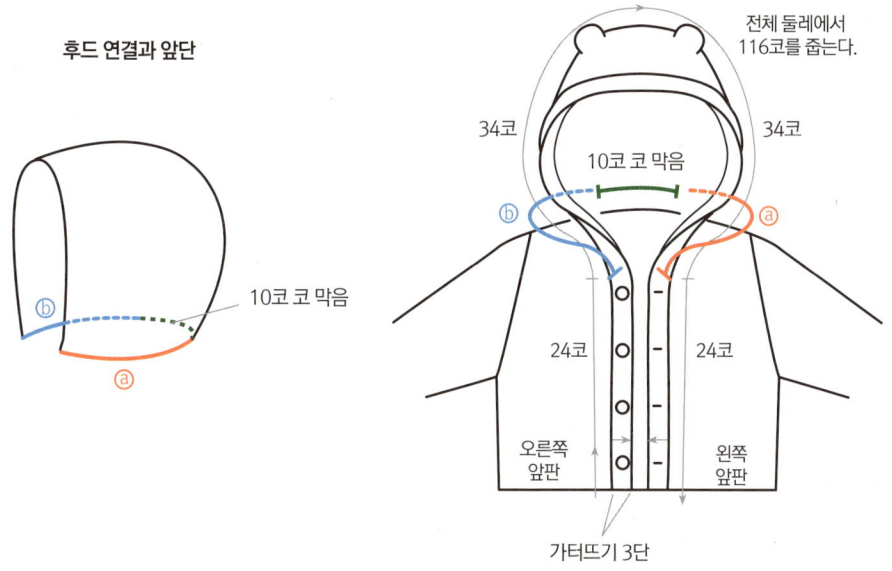

후드 연결과 앞단

E 앞단

코 줍기	2.0mm 막대바늘과 브라운색 실을 써서 앞단 전체 둘레에서 총 116코를 줍는다(오른쪽 앞판 24코 + 후드 68코 + 왼쪽 앞판 24코).
1단	겉 116
2단	단춧구멍 단- 겉 1, (왼D 1, 바O 1, 겉 4) × 4, 겉 91
3단	겉 116
코 막음 단	겉뜨기 꼬아뜨기로 뜨면서 덮어씌워 코 막음을 한다.

F 귀

코 만들기	2.0mm 막대바늘과 브라운색 실을 써서 일반 코 잡기로 총 22코를 만든다.
1단	브라운색과 진갈색으로 배색하며 뜬다. 배색 방법은 129쪽 참조. 브 겉 8, 진 겉 6, 브 겉 8
2단	브 안 8, 진 안 6, 브 안 8
3~6단	1~2단을 2회 반복한다.
7단	브 겉 5, 브 왼D 1, 브 오D 1, 진 겉 4, 브 왼D 1, 브 오D 1, 브 겉 5/ 총 18코
8단	브라운색 실로만 뜬다. 안 4, 안 왼2T 1, 안 오2T 1, 안 2, 안 왼2T 1, 안 오2T 1, 안 4/ 총 14코
9단	겉 3, (왼D 1, 오D 1) × 2, 겉 3/ 총 10코

1. 실을 10cm 이상 남기고 자른다.
2. 같은 방법으로 귀 1장을 더 뜬 다음 '귀 조립과 연결' 그림을 참조해 귀 2개를 완성한다.

G 꼬리

코 만들기	2.0mm 막대바늘과 브라운색 실을 써서 일반 코 잡기로 총 8코를 만든다.
1단	(겉 앞뒤L 1) × 8/ 총 16코
2단	겉 16
3단	(겉 1, 겉 앞뒤L 1) × 8/ 총 24코
4~6단	겉뜨기 3단
7단	(겉 1, 왼D 1) × 8/ 총 16코
8단	겉 16
9단	(왼D 1) × 8/ 총 8코

실을 10cm 이상 남기고 자른 다음 '꼬리 조립과 연결' 그림을 참조해 꼬리를 완성한다.

귀 조립과 연결

1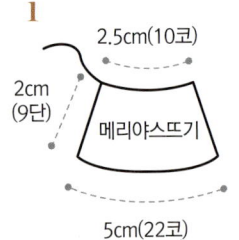
실 꼬리를 돗바늘에 넣고 남은 코에 통과시킨 후 잡아당겨 조인다.

2
화살표 방향으로 메리야스 잇기를 한다. 그런 뒤 실 꼬리는 정리하지 않고 남겨 둔다.

3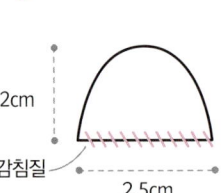
2번의 실 꼬리를 돗바늘에 꿴 뒤, 코 잡은 부분을 포개어 한꺼번에 감침질 한다.

4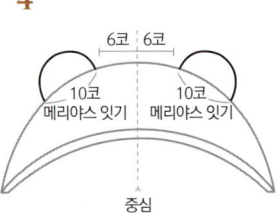
후드 중심에서 각각 6코 간격을 두고 곰돌이 귀를 메리야스 잇기 한다.

꼬리 조립과 연결

1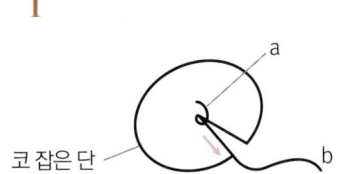
상단의 실 꼬리(a)를 돗바늘에 꿰어 남은 코에 통과시킨 후 잡아당겨 조인 다음, 화살표 방향으로 메리야스 잇기를 한다.

2
코 잡은 단의 실 꼬리(b)를 돗바늘에 꿰어 코 잡은 단의 코마다 감침질하고, 돗바늘을 다시 감침질한 땀마다 통과시킨 후 잡아당겨 조인다. 이 부분이 몸판에 붙이는 부분이다.

3
꼬리는 후드 카디건 뒤판 중간 아래에서 돗바늘로 꿰내어 준다.

H 마무리

1 돗바늘을 써서 안쪽에서 실을 정리한다.
2 단춧구멍 위치에 맞춰 단추 4개를 단다.
3 왼쪽 그림을 참조해 귀 뜨개판을 귀 모양으로 조립하고 후드에 연결한다.
4 왼쪽 그림을 참조해 꼬리 뜨개판을 꼬리 모양으로 조립하고 몸판에 연결한다.

가을 숲 카디건

크림 전쟁 당시 이 옷을 즐겨 입은 카디건 백작(Earl of Cardigan)에서 유래했다는 카디건은 단추를 달아 포멀한 느낌을 풍기는 아이템이에요. 그래서 이번 카디건은 갈색 톤을 조화롭게 배치해 낙엽 지는 가을 숲을 산책하는 여유로운 분위기를 살려 보았답니다. 찬바람이 쌀쌀하게 불어온다 싶을 때 이 카디건을 꺼내 야외 출사 한번 어때요?

Descriptions

모델 디아나돌

착용 가능 사이즈 다락아이, iMda Doll 3.0, 키 31~33cm 인형

크기 가슴둘레 23cm, 옷 길이 16.7cm, 소매길이 9.2cm

사용한 실 랑 메리노 400 레이스 • 보라색 | 랑 레인포스먼트 • 연두색, 풀색, 연밤색, 진밤색(소장 실), 청색(0279), 미색(0094), 진베이지색(0022), 빨간색(0060) | 애플톤 Appleton 울 자수실 • 초록색(428)

대체 가능한 실 2합사(2ply 실), 울 자수실

바늘 줄바늘 • 1.5mm(1개), 1.75mm(1개) | 막대바늘 • 1.75mm(4개)

기타 준비물 가위, 돗바늘, 마커, 바느질실, 바늘, 시침핀, 단추 6.0mm(6개)

게이지 배색 무늬 50코×53단

Front

Back

How to make
난이도 ★★★★☆

- 밑단부터 시작해서 목둘레 쪽으로 뜨면서 올라간다.
- 몸판은 앞판과 뒤판을 한꺼번에 평단으로 뜬다.
- 소매는 양쪽을 따로 뜬 후 진동둘레에서 메리야스 잇기로 연결한다.
- 양쪽 앞단과 뒤쪽 목둘레 단은 한꺼번에 코를 잡아서 떠준다.
- 도안은 189~192쪽에 수록.

겉 겉뜨기 | **안** 안뜨기 | **오D** 오른코 줄이기 | **왼D** 왼코 줄이기 | **안 왼2T** 안뜨기로 왼코 줄이기 | **안 오2T** 안뜨기로 오른코 줄이기 | **겉꼬** 겉뜨기 꼬아뜨기 | **안꼬** 안뜨기 꼬아뜨기 | **겉 앞뒤L** 앞뒤로 늘리며 겉뜨기 | **바O** 바늘 비우기
보 보라색 | **청** 청색 | **연** 연두색 | **초** 초록색 | **미** 미색 | **풀** 풀색 | **연밤** 연밤색 | **진베** 진베이지색 | **진밤** 진밤색 | **빨** 빨간색

A 몸판

코 만들기~13단

코 만들기	보라색 실과 1.75mm 줄바늘을 써서 일반 코 잡기로 총 136코를 만든다.
1단	보 겉뜨기
2단	겉면 - 청 안 3, (보 겉꼬 2, 청 안 2) × 33, 청 안 1.
3단	청 겉 1, (청 겉 2, 보 안꼬 2) × 33, 청 겉 3.
4~9단	2~3단을 3회 반복한다.
10~13단	보라색 메리야스뜨기 4단

몸판 배색 무늬

14단	(보 겉 1, 연 겉 3, 보 겉 1, 초 겉 1, 보 겉 2) × 17
15단	(보 안 2, 초 안 1, 연 안 3, 보 안 2) × 17
16단	(연 겉 4, 초 겉 1, 연 겉 1, 보 겉 2) × 17
17단	(보 안 1, 연 안 3, 초 안 1, 연 안 1, 보 안 2) × 17
18단	(보 겉 1, 연 겉 1, 초 겉 1, 연 겉 4, 보 겉 1) × 17
19단	(보 안 1, 연 안 1, 보 안 1, 연 안 5) × 17
20단	(연 겉 2, 보 겉 1, 연 겉 2, 보 겉 3) × 17
21단	(보 안 4, 연 안 1, 보 안 3) × 17
22~23단	보 메리야스뜨기
24단	청 겉 2, (보 겉 3, 청 겉 3) × 22, 보 겉 2
25단	청 안 2, (보 안 3, 청 안 3) × 22, 보 안 2
26~27단	메리야스뜨기
28단	(보 겉 4, 연밤 겉 1, 보 겉 4) × 15, 보 겉 1
29단	보 안 1, (보 안 3, 연밤 안 3, 보 안 3) × 15
30단	(보 겉 2, 연밤 겉 5, 보 겉 2) × 15, 보 겉 1
31단	보 안 1, (보 안 2, 연밤 안 5, 보 안 2) × 15
32단	(보 겉 2, 연밤 겉 5, 보 겉 2) × 15, 보 겉 1
33단	보 안 1, (보 안 1, 진베 안 1, 보 안 5, 진베 안 1, 보 안 1) × 15
34단	(보 겉 1, 진베 겉 7, 보 겉 1) × 15, 보 겉 1
35단	보 안 1, (보 안 1, 진베 안 7, 보 안 1) × 15
36단	(보 겉 2, 진베 겉 5, 보 겉 2) × 15, 보 겉 1
37단	보 안 1, (보 안 4, 진베 안 1, 보 안 4) × 15
38단	미색실(별실)로 주머니 라인 표시 - 보 겉 26, 미 겉 20, 보 겉 44, 미 겉 20, 보 겉 26
39단	보 안뜨기
40단	보 겉 1, (보 겉 3, 풀 겉 7) × 13, 보 겉 3, 풀 겉 2
41단	(보 안 7, 풀 안 3) × 13, 보 안 6
42단	(보 겉 5, 풀 겉 1, 보 겉 1, 풀 겉 1, 보 겉 1, 풀 겉 1) × 13, 보 겉 6
43단	보 안 2, (보 안 1, 풀 안 1, 보 안 1, 보 안 3, 풀 안 1, 보 안 3) × 13, (풀 안 1, 보 안 1) × 2
44단	(보 겉 7, 보 겉 왼D 1, 보 겉 8) × 8/ 총 128코
45단	보 안
46단	(보 겉 9, 미 겉 3) × 10, 보 겉 8

47단	(보안 7, 미안 5) × 10, 보안 7, 미안 1
48단	미 겉 1, (보 겉 7, 미 겉 5) × 10, 보 겉 7
49단	(보안 7, 미안 5) × 10, 보안 7, 미안 1
50단	(보 겉 9, 미 겉 3) × 10, 보 겉 8
51단	빨안 3, 보안 1, (빨안 11, 보안 1) × 10, 빨안 4
52단	빨 겉 1, 미 겉 1, 빨 겉 2, (보 겉 1, 빨 겉 2, 미 겉 1, 빨 겉 5, 미 겉 1, 빨 겉 2) × 10, 보 겉 1, 빨 겉 2, 미 겉 1
53단	빨 안 2, (보 안 3, 빨 안 3, 미 안 1, 빨 안 5) × 10, 보 안 3, 빨 안 3
54단	빨 겉 2, (보 겉 5, 빨 겉 3, 미 겉 1, 빨 겉 3) × 10회, 보 겉 5, 빨 겉 1
55단	보안 8, (빨안 3, 보안 9) × 10
56단	(보 겉 7, 보 겉 왼D 1, 보 겉 7) × 8/ 총 120코
57단	보안
58단	청 겉 오D 1, (보 겉 1, 청 겉 1) 마지막 2코 전까지 반복, 보 겉 왼D 1/ 총 118코
59단	(보 안 1, 청 안 1) 마지막까지 반복한다.
60단	보 겉
61단	보 안 왼2T 1, (보 안) 마지막 2코 전까지 반복, 보안 왼2T 1/ 총 116코
62단	보 겉 2, (진밤 겉 4, 보 겉 1, 진밤 겉 3, 보 겉 5) × 8, 진밤 겉 4, 보 겉 1, 진밤 겉 3, 보 겉 2
63단	(보 안 1, 진밤 안 6, 보 안 6) × 8, 보 안 1, 진밤 안 6, 보 안 5
64단	보 겉 오D 1, 보 겉 2, 진밤 겉 4, 보 겉 1, 진밤 겉 3, (보 겉 5, 진밤 겉 4, 보 겉 1, 진밤 겉 3) × 7, 보 겉 5, 진밤 겉 4, 보 겉 1, 진밤 겉 1, 진밤 겉 왼D 1/ 총 114코

앞뒤 몸판과 소매 분리

65단	진밤 안 1, 보 안 1, 진밤 안 3, 보 안 2, 진밤 안 1, 보 안 4, 진밤 안 2, 보 안 1, 진밤 안 3, 보 안 2, 진밤 안 1, 보 안 4, 코 막음 8코, 진밤 안 1, (보 안 4, 진밤 안 2, 보 안 1, 진밤 안 3, 보 안 2, 진밤 안 1) × 3, 보 안 4, 진밤 안 2, 보 안 1, 진밤 안 1, 코 막음 8코, 보 안 1, 진밤 안 2, 보 안 1, 진밤 안 3, 보 안 2, 진밤 안 1, 보 안 4, 진밤 안 2, 보 안 1, 진밤 안 3, 보 안 2, 진밤 안 1, 보 안 2

오른쪽 앞 어깨 시작

66단	보 겉 2, 진밤 겉 1, 보 겉 1, 진밤 겉 4, 보 겉 1, 진밤 겉 2, 보 겉 4, 진밤 겉 1, 보 겉 1, 진밤 겉 4, 보 겉 1, 진밤 겉 2, 보 겉 1, 코 막음한 부분 이후의 나머지 코를 다른 바늘에 쉼코로 두고, 남은 25코로 오른쪽 어깨 뜨기를 시작한다.
67단	코 막음 2코, 진밤 안 1, 보 안 1, 진밤 안 7, 보 안 3, 진밤 안 2, 보 안 1, 진밤 안 6, 진밤 안 오2T 1/ 총 22코
68단	보 겉 1, 진밤 겉 5, 보 겉 1, 진밤 겉 2, 보 겉 3, 진밤 겉 1, 보 겉 1, 진밤 겉 5, 보 겉 1, 진밤 겉 왼D 1/ 총 21코
69단	진밤 안 2, 보 안 1, 진밤 안 4, 보 안 6, 진밤 안 2, 보 안 1, 진밤 안 4, 보 안 1
70단	진밤 겉 오D 1, 진밤 겉 1, 보 겉 2, 진밤 겉 2, 보 겉 4, 진밤 겉 5, 보 겉 2, 진밤 겉 2, 보 겉 1/ 총 20코
71단	보 안 1, 진밤 안 3, 보 안 1, 진밤 안 4, 보 안 5, 진밤 안 3, 보 안 1, 진밤 안 2
72단	진밤 겉 1, 보 겉 2, 진밤 겉 2, 보 겉 7, 진밤 겉 2, 보 겉 2, 진밤 겉 2, 보 겉 2
73단	진밤 안 3, 보 안 2, 진밤 안 2, 보 안 5, 진밤 안 4, 보 안 2, 보 안 오2T 1/ 총 19코
74단	보 겉 4, 진밤 겉 2, 보 겉 6, 진밤 겉 1, 보 겉 4, 진밤 겉 2
75단	보안뜨기
76단	청 겉 오D 1, (보 겉 1, 청 겉 1)X 8, 보 겉 1/ 총 18코
77단	(보 안 1, 청 안 1) × 9
78단	보 겉뜨기
79단	연안 1, (보안 3, 연안 2) × 3, 보안 오2T 1/ 총 17코
80단	보 겉 1, (연 겉 3, 보 겉 2) × 3, 연 겉 1
81단	(보 안 3, 연 안 2) × 3, 보 안 2
82단	보 겉 오D 1, 보 겉 2, (연 겉 1, 보 겉 4) × 2, 연 겉 1, 보 겉 2 (16코)/ 총 16코
83단	연 안 1, (보 안 2, 연 안 3) × 3
84단	보 겉뜨기
85단	보안 14, 보안 오2T 1/ 총 15코

86단	(청 겉 3, 보 겉 3) × 2, 청 겉 3
87단	(보 안 3, 청 안 3) × 2, 보 안 3
88단	보 겉 오D 1, 보 겉 13/ 총 14코
89단	코 막음 4코, 보 안 10/ 총 10코
90단	보 겉 5, 코 막음 5코, 실은 길게 남겨서 자른 후 남은 코 사이로 빼 준다. 그리고 남은 5코는 길게 남겨 둔 실을 가져와서 안뜨기로 코 막음을 한다.

B 뒤판

66단	쉼코로 두었던 48코의 첫 코에 진밤색 실을 새로 걸어서, 코 막음 2코, 진밤 겉 2, (보 겉 4, 진밤 겉 1, 보 겉 1, 진밤 겉 4, 보 겉 1, 진밤 겉 2) × 3, 보 겉 4, 진밤 겉 1/ 총 46코
67단	코 막음 2코, 보 안 3, (진밤 안 2, 보 안 1, 진밤 안 7, 보 안 3) × 3, 진밤 안 왼2T 1/ 총 43코
68단	(보 겉 3, 진밤 겉 1, 보 겉 1, 진밤 겉 5, 보 겉 1, 진밤 겉 2) × 3, 보 겉 2, 보 겉 왼D 1/ 총 42코
69단	보 안 4, (진밤 안 2, 보 안 1, 진밤 안 4, 보 안 6) × 2, 진밤 안 2, 보 안 1, 진밤 안 4, 보 안 5
70단	보 겉 2, (진밤 겉 5, 보 겉 2, 진밤 겉 2, 보 겉 4) × 3, 진밤 겉 1
71단	보 안 5, (진밤 안 3, 보 안 1, 진밤 안 4, 보 안 5) × 2, 진밤 안 3, 보 안 1, 진밤 안 4, 보 안 3
72단	보 겉 4, (진밤 겉 2, 보 겉 2, 진밤 겉 2, 보 겉 7) × 2, 진밤 겉 2, 보 겉 2, 진밤 겉 2, 보 겉 6
73단	보 안 3, (진밤 안 4, 보 안 2, 진밤 안 2, 보 안 5) × 3
74단	보 겉 5, (진밤 겉 1, 보 겉 4, 진밤 겉 2, 보 겉 6) × 2, 진밤 겉 1, 보 겉 4, 진밤 겉 2, 보 겉 4
75단	보 안뜨기
76단	(보 겉 1, 청 겉 1) × 21
77단	(청 안 1, 보 안 1) × 21
78단	보 겉뜨기
79단	보 안 2, (연안 2, 보 안 3) × 8
80단	연 겉 1, (보 겉 2, 연 겉 3) × 8, 보 겉 1
81단	보 안 1, (연안 2, 보 안 3) × 8, 연안 1
82단	보 겉 1, (연 겉 1, 보 겉 4) × 8, 연 겉 1
83단	보 안 1, (연안 3, 보 안 2) × 8, 연안 1
84단	보 겉뜨기
85단	보 안뜨기
86단	(보 겉 3, 청 겉 3) × 7
87단	(보 안 3, 청 안 3) × 7

C 뒤쪽 목둘레와 어깨 분리

88단	보 겉 16(오른쪽 어깨), 코 막음 10코, 보 겉 16(왼쪽 어깨)

왼쪽 어깨 경사 뜨기

89단	코 막음 4코, 보 안 10, 보 안 오2T 1/ 총 11코
90단	보 겉 오D 1, 보 겉 4, 코 막음 5코/ 총 5코

실은 길게 남겨서 잘라 남은 코 사이로 빼 준다. 그런 뒤 남은 5코는 길게 남겨 둔 실을 가져와서 안뜨기로 코 막음을 한다.

오른쪽 어깨 경사 뜨기

89단	보라색 실을 새로 걸어서, 보 안 왼2T 1, 보 안 10, 코 막음 4코/ 총 11코

실을 길게 남기고 자른 후 남은 코 사이로 빼 준다.

90단	윗단에서 길게 남겨 둔 실을 가져와서, 코 막음 5코, 겉 4, 보 겉 왼D 1/ 총 5코

남은 5코는 코 막음 한다.

왼쪽 앞 어깨

66단	쉼코로 두었던 25코의 첫 코에 보라색 실을 새로 걸어서 코 막음 2코, 보 겉 2, 진밤 겉 1, 보 겉 1, 진밤 겉 4, 보 겉 1, 진밤 겉 2, 보 겉 4, 진밤 겉 1, 보 겉 1, 진밤 겉 4, 보 겉 1, 진밤 겉 1/ 총 23코
67단	보 안 왼2T 1, 진밤 안 7, 보 안 3, 진밤 안 2, 보 안 1, 진밤 안 6, 진밤 안 오2T 1/ 총 21코
68단	보 겉 1, 진밤 겉 5, 보 겉 1, 진밤 겉 2, 보 겉 3, 진밤 겉 1, 보 겉 1, 진밤 겉 5, 보 겉 1, 진밤 겉 1
69단	진밤 안 2, 보 안 1, 진밤 안 4, 보 안 6, 진밤 안 2, 보 안 1, 진밤 안 4, 보 안 1
70단	진밤 겉 3, 보 겉 2, 진밤 겉 2, 보 겉 4, 진밤 겉 5, 보 겉 2, 진밤 겉 1, 진밤 겉 왼D 1/ 총 20코
71단	진밤 안 3, 보 안 1, 진밤 안 4, 보 안 5, 진밤 안 3, 보 안 1, 진밤 안 3
72단	진밤 겉 2, 보 겉 2, 진밤 겉 2, 보 겉 7, 진밤 겉 2, 보 겉 2, 진밤 겉 2, 보 겉 1
73단	진밤 안 왼2T 1, 보 안 2, 진밤 안 2, 보 안 5, 진밤 안 4, 보 안 2, 진밤 안 2, 보 안 1/ 총 19코
74단	보 겉 1, 진밤 겉 1, 보 겉 4, 진밤 겉 2, 보 겉 6, 진밤 겉 1, 보 겉 4
75단	보 안뜨기
76단	(보 겉 1, 청 겉 1) × 8, 보 겉 1, 청 겉 왼D 1/ 총 18코
77단	(청 안 1, 보 안 1) × 9
78단	보 겉뜨기
79단	보 안 왼2T 1, 보 안 2 (연 안 2, 보 안 3) × 2, 연 안 2, 보 안 2/ 총 17코
80단	(보 겉 2, 연 겉 3) × 3, 보 겉 2
81단	보 안 2, (연 안 2, 보 안 3) × 3
82단	보 겉 5, (연 겉 1, 보 겉 4) × 2, 연 겉 왼D 1/ 총 16코
83단	보 안 1, (연 안 3, 보 안 2) × 3
84단	보 겉뜨기
85단	보 안 왼2T 1, 보 안 14/ 총 15코
86단	(청 겉 3, 보 겉 3) × 2, 청 겉 3
87단	(보 안 3, 청 안 3) × 2, 보 안 3
88단	보 겉 13, 보 겉 왼D 1/ 총 14코
89단	보 안 10, 코 막음 4코, 실을 길게 남겨서 자른 후 남은 코 사이로 빼 준다.
90단	윗단에서 길게 남겨 둔 실을 가져와서, 코 막음 5코, 보 겉 5/ 총 5코

나머지 5코는 코 막음을 한다.

D 주머니

몸판 38단에서 주머니 라인을 표시해 둔 미색실(별실)을 풀어내며 바늘 2개로 위아래 각 20코씩을 줍는다.

주머니 장식

배색하며 2코 고무뜨기를 하는데, 겉면을 뜰 때는 겉뜨기 부분만, 안면을 뜰 때는 안뜨기 부분만 꼬아뜨기를 한다.

코 만들기	밑단 쪽의 바늘에 걸린 20코의 양쪽 끝 뜨개판에서 각 1코씩 주워서 22코를 만든다. 그런 뒤 1.5mm 줄바늘로 안쪽 면에서 보라색 실로 뜬다.
1단	보 앞뒤L 1, 보 겉 22, 보 앞뒤L 1/ 총 24코
2단 (겉면)	겉면-보 겉 1, (보 겉꼬 2, 청 안 2) × 5, 보 겉꼬 2, 보 겉 1
3단	보 안 1, (보 안꼬 2, 청 겉 2) × 5, 보 안꼬 2, 보 안 1
4~5단	2~3단을 1회 반복한다.

보라색 실로 겉뜨기 코는 겉뜨기, 안뜨기 코는 안뜨기를 하면서 고무단 덮어씌워 코 막음을 한다.

주머니 안감

몸판 위쪽 바늘에 걸린 20코의 양쪽 끝 뜨개판에서 각 1코씩 주워서 22코를 만든다.
겉면에서 1.75mm 막대바늘로 보라색 실을 건다.

1~22단	겉뜨기로 시작하는 메리야스 22단을 뜨고, 덮어씌워 코 막음으로 마무리를 한다.

주머니 마무리

1. 주머니 장식 단과, 주머니 안감 부분을 다림질한다.
2. 앞 몸판 안쪽에서 각 주머니 안감의 3면을 감침질로 연결한다.
3. 주머니 장식단 옆선을 겉면 몸판에 메리야스 잇기로 연결한다.

E 소매

몸판에서 코를 만들지 않고 별도로 2개를 따로 뜬다. 1.75mm 막대바늘로 소매 어깨 부분에서 보라색 실로 36코를 만든다.

1단	보 안뜨기
2단	보 겉 앞뒤L 1, 보 겉 34, 보 겉 앞뒤L 1/ 총 38코
3단	보 감아코 2코, 방금 만든 감아코 시작부터, 보 안 3, (청 안 3, 보 안 3) × 6, 청 안 1, 청 감아코 2코/ 총 42코
4단	보 감아코 4코, 방금 만든 감아코 시작부터, 보 겉 4, (보 겉 3, 청 겉 3) × 7, 보 감아코 4코/ 총 50코
5단	보 안뜨기
6단	보 겉뜨기
7단	(연 안 3, 보 안 2) × 10
8단	보 겉 1, 연 겉 1, (보 겉 4, 연 겉 1) × 9, 보 겉 3
9단	보 안 1, (연 안 2, 보 안 3) × 9, 연 안 2, 보 안 2
10단	(보 겉 2, 연 겉 3) × 10
11단	(연 안 2, 보 안 3) × 10
12단	보 겉뜨기
13단	(청 안 1, 보 안 1) × 25
14단	(보 겉 1, 청 겉 1) × 25
15단	보 안 왼2T 1, 보 안 46, 보 안 오2T 1/ 총 48코
16단	빨 겉 1, (보 겉 9, 빨 겉 3) × 3, 보 겉 9, 빨 겉 2
17단	미 안 1, 빨 안 3, (보 안 5, 빨 안 3, 미 안 1, 빨 안 3) × 3, 보 안 5, 빨 안 3
18단	빨 겉 4, (보 겉 3, 빨 겉 3, 미 겉 1, 빨 겉 5) × 3, 보 겉 3, 빨 겉 3, 미 겉 1, 빨 겉 1
19단	빨 안 3, 미 안 1, 빨 안 2, (보 안 1, 빨 안 2, 미 안 1, 빨 안 5, 미 안 1, 빨 안 2) × 3, 보 안 1, 빨 안 2, 미 안 1, 빨 안 2
20단	빨 겉 5, (보 겉 1, 빨 겉 11) × 3, 보 겉 1, 빨 겉 6
21단	미 안 2, (보 안 9, 미 안 3) × 3, 보 안 9, 미 안 1
22단	미 겉 2, (보 겉 7, 미 겉 5) × 3, 보 겉 7, 미 겉 3
23단	미 안 3, (보 안 7, 미 안 5) × 3, 보 안 7, 미 안 2
24단	미 겉 오D 1, (보 겉 7, 미 겉 5) × 3, 보 겉 7, 미 겉 1, 미 겉 왼D 1/ 총 46코
25단	미 안 1, (보 안 9, 미 안 3) × 3, 보 안 9
26단	보 겉뜨기
27단	보 안뜨기
28단	보 겉 2, (풀 겉 1, 보 겉 1, 풀 겉 1, 보 겉 3, 풀 겉 1, 보 겉 3) × 4, 풀 겉 1, 보 겉 1, 풀 겉 1, 보 겉 1
29단	(보 안 5, 풀 안 1, 보 안 1, 풀 안 1, 보 안 1, 풀 안 1) × 4, 보 안 5, 풀 안 1
30단	(보 겉 7, 풀 겉 3) × 4, 보 겉 6
31단	보 안 왼2T 1, 보 안 2, (풀 안 7, 보 안 3) × 4, 풀 안 오2T 1/ 총 44코
32단	보 겉뜨기
33단	보 안뜨기
34단	보 겉 4, (진베 겉 1, 보 겉 8) × 4, 진베 겉 1, 보 겉 3
35단	보 안 1, (진베 안 5, 보 안 4) × 4, 진베 안 5, 보 안 2
36단	보 겉 1, (진베 겉 7, 보 겉 2) × 4, 진베 겉 7
37단	(진베 안 7, 보 안 2) × 4, 진베 안 7, 보 안 1
38단	보 겉 1, (진베 겉 1, 보 겉 5, 진베 겉 1, 보 겉 2) × 4, 진베 겉 1, 보 겉 5, 진베 겉 1
39단	밤 안 왼2T 1, 밤 안 4, (보 안 4, 밤 안 5) × 4, 보 안 오2T 1/ 총 42코
40단	보 겉 1, (밤 겉 5, 보 겉 4) × 4, 밤 겉 5
41단	(밤 안 5, 보 안 4) × 4, 밤 안 5, 보 안 1
42단	보 겉 2, (밤 겉 3, 보 겉 6) × 4, 밤 겉 3, 보 겉 1
43단	보 안 2, (밤 안 1, 보 안 8) × 4, 밤 안 1, 보 안 3
44단	보 겉뜨기
45단	보 안뜨기

1.5mm 줄바늘로 바꿔 꼬아뜨기 기법으로 2코 고무뜨기를 한다.

46단	보 겉 1, (보 겉꼬 2, 청 안 2) × 10, 청 안 1
47단	청 겉 1, (청 겉 2, 보 안꼬 2) × 10, 보 안 1
48~49단	46~47단을 1회 반복한다.

보라색 실로 겉뜨기 코는 겉뜨기, 안뜨기 코는 안뜨기를 하면서 고무단 덮어씌워 코 막음을 한다.

F 몸판의 앞뒤 어깨 경사 연결

1 몸판의 앞판과 뒤판의 어깨 부분은 메리야스 잇기를 한다.
2 소매 옆선은 메리야스 잇기를 한다.
3 남은 배색 실은 돗바늘에 꿴 뒤 뜨개판 안쪽에서 코와 코 사이에 숨기며 정리해 준다.

G 앞단과 목둘레 단

꼬아뜨기 기법으로 2코 고무뜨기를 한다. 1.5mm 줄바늘을 써서 뜨개판의 겉면을 앞에 두고 보라색 실로 오른쪽 앞판에서 96코를 줍고, 뒤 목둘레에서 20코를 줍고, 왼쪽 앞판에서 96코를 줍는다./ 총 212코

1단	보 겉뜨기
2단	겉면-겉S1, (보 겉꼬 2, 청 안 2) × 52, 보 겉꼬 2, 보 겉 1
3단	청 안S 1, (보 안꼬 2, 청 겉 2) × 52, 보 안꼬 2, 보 안 1
4단	단춧구멍-보 겉 1, 보 겉 왼D 1, 바O 1, (청 안 2, 보 겉꼬 2) × 2, 청 안 2, 바O 1, 보 겉 왼D 1, (청 안 2, 보 겉꼬 2) × 2, 청 안 1, 바O 1, 보 겉 왼D 1, 보 겉꼬 1, (청 안 2, 보 겉꼬 2) × 2, 바O 1, 청 안 왼2T 1, (보 겉꼬 2, 청 안 2) × 2, 보 겉꼬 1, 바O 1, 청 안 왼2T 1, 청 안 1, (보 겉꼬 2, 청 안 2) × 2, 보 겉꼬 1, 바O 1, 청 안 왼2T 1, 청 안 1, (보 겉꼬 2, 청 안 2) × 37, 보 겉꼬 2, 보 겉 1
5단	보 안S 1, (보 안꼬 2, 청 겉 2) × 52, 보 안꼬 2, 보 안 1

청색 실을 자른 뒤, 보라색 실로 겉뜨기 코는 겉뜨기, 안뜨기 코는 안뜨기를 하면서 덮어씌워 코 막음을 한다.

H 마무리

1 몸판과 소매를 다림질하여 뜨개판 모양을 잡아 준다.
2 몸판에 소매를 맞추고 시침핀을 꽂아서 고정한 후, 메리야스 잇기를 한다.
3 오른쪽 앞단의 단춧구멍 위치에 맞추어 왼쪽 앞단에 단추를 달아 준다.

스모킹 코트와 레트로 머리띠

걸리시한 디자인에 많이 쓰는 기법인 스모킹을 적용한 니트 코트입니다. 자칫 문탁해 보일 수 있는 코트에 이러한 포인트가 하나만 들어가도 오버 실루엣이 주조인 겨울 아우터의 단조로움을 깬 새로운 파격을 만날 수 있답니다. 거기에 레트로 무드가 물씬 풍기는 모티프 머리띠를 매치해 빈티지하면서도 경쾌한 크리스마스 룩을 완성했어요!

Descriptions

모델 iMda Doll 3.0 'Simonne'

착용 가능 사이즈 다락아이, 디아나돌, 키 31~33cm 인형

크기 코트: 가슴둘레 18.6cm, 옷 길이 14.2cm, 소매길이 9.5cm | 머리띠: 머리 둘레 23cm

사용한 실 코트: 샤헨마이어 파인 울 Fine Wool • 크림색(2070) | 랑 자울 • 흰색(0001)
머리띠: 랑 레인스포스먼트 • 밤색(0095), 감색(0034), 회색(0005), 겨자색(0150), 흰색(0001), 초록색(0098), 보라색(0290), 베이지색(0022)

대체 가능한 실 코트: 3합사(3ply 실), 머리띠: 2합사(2ply 실), 울 자수실

바늘 코트: 줄바늘 • 1.75mm(1개), 2.0mm(1개), 2.25mm(1개) | 레이스용 코바늘 • 4호(1개) | 모사용 코바늘 0호(1개)
머리띠: 레이스용 코바늘 • 4호(1개)

기타 준비물 코트: 베이지색 단추 6.0mm(9개), 꽈배기 바늘(교차무늬 바늘), 가위, 돗바늘, 바느질실, 바늘, 별도 색상 실 조금 | 머리띠: 돗바늘, 가위

게이지 코트: 무늬뜨기 45코×53단 | 머리띠: 모티프 지름 2.3cm

Front

Back

How to make
스모킹 코트
난이도 ★★★★

- × 몸판은 목둘레에서 밑단 쪽으로 떠서 내려간다.
- × 목둘레에서 칼라 코를 주워 스모킹 칼라를 만든다.
- × 상의 요크 앞판, 뒤판, 소매단, 코트 밑단, 칼라, 주머니 장식 단은 모두 스모킹 스티치(154쪽 참조)를 한다.
- × 앞판 단추 단은 가터뜨기를 한다.
- × 도안은 195~196쪽에 수록.

겉 겉뜨기 | **안** 안뜨기 | **오L** 오른코 늘리기 | **왼L** 왼코 늘리기 | **겉L** 끌어 올려 겉뜨기로 늘리기 | **겉 앞뒤L** 앞뒤로 늘리며 겉뜨기 | **스모킹** 스모킹 스티치

A 몸판

모사용 코바늘 0호를 써서 별실로 사슬코 48코를 만든다.
흰색 실과 1.75mm 줄바늘을 써서 사슬코의 산에서 48코를 줍는다.

1단	겉뜨기
2단	겉S 1, 겉 47
3단	겉S 1, 겉 3, (겉 2, 겉L 1, 겉 3) × 8, 겉 1, 바O 1, 겉 왼D 1, 겉 1/ 총 56코
4단	겉S 1, 겉 55
5단	크림색 실로 바꾼 뒤 겉S 1, 겉 3, 안 2, 겉 1, 안 2, 겉 오L 1, 겉 2, 겉 왼L 1, 겉 2, 겉 앞뒤L 5, 겉 2, 겉 오L 1, 겉 2, 겉 왼L 1, 안 1, (겉1, 안 2) × 3, 겉 1, 안 1, 겉 오L 1, 겉 2, 겉 왼L 1, 겉 2, 겉 앞뒤L 5, 겉 2, 겉 오L 1, 겉 2, 겉 왼L 1, 안 2, 겉 1, 안 2, 겉 4/ 총 74코
6단	겉S 1, 겉 5, 안 1, 겉 2, 안 22, 겉 1, (안 1, 겉 2) × 4, 안 21, 겉 2, 안 1, 겉 6
7단	겉S 1, 겉 3, (안 2, 겉 1) × 2, 겉 오L 1, 겉 2, 겉 왼L 1, 겉 16, 겉 오L 1, 겉 2, 겉 왼L 1, (안 2, 겉 1) × 4, 안 2, 겉 오L 1, 겉 2, 겉 왼L 1, 겉 16, 겉 오L 1, 겉 2, 겉 왼L 1, (겉 1, 안 2) × 2, 겉 4/ 총 82코
8단	겉S 1, 겉 3, (겉 2, 안 1) × 2, 안 24, (겉 2, 안 1) × 5, 안 24, 겉 2, 안 1, 겉 6
9단	겉S 1, 겉 3, 안 2, 스모킹 1, 안 1, 겉 오L 1, 겉 2, 겉 왼L 1, 겉 18, 겉 오L 1, 겉 2, 겉 왼L 1, (스모킹 1, 안 2) × 2, 스모킹 1, 겉 오L 1, 겉 2, 겉 왼L 1, 겉 18, 겉 오L 1, 겉 2, 겉 왼L 1, 안 1, 스모킹 1, 안 2, 겉 4/ 총 90코
10단	겉S 1, 겉 5, 안 1, 겉 2, 안 1, 겉 27, (겉 2, 안 1) × 5, 안 26, 겉 1, (안 1, 겉 2) × 2, 겉 4
11단	겉S 1, 겉 3, (안 2, 겉 1) × 2, 안 2, 겉 오L 1, 겉 2, 겉 왼L 1, 겉 20, 겉 오L 1, 겉 2, 겉 왼L 1, 안 1, (겉 1, 안 2) × 5, 겉 1, 안 1, 겉 오L 1, 겉 2, 겉 왼L 1, 겉 20, 겉 오L 1, 겉 2, 겉 왼L 1, (안 2, 겉 1) × 2, 안 2, 겉 4/ 총 98코
12단	겉S 1, 겉 3, (겉 2, 안 1) × 2, 겉 2, 안 28, 겉 1, (안 1, 겉 2) × 5, 안 1, 겉 2, 안 28, (겉 2, 안 1) × 2, 겉 6
13단	겉S 1, 겉 3, 안 2, 겉 1, 안 2, 스모킹 1, 겉 오L 1, 겉 2, 겉 왼L 1, 겉 22, 겉 오L 1, 겉 2, 겉 왼L 1, 안 2, 겉 1, 안 2, (스모킹 1, 안 2) × 2, 겉 1, 안 2, 겉 오L 1, 겉 2, 겉 왼L 1, 겉 22, 겉 오L 1, 겉 2, 겉 왼L 1, 스모킹 1, 안 2, 겉 1, 안 2, 바O 1, 겉 왼D 1, 겉 1/ 총 106코
14단	겉S 1, 겉 3, (겉 2, 안 1) × 3, 안 30, (겉 2, 안 1) × 7, 안 30, (겉 2, 안 1) × 2, 겉 6
15단	겉S 1, 겉 3, (안 2, 겉 1) × 3, 안 1, 겉 오L 1, 겉 28, 겉 왼L 1, (겉 1, 안 2) × 7, 겉 1, 겉 오L 1, 겉 28, 겉 왼L 1, 안 1, (겉 1, 안 2) × 3, 겉 4/ 총 110코
16단	겉S 1, 겉 3, (겉 2, 안 1) × 4, 안 29, (겉 2, 안 1) × 7, 안 29, (겉 2, 안 1) × 3, 겉 6
17단	겉S 1, 겉 3, 안 2, 스모킹 1, 안 2, 겉 1, 안 2, 겉 오L 1, 겉 2, 겉 왼L 1, 겉 24, 겉 오L 1, 겉 2, 겉 왼L 1, 안 1, 겉 1, 안 2, (스모킹 1, 안 2) × 3, 겉 1, 안 1, 겉 오L 1, 겉 2, 겉 왼L 1, 겉 24, 겉 오L 1, 겉 2, 겉 왼L 1, 안 2, 겉 1, 안 2, 스모킹 1, 안 2, 겉 4/ 총 118코

18단	겉S 1, 겉 3, (겉 2, 안 1) × 3, 겉 2, 안 32, 겉 1, (안 1, 겉 2) × 7, 안 1, 겉 1, 안 32, (겉 2, 안 1) × 3, 겉 6
19단	겉S 1, 겉 3, (안 2, 겉 1) × 4, 겉 오L 1, 겉 30, 겉 왼L 1, (안 2, 겉 1) × 8, 안 2, 겉 오L 1, 겉 30, 겉 왼L 1, (겉 1, 안 2) × 4, 겉 4/ 총 122코
20단	겉S 1, 겉 3, (겉 2, 안 1) × 4, 안 32, (겉 2, 안 1) × 9, 안 32, (겉 2, 안 1) × 3, 겉 6
21단	겉S 1, 겉 3, 안 2, 겉 1, 안 2, 스모킹 1, 안 2, 겉 1, 안 1, 겉 오L 1, 겉 2, 겉 왼L 1, 겉 26, 겉 오L 1, 겉 2, 겉 왼L 1, 겉 1, 안 2, (스모킹 1, 안 2) × 4, 겉 1, 겉 오L 1, 겉 2, 겉 왼L 1, 겉 26, 겉 오L 1, 겉 2, 겉 왼L 1, 안 1, 겉 1, 안 2, 스모킹 1, 안 2, 겉 1, 안 2, 겉 4/ 총 130코
22단	겉S 1, 겉 3, (겉 2, 안 1) × 4, 겉 1, 안 34, (안 1, 겉 2) × 9, 안 1, 겉 1, 안 33, 겉 1, (안 1, 겉 2) × 4, 겉 4
23단	겉S 1, 겉 3, (안 2, 겉 1) × 4, 안 2, 겉 오L 1, 겉 32, 겉 왼L 1, 안 1, (겉 1, 안 2) × 9, 겉 1, 안 1, 겉 오L 1, 겉 32, 겉 왼L 1, (안 2, 겉 1) × 5, 바O 1, 겉 왼D 1, 겉 1/ 총 134코
24단	겉S 1, 겉 3, (겉 2, 안 1) × 5, 안 33, 겉 1, (안 1, 겉 2) × 9, 안 1, 겉 1, 안 33, (안 1, 겉 2) × 5, 겉 4
25단	겉S 1, 겉 3, 안 2, (스모킹 1, 안 2) × 2, 겉 1, 겉 오L 1, 겉 2, 겉 왼L 1, 겉 28, 겉 오L 1, 겉 2, 겉 왼L 1, 안 2, (스모킹 1, 안 2) × 5, 겉 오L 1, 겉 2, 겉 왼L 1, 겉 28, 겉 오L 1, 겉 2, 겉 왼L 1, 겉 1, 안 2, (스모킹 1, 안 2) × 2, 겉 4 / 총 142코
26단	겉S 1, 겉 3, (겉 2, 안 1) × 5, 겉 2, 안 34, (겉 2, 안 1) × 11, 안 33, (겉 2, 안 1) × 5, 겉 6

요크 몸판과 소매를 분리하여 소매를 먼저 뜬다. 그 후 앞쪽 몸판과 뒤쪽 몸판을 연결해서 뜬다.

B 왼쪽 소매

27단	겉S 1, 겉 3, (안 2, 겉 1) × 5, 안 2, 겉 32코, 뜨개판을 돌린다.
28단	감아코 5코, 안 32, 뜨개판을 돌린다 / 총 37코
29단	감아코 5코, 겉 37 / 총 42코
30~50단	안뜨기로 시작하는 메리야스뜨기로 21단을 뜬다.
51단	안 2, (겉 왼D 1, 안 2) × 10/ 총 32코
52단	(겉 2, 안 1) × 10, 겉 2
53단	(안 2, 스모킹 1) × 5, 안 2
54단	(겉 2, 안 1) × 10, 겉 2
55단	(안 2, 겉 1) × 10, 안 2
56단	(겉 2, 안 1) × 10, 겉 2
57단	안 2, 겉 1, (안 2, 스모킹 1) × 4, 안 2, 겉 1, 안 2/총 32코
58~60단	54~56단을 1회 반복한다.

고무단 덮어씌워 코 막음으로 마무리한다. 이때 겉뜨기 코는 겉뜨기, 안뜨기 코는 안뜨기로 뜬다.

C 오른쪽 소매

뒤쪽 몸판 36코를 다른 바늘에 옮겨 둔다.

27단	겉뜨기 32코를 뜬 뒤 뜨개판을 돌린다.
28~60단	왼쪽 소매의 패턴을 반복한다.

D 앞쪽 몸판과 뒤쪽 몸판 연결

27단	몸판과 소매를 분리할 때 뜬, 왼쪽 앞판의 21코에 걸려 있는 바늘 맨앞에서(진동둘레 쪽) 감아코 10코, 뒤쪽 몸판, 겉 앞뒤L 1, 겉 1, (안 2, 겉 1) × 11, 안 1, 감아코 10코, 오른쪽 앞판 겉 왼L 1, (안 2, 겉 1) × 5, 안 2, 겉 4/ 총 100코
28단	겉S 1, 겉 3, (겉 2, 안 1) × 30, 겉 6
29단	겉S 1, 겉 3, 안 2, 겉 1, 안 2, (스모킹 1, 안 2) × 14, 겉 1, 안 2, 겉 4
30단	겉S 1, 겉 3, (겉 2, 안 1) × 30, 겉 6
31단	겉S 1, 겉 3, (안 2, 겉 1) × 30, 안 2, 겉 4
32단	겉S 1, 겉 3, (겉 2, 안 1) × 30, 겉 6
33단	겉S 1, 겉 3, 안 2, (스모킹 1, 안 2) × 15, 겉 1, 바O 1, 겉 왼D 1, 겉 1
34~35단	30~31단을 1회 반복한다.
36~38단	겉S 1, 나머지 코는 겉뜨기로 뜬다.
39단	**2.0mm 줄바늘로 바꾼 뒤** 겉S 1, 겉 31 (겉 1, 겉 앞뒤L 1, 겉 1) × 12, 겉 32 / 총 112코
40단	겉S 1, 겉 3, 안 104, 겉 4
41단	겉S 1, 나머지 코는 겉뜨기로 뜬다.
42단	겉S 1, 겉 3, 안 104, 겉 4
43단	겉S 1, 마지막 3코 전까지 겉뜨기, 바O 1, 겉 왼D 1, 겉 1
44단	겉S 1, 겉 3, 안 104, 겉 4
45단	겉S 1, 나머지 코는 겉뜨기로 뜬다.
46·51단	44·45단을 3회 반복한다.
52단	겉S 1, 겉 3, 안 104, 겉 4
53단	별실로 주머니 위치 표시 – 겉S 1, 겉 17, 별실로 겉 14, 바탕 실을 20cm 정도 남긴 뒤, 겉 48코, 별실로 겉 14, 바탕 실로 겉 15, 바O 1, 겉 왼D 1, 겉 1
54단	겉S 1, 겉 3, 안 104, 겉 4
55단	겉S 1, 나머지 코는 겉뜨기로 뜬다.
56~61단	54~55단을 3회 반복한다.
62단	겉S 1, 겉 3, 안 104, 겉 4
63단	겉S 1, 마지막 3코 전까지 겉뜨기, 바O 1, 겉 왼D 1, 겉 1
64단	겉S 1, 겉 3, 안 104, 겉 4
65단	겉S 1, 나머지 코는 겉뜨기로 뜬다.
66단	겉S 1, 겉 3, 안 104, 겉 4
67~70단	겉S 1, 나머지 코는 겉뜨기로 뜬다(가터뜨기 단).
71단	겉S 1, 겉 3, (겉 5, 겉L 1, 겉 9, 겉L 1, 겉 3) × 6, 겉 6/ 총 124코
72단	겉S 1, 겉 3, (겉 2, 안 1) × 38, 겉 6
73단	겉S 1, 겉 3, (안 2, 겉 1) × 38, 안 2, 겉 1, 바O 1, 겉 왼D 1, 겉 1
74단	겉S 1, 겉 3, (겉 2, 안 1) × 38, 겉 6
75단	겉S 1, 겉 3, (안 2, 스모킹 1) × 19, 안 2, 겉 4
76단	겉S 1, 겉 3, (겉 2, 안 1) × 38, 겉 6
77단	겉S 1, 겉 3, (안 2, 겉 1) × 38, 안 2, 겉 4
78단	겉S 1, 겉 3, (겉 2, 안 1) × 38, 겉 6
79단	겉S 1, 겉 3, 안 2, 겉 1, (안 2, 스모킹 1) × 18, 안 2, 겉 1, 안 2, 겉 4
80~82단	76~78단을 1회 반복한다.
83단	겉S 1, 겉 3, (안 2, 스모킹 1) × 19, 안 2, 겉 1, 바O 1, 겉 왼D 1, 겉 1
84~86단	76~78단을 1회 반복한다.

덮어씌워 코 막음으로 마무리한다. 이때 겉뜨기 코는 겉뜨기, 안뜨기 코는 안뜨기로 뜬다.

E 스모킹 칼라

칼라는 목둘레에서 접어 정리한다. 따라서 안쪽 면이 겉면이 된다.
목둘레 코를 주운 부분의 사슬코를 풀면서 총 48코를 주워 준다.

1단	크림색 실과 1.75mm 줄바늘을 써서 (안쪽 면) 겉 48/ 총 48코
2단	겉뜨기로 코 막음 3코, 안 45
3단	안뜨기로 코 막음 3코, 겉 42
4단	**2.0mm 줄바늘로 바꾼 뒤** 안S 1, 안 1, (겉 2, 안 1) × 12, 겉 2, 안 2
5단	겉S 1, 겉 1, (안 2, 겉 1) × 12, 안 2, 겉 2
6단	안S1, 안 1, (겉 2, 안 1) × 12, 겉 2, 안 2
7단	겉S 1, 겉 1, 겉 왼L 1, (안 2, 스모킹 1) × 6, 안 2, 겉 오L 1, 겉 2/ 총 44코
8단	안S 1, 안 2, (겉 2, 안 1) × 12, 겉 2, 안 3
9단	겉S 1, 겉 2, (안 2, 겉 1) × 12, 안 2, 겉 3
10단	안S 1, 안 2, (겉 2, 안 1) × 12, 겉 2, 안 3
11단	겉S 1, 겉 2, 안 2, 겉 1, (안 2, 스모킹 1) × 5, 안 2, 겉 1, 안 2, 겉 3
12단	안S 1, 안 2, (겉 2, 안 1) × 12, 겉 2, 안 3
13단	**2.25mm 줄바늘로 바꾼 뒤** 겉S 1, 겉 2, (안 2, 겉 1) × 12, 안 2, 겉 3
14단	안S 1, 안 2, (겉 2, 안 1) × 12, 겉 2, 안 3
15단	겉S 1, 겉 2, (안 2, 스모킹 1) × 6, 안 2, 겉 3
16~18단	8~10단을 1회 반복한다.

덮어씌워 코 막음으로 마무리한다. 이때 겉뜨기 코는 겉뜨기,
안뜨기 코는 안뜨기로 뜬다.

F 주머니

2.0mm 줄바늘을 써서, 몸판 53단에서 주머니 위치를 표시한
별실 코를 풀어 위아래 각각 14코씩을 줍는다.

주머니 안감

바늘 양쪽 끝 각각 1코씩 뜨개판에서 줍는다./ 총 16코

1~16단	새로 실을 걸어서 겉면에서 겉뜨기로 시작하는 메리야스뜨기를 16단 진행 후 덮어씌워 코 막음을 한다.

주머니 장식 단

2.0mm 줄바늘로 바늘의 양쪽 끝 각각 1코씩 뜨개판에서 줍는다./ 총 16코

1단	겉면에서 겉 1, (안 2, 겉 1) × 4, 안 2, 겉 1
2단	안 1, (겉 2, 안 1) × 4, 겉 2, 안 1
3단	겉 1, (안 2, 스모킹 1) × 2, 안 2, 겉 1
4단	안 1, (겉 2, 안 1) × 4, 겉 2, 안 1
5단	겉 1, (안 2, 겉 1) × 4, 안 2, 겉 1
6단	안 1, (겉 2, 안 1) × 4, 겉 2, 안 1

덮어씌워 코 막음으로 마무리한다. 이때 겉뜨기 코는 겉뜨기,
안뜨기 코는 안뜨기로 뜬다.

G 마무리

1 뜨개판을 다림질한다.
2 주머니 장식 단의 양끝은 겉면에서 메리야스 잇기를 한다.
3 앞 몸판 안쪽에서 각 주머니 안감의 3면을 감침질로 연결한다.
4 소매 옆선은 메리야스 잇기 한다.
5 소매 중심선과 진동 아래 중심선을 맞춰 마주 댄 뒤 메리야스 잇기를 한다.
6 단춧구멍의 위치에 맞추어, 반대쪽 앞단에 단추 9개를 달아 준다.

스모킹 스티치

1 오른쪽 바늘에 걸린 실을 뒤로 보낸다.

2 왼쪽에 걸린 4코를 꽈배기 바늘에 옮긴다.

3 꽈배기 바늘에 옮긴 4코를 뒤로 보내 둔 실로, 뒤에서 앞으로 두 바퀴를 감아 뒤로 보낸다.

4 꽈배기 바늘의 4코를 다시 왼쪽 바늘에 옮겨 준다.

5 겉뜨기 1코, 안뜨기 2코, 겉뜨기 1코를 순서대로 뜬다.

6 완성한 모습.

How to make
레트로 머리띠
난이도 ★ ★ ★ ☆ ☆

× 원형코를 잡아 중앙에서부터 시작한다.
▽ 단마다 색상을 바꾸어 배색을 하면서 뜬다.

| **사슬** 사슬뜨기 | **짧C** 짧은뜨기 | **긴C** 긴 뜨기 | **한긴C** 한 길 긴 뜨기 |

모티프

♦ **TIP** 기둥코는 사슬뜨기를 하여 단의 높이를 맞춰 주는 코를 말한다. 기둥코의 유무는 뜨개판의 모양에 따라 달라진다.

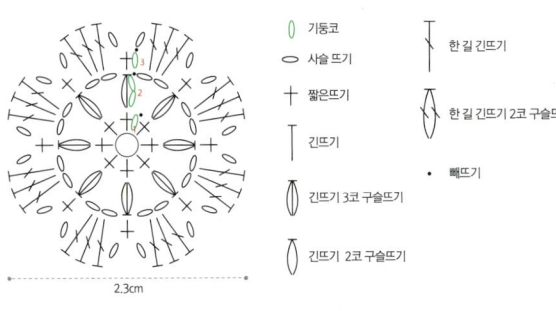

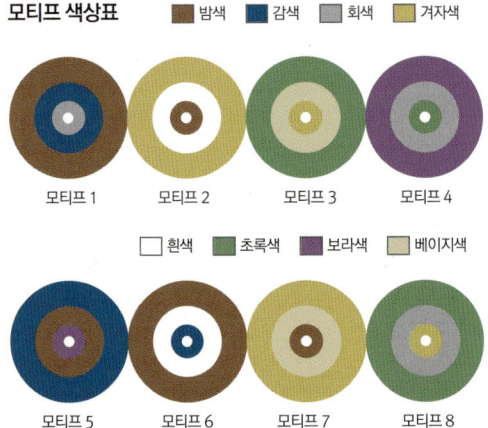

모티프 잇기, 에징뜨기

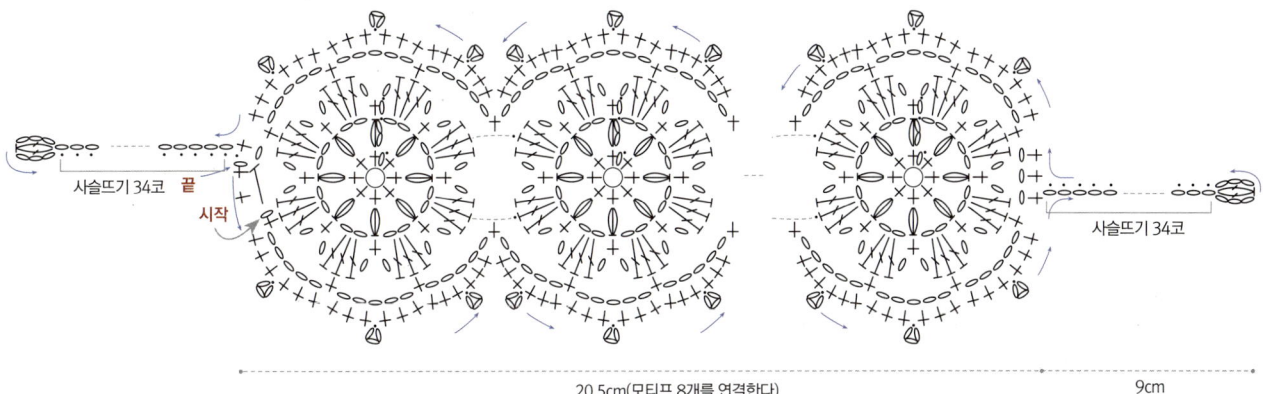

20.5cm(모티프 8개를 연결한다)　　　9cm

A 모티프 1

레이스용 코바늘 4호를 써서 원형코를 만든다.
모티프 색상표를 참조하여 배색하며 뜬다.

1단	기둥코 1, 짧C 8, 빼뜨기로 연결
2단	기둥코 2, 긴C 2코 구슬뜨기 1, (사슬 2, 긴C 3코 구슬뜨기 1) × 7, 사슬 2, 빼뜨기로 연결
3단	기둥코 1, (짧C 1, 사슬 1, 한긴C 3, 사슬 1) × 8, 빼뜨기로 연결

B 모티프 2

모티프 색상표를 참조하여 배색하며 뜬다.

1단	기둥코 1, 짧C 8, 빼뜨기로 연결
2단	기둥코 2, 긴C 2코 구슬뜨기 1, (사슬 2, 긴C 3코 구슬뜨기 1) × 7, 사슬 2, 빼뜨기로 연결
3단	기둥코 1, 짧C 1, 사슬 1, 한긴C 3, 사슬 1, 짧C 1, 사슬 1, 한긴C 2, 모티프 1에 빼뜨기로 연결, 한긴C 1, 사슬 1, 짧C 1, 사슬 1, 한긴C 1, 모티프 1에 빼뜨기로 연결, 한긴C 2, 사슬 1, (짧C 1, 사슬 1, 한긴C 3, 사슬 1) × 5, 빼뜨기로 연결

모티프 3~8도 모티프 2와 같은 방법으로 모티프를 연결하며 뜬다.

C 에징

8개의 모티프 둘레를 따라 한 번에 뜬다. 도안을 참조해 회색 실을 걸어 시작한다.

1단	기둥코 1, (짧C 1, 사슬 5) × 24, 짧C 1, 사슬 3, (짧C 1, 사슬 5) × 24, 짧C 1, 사슬 1, 긴C 1로 시작 부분에 연결하면서 뜬다.
2단	기둥코 1, 짧C 2, (짧C 3, 피코뜨기 1, 짧C 3) × 24, 짧C 1, 사슬 34, 사슬 3, 한긴C 2코 구슬뜨기, 사슬 3, 빼뜨기 34, 짧C 2, (짧C 3, 피코뜨기 1, 짧C 3) × 24, 짧C 1, 사슬 34, 사슬 3, 한긴C 2코 구슬뜨기, 사슬 3, 빼뜨기 34, 시작 부분에 빼뜨기로 연결

D 마무리

돗바늘로 실을 정리하여 마무리한다.

태슬 판초와 프릴 보닛

혹시 판초 하면 히피한 감성만 떠올리시나요?
그래서 왠지 소녀의 룩과는 거리가 있는 듯하시나요?
하지만 판초를 어떻게 코디하느냐에 따라 얼마든지 사랑스럽고 깜찍할 수 있답니다.
태슬이 포인트인 에이라인의 귀여운 판초에 프릴 레이스처럼 뜬
섬세한 보닛을 매치한, 소녀를 위한 방한복을 소개합니다!

Bonnet　　　　Front　　　　Back

Descriptions

모델 제리베리 '쁘띠 베리'

착용 가능 사이즈 판초: 오비츠 11, 임다돌 팀프 | 보닛: 오비츠 11, 육일돌(모모, 클라라)

크기 판초: 둘레 17cm, 총 길이 5.0cm | 보닛: 모자 둘레 13.5cm, 총 길이 5.8cm

사용한 실 랑 메리노 400 레이스 • 회색(0003)

대체 가능한 실 2합사(2ply 실)

바늘 판초: 막대바늘 • 1.5mm(2개), 1.75mm(2개) | 보닛: 막대바늘 • 1.5mm(4개)

기타 준비물 회색 태슬 1.0cm(2개), 은색 단추 4mm(3개), 가위, 꽈배기 바늘(교차무늬 바늘), 돗바늘, 바느질실, 바늘, 금색 오링 3mm(2개)

게이지 판초: 무늬뜨기 80코×80단
보닛: 무늬뜨기 53코×80단

How to make

태슬 판초

난이도 ★★★★☆

- 밑단에서 목둘레 위쪽으로 뜨고, 목둘레에서 코를 잡아 칼라를 만든다.
- 단추 단은 몸판과 함께 뜬다.

겉 겉뜨기 | **안** 안뜨기 | **겉 앞뒤L** 앞뒤로 늘리며 겉뜨기 | **겉L** 끌어 올려 겉뜨기로 늘리기 | **안L** 끌어 올려 안뜨기로 늘리기 | **안 윈2T** 안뜨기로 왼코 줄이기 | **11오C** 1 대 1 오른코 위 교차뜨기 | **11왼C** 1 대 1 왼코 위 교차뜨기 | **12오C** 1 대 2 오른코 위 교차뜨기 | **12왼C** 1 대 2 왼코 위 교차뜨기 | **22왼C** 2 대 2 왼코 위 교차뜨기 | **22오C** 2 대 2 오른코 위 교차뜨기 | **겉S** 겉뜨기에서 걸러뜨기 | **안S** 안뜨기에서 걸러뜨기 | **왼D** 왼코 줄이기 | **오D** 오른코 줄이기

판초

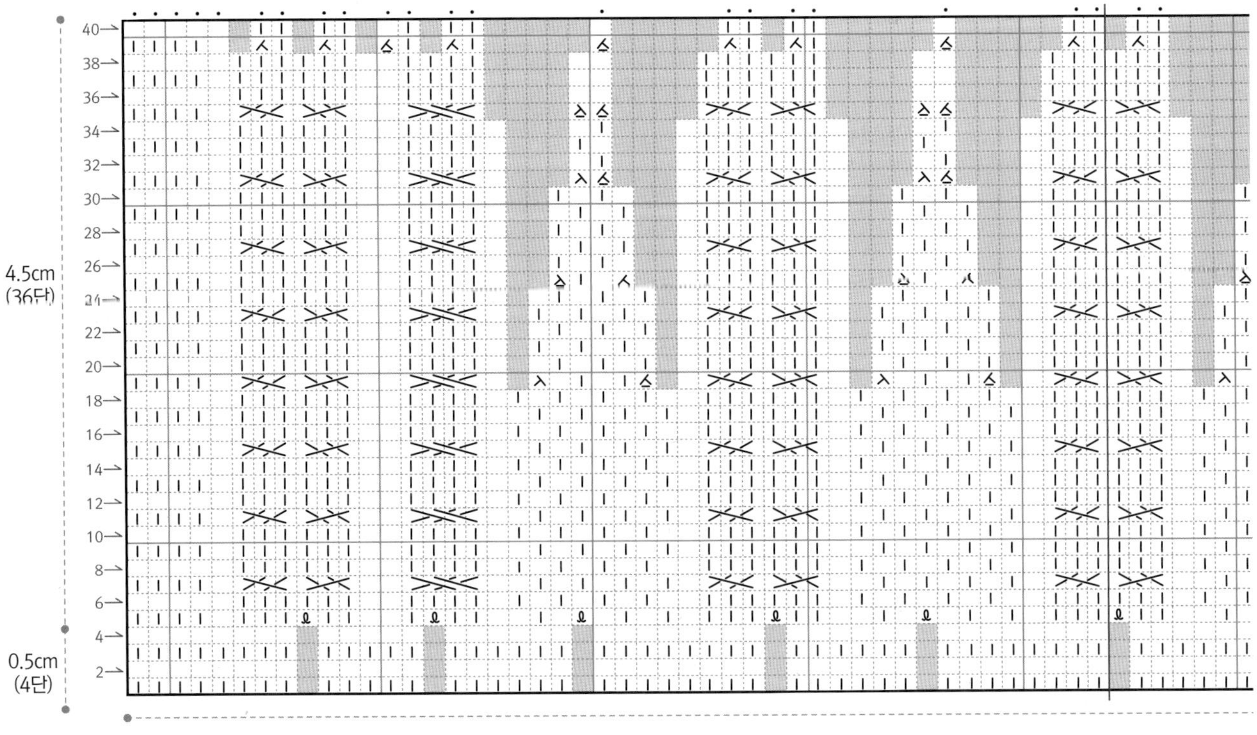

4.5cm (36단)

0.5cm (4단)

17cm(81코)

A 판초

코 만들기 1.5mm 막대바늘을 써서 일반 코 잡기로 총 81코를 만든다.
1~4단 겉 81

I	겉뜨기
□ = -	안뜨기
入	왼코 줄이기
入	오른코 줄이기
⩘	안뜨기로 왼코 줄이기
⩙	안뜨기로 오른코 줄이기
ℓ	끌어 올려 겉뜨기로 늘리기
⤫	1 대 2 오른코 위 교차뜨기
⤬	1 대 2 왼코 위 교차뜨기
⤫	2 대 2 오른코 위 교차뜨기
⤬	2 대 2 왼코 위 교차뜨기
O	바늘 비우기
•	겉뜨기로 코 막음
▨	없는 코

17cm(81코)

무늬 뜨기

5단	겉 4, 안 1, 겉 2, 겉L 1, 겉 3, 안 2, 겉 2, 겉L 1, 겉 1, 안 1, [(겉 1, 안 1) × 2, 겉L 1, 안 1, 겉 1, 안 2, 겉 2, 겉L 1, 겉 3, 안 1] × 3, (겉 1, 안 1) × 2, 겉L 1, 안 1, 겉 1, 안 2, 겉 2, 겉L 1, 겉 1, 안 2, 겉 2, 겉L 1, 겉 3, 안 1, 겉 4 / 총 92코
6단	겉 5, 안 6, 겉 2, 안 4, 겉 1, [(안 1, 겉 1) × 4, 겉 1, 안 6, 겉 1] × 3, (안 1 ,겉 1) × 4, 겉 1, 겉 4, 겉 2, 안 6, 겉 5
7단	겉 4, 안 1, 12원C 1, 12오C 1, 안 2, 22원C 1, 안 1, [(겉 1, 안 1) × 4, 안 1, 12원C 1, 12오C 1, 안 1] × 3, (겉 1, 안 1) × 4, 안 1, 22오C 1, 안 2, 12원C 1, 12오C 1, 안 1, 겉 4
8단	6단을 1회 반복한다.
9단	겉 4, 안 1, 겉 6, 안 2, 겉 4, 안 1, [(겉 1, 안 1) × 4, 안 1, 겉 6, 안 1] × 3, (겉 1, 안 1) × 4, 안 1, 겉 4, 안 2, 겉 6, 안 1, 겉 4
10단	6단을 1회 반복한다.
11~18단	7~10단을 2회 반복한다.
19단	겉 4, 안 1, 12원C 1, 12오C 1, 안 2, 22원C 1, 안 1, [안 왼2T 1,(겉 1, 안 1) × 2, 겉 오D 1, 안 1, 12원C 1, 12오C 1, 안 1] × 3, 안 왼2T 1, (겉 1, 안 1) × 2, 겉 오D 1, 안 1, 22오C 1, 안 2, 12원C 1, 12오C 1, 안 1, 겉 4/ 총 84코
20단	겉 5, 안 6, 겉 2, 안 4, 겉 1, [(겉 1, 안 1) × 3, 겉 1, 안 6, 겉 1] × 3, (겉 1, 안 1) × 3, 겉 1, 안 4, 겉 2, 안 6, 겉 5
21단	겉 4, 안 1, 겉 6, 안 2, 겉 4, 안 1, [(안 1, 겉 1) × 3, 안 1, 겉 6, 안 1] × 3, (안 1, 겉 1) × 3, 안 1, 겉 4, 안 2, 겉 6, 안 1, 겉 4
22단	20단을 1회 반복한다.
23단	겉 4, 안 1, 12원C 1, 12오C 1, 안 2, 22원C 1, 안 1, [(안 1, 겉 1) × 3, 안 1, 12원C 1, 12오C 1, 안 1] × 3, (안 1, 겉 1) × 3, 안 1, 22오C 1, 안 2, 12원C 1, 12오C 1, 안 1, 겉 4
24단	20단을 1회 반복한다.
25단	겉 4, 안 1, 겉 6, 안 2, 겉 4, 안 1, (겉 왼D 1, 안 1, 안 오2T 1, 안 1, 겉 6, 안 1) × 3, 겉 왼D 1, 안 1, 겉 1, 안 오2T 1, 안 겉 4, 안 2, 겉 6, 안 1, 겉 4 / 총 76코
26단	겉 5, 안 6, 겉 2, 안 4, 겉 1, [(안 1, 겉 1) × 2, 겉 1, 안 6, 겉 1] × 3, (안 1, 겉 1) × 2, 겉 1, 안 4, 겉 2, 안 6, 겉 5
27단	단춧구멍 단-겉 1, 겉 오D 1, 바O 1, 겉 1, 안 1, 12원C 1, 12오C 1, 안 2, 22원C 1, 안 1, [(겉 1, 안 1) × 2, 안 1, 12원C 1, 12오C 1,안 1] × 3, (겉 1, 안 1) × 2, 안 1, 22오C 1, 안 2, 12원C 1, 12오C 1, 안 1, 겉 4
28단	26단을 1회 반복한다.
29단	겉 4, 안 1, 겉 6, 안 2, 겉 4, 안 1, [(겉 1, 안 1) × 2, 안 1, 겉 6, 안 1] × 3, (겉 1, 안 1) × 2, 안 1, 겉 4, 안 2, 겉 6, 안 1, 겉 4
30단	26단을 1회 반복한다.
31단	겉 4, 안 1, 12원C 1, 12오C 1, 안 2, 22원C 1, 안 1, (안 원2T 1, 겉 오D 1, 안 1, 12원C 1, 12 오C 1, 안 1) × 3, 안 원2T 1, 겉 오D 1, 안 1, 22오C 1, 안 2, 12원C 1, 12오C 1, 안 1, 겉 4/ 총 68코
32단	겉 5, 안 6, 겉 2, 안 4, 겉 1, (겉 1, 안 1, 겉 1, 안 6, 겉 1) × 3, 겉 1, 안 1, 겉 1, 안 4, 겉 2, 안 6, 겉 5
33단	단춧구멍 단-겉 1, 겉 오D 1, 바O 1, 겉 1, 안 1, 겉 6, 안 2, 겉 4, 안 1, (안 1, 겉 1, 안 1, 겉 6, 안 1) × 3, 안 1, 겉 1, 안 1, 겉 4, 안 2, 겉 6, 안 1, 겉 4
34단	32단을 1회 반복한다.
35단	겉 4, 안 1, 12원C 1, 12오C 1, 안 2, 22원C 1, (안 원2T 1, 안 오2T 1, 12원C 1, 12오C 1) × 3, 안 원2T 1, 안 오2T 1, 22오C 1, 안 2, 12원 C 1, 12오C 1, 안 1, 겉 4/ 총 60코
36단	겉 5, 안 6, 겉 2, 안 4, (겉 2, 안 6) × 3, 겉 2, 안 4, 겉 2, 안 6, 겉 5
37단	겉 4, 안 1, 겉 6, 안 2, 겉 4, (안 2, 겉 6) × 3, 안 2, 겉 4, 안 2, 겉 6, 안1, 겉 4
38단	겉 5, 안 6, 겉 2, 안 4, (겉 2, 안 6) × 3, 겉 2, 안 4, 겉 2, 안 6, 겉 5
39단	단춧구멍 단-겉 1, 겉 오D 1, 바O 1, 겉 1, 안 1, (겉 왼D 1, 겉 1) × 2, 안 원2T 1, 겉 1, 겉 왼 D 1, 겉 1, [안 원2T 1, (겉 1, 겉 왼D 1) × 2] × 3, 안 원2T 1, 겉 1, 겉 왼D 1, 겉 1, 안 원2T 1, (겉 1, 겉 왼D 1) × 2, 안 1, 겉 4/ 총 42코
40단	겉 5, 안 4, 겉 1, 안3, (겉 1, 안 4) × 3, 겉 1, 안 3, 겉 1, 안 4, 겉 5
코 막음 단	겉뜨기로 코 막음 한다.

칼라

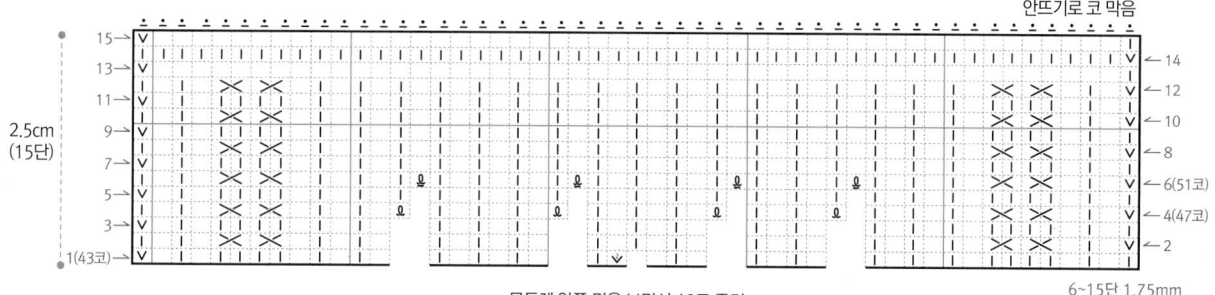

B 칼라

코 줍기	목둘레 안쪽 면을 보면서 1.5mm 막대바늘로 총 42코를 줍는다.
1단	안S 1, 겉 1, 안 1, 겉 1, 안 4, (겉 1, 안 1) × 6, 겉 앞뒤L 1, (겉 1, 안 1) × 6, 겉 1, 안 4, (겉 1, 안 1) × 2 / 총 43코
2단	겉S 1, 안 1, 겉 1, 안 1, 11오C 1, 11왼C 1, (안 1, 겉 1) × 13, 안 1, 11오C 1, 11왼C 1, (안 1, 겉 1) × 2
3단	안S 1, 겉 1, 안 1, 겉 1, 안 4, (겉 1, 안 1) × 13, 겉 1, 안 4, (겉 1, 안 1) × 2
4단	겉S 1, 안 1, 겉 1, 안 1, 11왼C 1, 11오C 1, (안 1, 겉 1) × 3, 겉L 1, (안 1, 겉 1) × 2, 겉L 1, (안 1, 겉 1) × 3, 겉L 1, (안 1, 겉 1) × 3, 겉L 1, (안 1, 겉 1) × 2, 안 1, 11왼C 1, 11오C 1, (안 1, 겉 1) × 2 / 총 47코
5단	안S 1, 겉 1, 안 1, 겉 1, 안 4, (겉 1, 안 1) × 3, (안 1, 겉 1) × 3, 안 1, (안 1, 겉 1) × 3, 안 1, (안 1, 겉 1) × 2, 안 1, (안 1, 겉 1) × 3,안 4, (겉 1, 안 1) × 2
6단	**1.75mm 막대바늘로 바꾼 뒤**, 겉S 1, 안 1, 겉 1, 안 1, 11오C 1, 11왼C 1, (안 1, 겉 1) × 3, 안L 1, (겉 1, 안 1) × 2, 겉 1, 안L 1, (겉 1, 안 1) × 3, 겉 1, 안L 1, (겉 1, 안 1) × 3, 겉 1, 안L 1, (겉 1, 안 1) × 3, 11오C 1, 11왼C 1, (안 1, 겉 1) × 2 / 총 51코
7단	안S 1, 겉 1, 안 1, 겉 1, 안 4, (겉 1, 안 1) × 17, 겉 1, 안 4, (겉 1, 안 1) × 2
8단	겉S 1, 안 1, 겉 1, 안 1, 11왼C 1, 11오C 1, (안 1, 겉 1) × 17, 안 1, 11왼C 1, 11오C 1, (안 1, 겉 1) × 2
9단	7단을 1회 반복한다.
10단	겉S 1, 안 1, 겉 1, 안 1, 11오C 1, 11왼C 1, (안 1, 겉 1) × 17, 안 1, 11오C 1, 11왼C 1, (안 1, 겉 1) × 2
11~12단	7~8단을 1회 반복한다.
13단	안S 1, 겉 49, 안 1
14단	겉S 1, 겉 50
15단	13단을 1회 반복한다.
코 막음 단	안뜨기로 코 막음 한다.

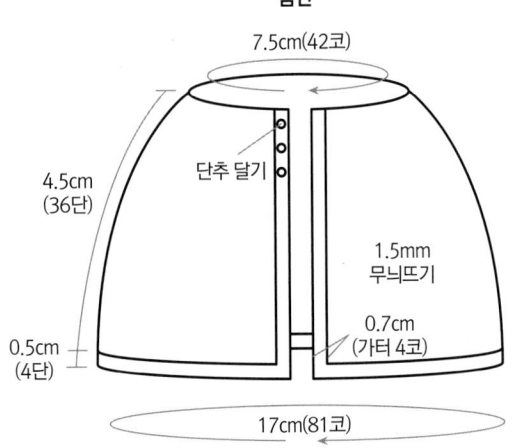

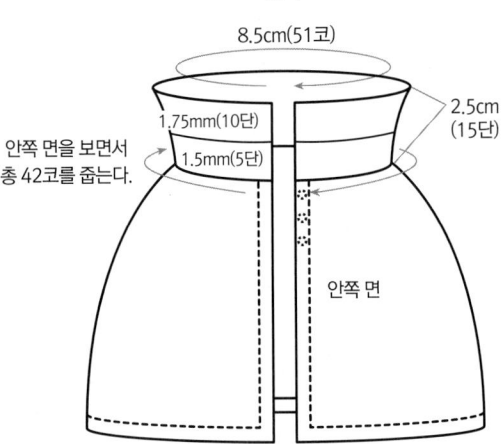

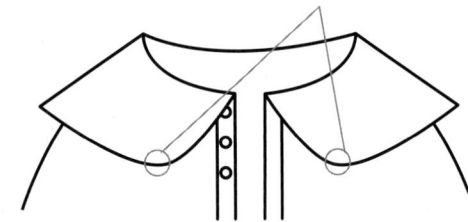

D 마무리

1. 다림질을 한다.
2. 돗바늘로 안쪽에서 실 정리를 한다.
3. 173쪽 하단 태슬 만드는 방법을 참조해 길이 1cm짜리 태슬을 만들고, 금색 오링을 걸어 칼라 모서리에 단다.
4. 단춧구멍의 반대쪽에 단추 3개를 단 뒤, 안쪽에서 실을 정리해 마무리한다.

How to make
프릴 보닛
난이도 ★★★★☆

× 원형뜨기로 뒤에서 시작해서 72코가 되면 평단뜨기로 뜬다.
× 프릴은 앞단에서 코를 주워서 뜬다.

겉 겉뜨기 | **안** 안뜨기 | **왼D** 왼코 줄이기 | **겉 앞뒤L** 앞뒤로 늘리며 겉뜨기 | **겉L** 끌어 올려 겉뜨기로 늘리기 | **안 왼2T** 안뜨기로 왼코 줄이기 | **12오C** 1 대 2 오른코 교차뜨기 | **12왼C** 1 대 2 왼코 교차뜨기

끌한겉 왼쪽 바늘 첫 코(A) 밑에 걸려 있는 코를 끌어 올려 왼쪽 바늘에 건 다음, 끌어 올린 코와 A를 한꺼번에 겉뜨기로 뜨기
끌한안 왼쪽 바늘 첫 코(A) 밑에 걸려 있는 코를 끌어 올려 왼쪽 바늘에 건 다음, 끌어 올린 코와 A를 한꺼번에 안뜨기로 뜨기

A 보닛

코 만들기~12단

코 만들기	1.5mm 막대바늘 4개를 써서 일반 코 잡기로 6코를 잡아 원형으로 만든다.
1단	겉 앞뒤L 6/ 총 12코
2단	겉 12
3단	겉 앞뒤L 12/ 총 24코
4단	겉 24
5단	(겉 1, 겉 앞뒤L 1) × 12/ 총 36코
6단	겉 36
7단	(겉 2, 겉 앞뒤L 1) × 12/ 총 48코
8단	겉 48
9단	(겉 3, 겉 앞뒤L 1) × 12/ 총 60코
10단	겉 60
11단	(겉 4, 겉 앞뒤L 1) × 12/ 총 72코
12단	겉 72

평단을 뜨기 시작한다. 되돌아뜨기(33~38단) 부분은 92~95쪽 참조.

13단	겉 3, 안 1, [(안 1, 12오C 1, 12왼C 1, 안 1), (겉 1, 안 1) × 3] × 4, 안 1, 12오C 1, 12왼C 1, 안 2, 겉 3
14단	안 3, 겉 1, [(겉 1, 안 6, 겉 1), (안 1, 겉 1) × 3] × 4, 겉 1, 안 6, 겉 2, 안 3
15단	겉 3, 안 1, [(안 1, 겉 6, 안 1), (겉 1, 안 1) × 3] × 4, 안 1, 겉 6, 안 2, 겉 3
16단	14단과 동일
17~32단	13~16단을 4회 반복한다.
33단	겉 3, 안 1, [(안 1, 12오C 1, 12왼C 1, 안 1), (겉 1, 안 1) × 3] × 3, 안 1, 12오C 1, 12왼C 1, 안 1, (겉 1, 안 1) × 2, ①번 실을 뒤로 보낸 뒤 다음 코를 뜨지 않고 오른쪽 바늘로 옮긴다. 실을 앞으로 놓고, 오른쪽 바늘에 있던 코를 다시 왼쪽 바늘로 옮긴다. 뜨개판을 뒤로 돌린다.
34단	(안 1, 겉 1) × 2, [(겉 1, 안 6, 겉 1), (안 1, 겉 1) × 3] × 2, 겉 1, 안 6, 겉 1, (안 1, 겉 1) × 2, ②번 실을 앞으로 놓고, 다음 코를 뜨지 않고 오른쪽 바늘로 옮긴다. 실을 뒤로 보내고 오른쪽 바늘에 있던 코를 다시 왼쪽 바늘로 옮긴다. 뜨개판을 뒤로 돌린다.
35단	(겉 1, 안 1) × 2, 안 1, 겉 6, 안 1, (겉 1, 안 1) × 3, 안 1, 겉 6, 안 1, (겉 1, 안 1) × 2, 이하 ①번과 동일.
36단	(안 1, 겉 1) × 2, (겉 1, 안 6, 겉 1), (안 1, 겉 1) × 2, 이하 ②번과 동일.
37단	(겉 1, 안 1) × 2, 안 1, 12오C 1, 12왼C 1, 안 1, (겉 1, 안 1) × 2, 끌한겉 1, 안 2, 12오C 1, 12왼C 1, (겉 1, 안 1) × 2, 안 1, 끌한겉 1, 안 2, 12오C 1, 12왼C 1, 안 2, 겉 3
38단	안 2, 겉 1, [(겉 1, 안 6, 겉 1), (안 1, 겉 1) × 3] × 2, 겉 1, 안 6, 겉 1, (안 1, 겉 1) × 2, 끌한안 1, 겉 2, 안 6, 겉 1, (안 1, 겉 1) × 2, 끌한안 1, 겉 2, 안 6, 겉 2, 안 3
39단	겉 3, 안 66, 겉 3
코 막음 단	겉뜨기로 코 막음 한다.

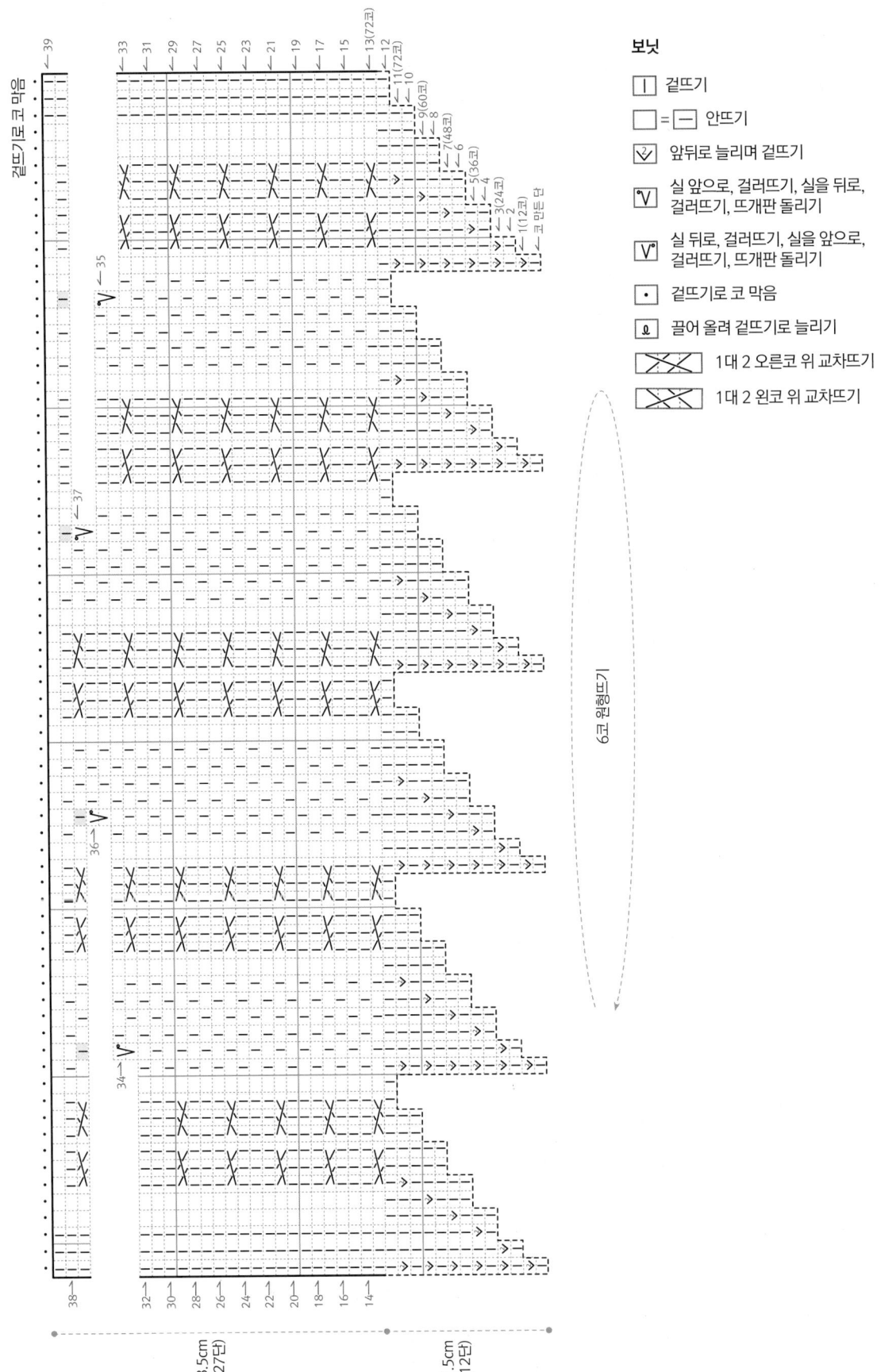

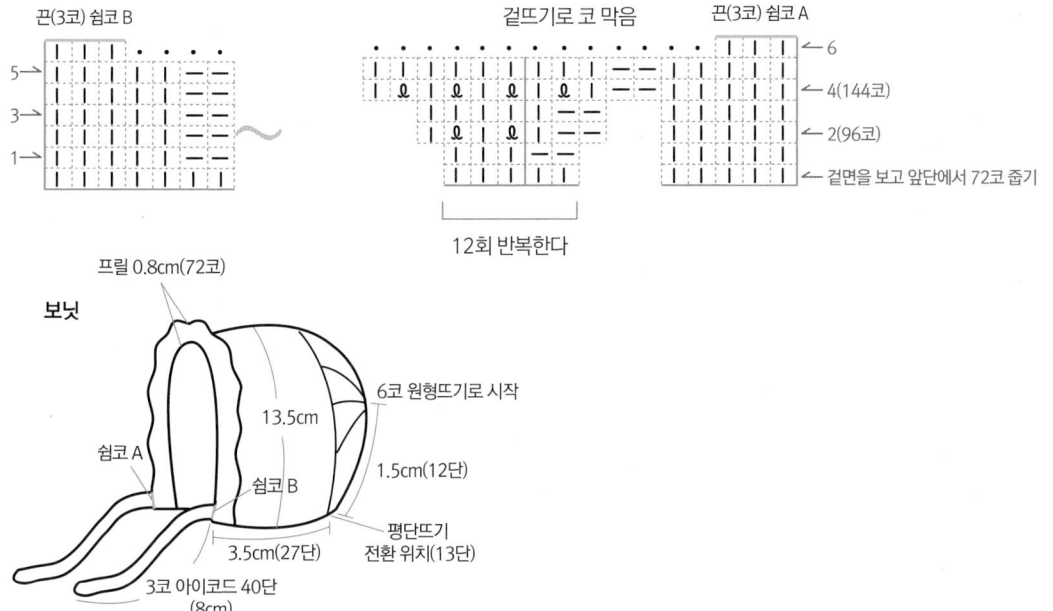

B 프릴

코 줍기	겉면을 보고 1.5mm 막대바늘을 써서 앞단 둘레에서 총 72코를 줍는다.
1단	안 5, 겉 2, (안 3, 겉 2) × 12, 안 5
2단	겉 5, [안 2, (겉 1, 겉L 1) × 2, 겉 1] × 12, 안 2, 겉 5/ 총 96코
3단	안 5, 겉 2, (안 5, 겉 2) × 12, 안 5
4단	겉 5, [안 2, (겉 1, 겉L 1) × 4, 겉 1] × 12, 안 2, 겉 5/ 총 144코
5단	안 5, 겉 2, (안 9, 겉 2) × 12, 안 5
6단 및 코 막기	1. 겉 3(겉 3코는 쉼코 A로 둔다), 겉뜨기로 138코 코 막기, 겉 3(쉼코 B로 둔다). 이때 실은 자르지 않고 쉼코 B(3코)를 끈으로 만든다. 2. 3코 아이코드(61쪽 아이코드 뜨기 참조)를 40단 뜬다. 3. 실을 10cm 이상 남긴 채 자른다. 4. 자른 실을 돗바늘에 꿰어 코에 통과시킨 후 잡아당겨 조인다. 5. 안쪽으로 실을 숨겨 정리한다. 6. 쉼코로 두었던 쉼코 A의 첫 코에 새 실을 걸어 3코 아이코드(61쪽 아이코드 뜨기 참조)로 40단을 뜬다. 7. 실 정리는 쉼코 B와 같은 방법으로 한다.

D 마무리

1 다림질을 한다.

2 돗바늘을 써서 안쪽에서 실 정리를 한다.

3 6코(시작한 부분) 잡았던 곳은 돗바늘을 써서 감침질을 한 후 코 조임을 한다.

자수 포인트 후드 코트

뭐니 뭐니 해도 레드의 진가는 크리스마스가 있는 겨울에 나오는 것 같아요.
그래서 특별한 날, 특별하게 입기 좋은 니트 코트를 만들어 보았답니다.
캐럴이 나오는 거리로 당장 달려 나가고 싶어지는 선명한 레드 컬러의 코트 위에
앙증맞은 꽃수까지 넣어 특별함을 더욱 강조했어요.

Descriptions

모델 iMda Doll 3.0 'Angélique'

착용 가능 사이즈 다락아이, USD, 디아나돌, 키 31~33cm 인형

크기 가슴둘레 24cm, 전체 길이 16.8cm, 소매길이 9.8cm

사용한 실 랑 자울 • 빨간색(0060) | 레인포스먼트 • 빨간색(0060, 단춧고리용) | 메리노 울 • 흰색, 노란색, 보라색, 주황색, 연두색(자수용)

대체 가능한 실 코트: 3합사(3ply 실), 단춧고리와 자수: 울 자수실

바늘 줄바늘 • 2.0mm(2개), 2.25mm(1개), 2.5mm(1개), 레이스용 코바늘 • 0호(1개)

기타 준비물 꽈배기 바늘(교차무늬 바늘), 돗바늘, 떡볶이 단추 12mm(6개), 가위

게이지 무늬뜨기 46코×55단(2.0mm 바늘), 44코×54단(2.25mm 바늘), 43코×53단(2.5mm 바늘), 메리야스 35코×54단(2.25mm)

Front

Back

How to make
난이도 ★★★★★

- 아래에서 위로 떠 올라가는 바텀업 방식이며 목둘레에서 코를 잡아 후드를 뜬다.
- 소매를 따로 떠서 연결해 준다.
- 코 줄임 없이 바늘을 바꾸어 자연스럽게 A라인을 만든다.
- 무늬뜨기를 뜬 후 수를 놓아 포인트를 준다.
- 대형 도안 등 일부 도안은 197~200쪽에 수록.

겉 겉뜨기 | 안 안뜨기 | 왼D 왼코 줄이기 | 안 왼2T 안뜨기로 왼코 줄이기 | 안L 끌어 올려 안뜨기로 늘리기 | 11왼C 1 대 1 왼코 위 교차뜨기 | 11오C 1 대 1 오른코 위 교차뜨기 | 21왼C 2(겉) 대 1(안) 왼코 위 교차뜨기 | 21오C 2(겉) 대 1(안) 오른코 위 교차뜨기 | 22왼C 2 대 2 왼코 위 교차뜨기 | 22오C 2 대 2 오른코 위 교차뜨기

A 몸판

코 만들기	2.25mm 줄바늘을 써서 일반 코 잡기로 104코를 만든다.
1단	안 3, (겉 2, 안 2) × 24, 겉 2, 안 3
2단	겉 3, (안 2, 겉 2) × 24, 안 2, 겉 3
3~4단	1~2단을 1회 반복한다.
5단	안 3, (겉 2, 안 2) × 24, 겉 2, 안 3
6단	2.5mm 줄바늘로 바꿔서 (안 1, 겉 4, 안 3, 안L 1, 안 2, 겉 4, 안 2, 안L 1, 안 3, 겉 4, 안 6, 안 4, 안 3, 안L 1, 안 2, 겉 4, 안 2, 안L 1, 안 3, 겉 4, 안 1) × 2/ 총 112코
7단	겉 1, (안 4, 겉 6) × 5, 안 4, 겉 2, (안 4, 겉 6) × 5, 안 4, 겉 1
8단	(안 1, 11왼C 1, 11오C 1, 안 6, 22왼C 1, 안 6, 22왼C 1, 안 6, 22오C 1, 안 6, 22왼C 1, 안 6, 11왼C 1, 11오C 1, 안 1) × 2
9단	겉 1, (안 4, 겉 6) × 5, 안 4, 겉 2, (안 4, 겉 6) × 5, 안 4, 겉 1
10단	(안 1, 11오C 1, 11왼C 1, 안 5, 21왼C 1, 21오C 1, 안 5, 겉 4, 안 6, 겉 4, 안 5, 21왼C 1, 21오C 1, 안 5, 11오C 1, 11왼C 1, 안 1) × 2
11단	(겉 1, 안 4, 겉 5, 안 2, 겉 2, 안 5, 안 4, 겉 6, 안 4, 겉 5, 안 2, 겉 2, 안 5, 안 4, 겉 1) × 2
12단	(안 1, 11왼C 1, 11오C 1, 안 4, 21왼C 1, 안 2, 21오C 1, 안 4, 22왼C 1, 안 6, 22오C 1, 안 4, 21왼C 1, 안 2, 21오C 1, 안 4, 11왼C 1, 11오C 1, 안 1) × 2
13단	(겉 1, 안 4, 겉 4, 안 2, 겉 2, 안 4, 겉 6, 안 4, 겉 4, 안 2, 겉 2, 안 4, 겉 1) × 2
14단	(안 1, 11오C 1, 11왼C 1, 안 3, 21왼C 1, 안 4, 21오C 1, 안 3, 겉 4, 안 6, 겉 4, 안 3, 21왼C 1, 안 4, 21오C 1, 안 3, 11오C 1, 11왼C 1, 안 1) × 2
15단	(겉 1, 안 4, 겉 3, 안 2, 겉 6, 안 2, 겉 3, 안 4, 겉 6, 안 4, 겉 3, 안 2, 겉 6, 안 2, 겉 3, 안 4, 겉 1) × 2
16단	(안 1, 11왼C 1, 11오C 1, 안 3, 겉 2, 안 6, 겉 2, 안 3, 22왼C 1, 안 6, 22오C 1, 안 3, 겉 2, 안 6, 겉 2, 안 3, 11왼C 1, 11오C 1, 안 1) × 2
17단	(겉 1, 안 4, 겉 3, 안 2, 겉 6, 안 2, 겉 3, 안 4, 겉 6, 안 4, 겉 3, 안 2, 겉 6, 안 2, 겉 3, 안 4, 겉 1) × 2
18단	(안 1, 11오C 1, 11왼C 1, 안 3, 21오C 1, 안 4, 21왼C 1, 안 3, 겉 4, 안 6, 겉 4, 안 3, 21오C 1, 안 4, 21왼C 1, 안 3, 11오C 1, 11왼C 1, 안 1) × 2
19단	(겉 1, 안 4, 겉 4, 안 2, 겉 4, 안 2, 겉 4, 안 4, 겉 6, 안 4, 겉 4, 안 2, 겉 4, 안 2, 겉 4, 안 4, 겉 1) × 2
20단	(안 1, 11왼C 1, 11오C 1, 안 4, 21오C 1, 안 2, 21왼C 1, 안 4, 22왼C 1, 안 6, 22오C 1, 안 4, 21오C 1, 안 2, 21왼C 1, 안 4, 11왼C 1, 11오C 1, 안 1) × 2
21단	(겉 1, 안 4, 겉 5, 안 2, 겉 2, 안 2, 겉 5, 안 4, 겉 6, 안 4, 겉 5, 안 2, 겉 2, 안 2, 겉 5, 안 4, 겉 1) × 2
22단	(안 1, 11오C 1, 11왼C 1, 안 5, 21오C 1, 21왼C 1, 안 5, 겉 4, 안 6, 겉 4, 안 5, 21오C 1, 21왼C 1, 안 5, 11오C 1, 11왼C 1, 안 1) × 2
23~25단	7~9단을 1회 반복한다.
26~47단	2.25mm 줄바늘로 바꿔서 10~25단 1회 반복, 10~15단 1회 반복
48~67단	2.0mm 줄바늘로 바꿔서 16~25단 1회 반복, 10~19단 1회 반복
68단	안 1, 11왼C 1, 11오C 1, 안 왼2T 1, 안 2, 21오C 1, 안 2, 21왼C 1, 안 2, 안 왼2T 1, 22왼C 1, 안 1/ 총 24코

나머지 86코는 다른 바늘에 걸어 쉼코로 두고 오른쪽 앞판 24코만으로 뜬다.

69단	겉 1, 안 4, 겉 2, 안 2, 겉 2, 안 2, 겉 4, 겉 1
70단	안 1, 11오C 1, 11원C 1, 안 4, 21오C 1, 21원C 1, 안 4, 겉 4, 안 1
71단	겉 1, 안 4, 겉 5, 안 4, 겉 5, 안 4, 겉 1
72단	안 1, 11원C 1, 11오C 1, 안 5, 22원C 1, 안 5, 22원C 1, 안 1
73단	겉 1, 안 4, 겉 5, 안 4, 겉 5, 안 4, 겉 1
74단	안 1, 11오C 1, 11원C 1, 안 4, 21원C 1, 21오C 1, 안 4, 겉 4, 안 1
75단	겉 1, 안 4, 겉 4, 안 2, 겉 2, 안 2, 겉 4, 안 4, 겉 1
76단	안 1, 11원C 1, 11오C 1, 안 3, 21오C 1, 안 2, 21오C 1, 안 3, 22원C 1, 안 1
77단	겉 1, 안 4, 겉 3, 안 2, 겉 4, 안 2, 겉 3, 안 4, 겉 1
78단	안 1, 11오C 1, 11원C 1, 안 2, 21원C 1, 안 4, 21오C 1, 안 2, 겉 4, 안 1
79단	겉 1, 안 4, 겉 2, 안 2, 겉 6, 안 2, 겉 2, 안 4, 겉 1
80단	안 1, 11원C 1, 11오C 1, 안 2, 겉 2, 안 6, 겉 2, 안 2, 22원C 1, 안 1
81단	겉 1, 안 4, 겉 2, 안 2, 겉 6, 안 2, 겉 2, 안 4, 겉 1
82단	안 1, 11오C 1, 11원C 1, 안 2, 21오C 1, 안 4, 21원C 1, 안 2, 겉 4, 안 1
83단	겉 1, 안 4, 겉 3, 안 2, 겉 4, 안 2, 겉 3, 안 4, 겉 1
84단	안 1, 11원C 1, 11오C 1, 안 3, 21오C 1, 안 2, 21오C 1, 안 3, 22원C 1, 안 1
85단	겉 1, 안 4, 겉 4, 안 2, 겉 2, 안 2, 겉 4, 안 4, 겉 1
86단	안 1, 11오C 1, 11원C 1, 안 4, 21오C 1, 21원C 1, 안 4, 겉 4, 안 1
87단	겉 1, 안 4, 겉 5, 안 4, 겉 5, 안 4, 겉 1
88~89단	72~73단을 1회 반복한다.

남은 24코는 다른 바늘에 걸어 쉼코로 둔다.

쉼코로 두었던 86코의 첫 코에 새 실을 걸어 4코를 겉뜨기로 코 막음을 한다.

68단	안 1, 22오C 1, 안 원2T 1, 안 2, 21오C 1, 안 2, 21원C 1, 안 2, 안 원2T 1, 11원C 1, 11오C 1, 안 원2T 1, 11원C 1, 11오C 1, 안 원2T 1, 안 2, 21오C 1, 안 2, 21원C 1, 안 2, 안 원2T 1, 22원C 1, 안 1/ 총 47코

나머지 30코는 다른 바늘에 걸어 쉼코로 두고 뒤판 47코만으로 뜬다.

69단	겉 1, (안 4, 겉 4, 안 2, 겉 2, 안 2, 겉 4, 안 4, 겉 1) × 2
70단	안 1, 겉 4, 안 4, 21오C 1, 21원C 1, 안 4, 11오C 1, 11원C 1, 안 1, 11오C 1, 11원C 1, 안 4, 21오C 1, 21원C 1, 안 4, 겉 4, 안 1
71단	겉 1, (안 4, 겉 5, 안 4, 겉 5, 안 4, 겉 1) × 2
72단	안 1, 22오C 1, 안 5, 22원C 1, 안 5, 11원C 1, 11오C 1, 안 1, 11원C 1, 11오C 1, 안 5, 22원C 1, 안 5, 22원C 1, 안 1
73단	겉 1, (안 4, 겉 5, 안 4, 겉 5, 안 4, 겉 1) × 2
74단	안 1, 겉 4, 안 4, 21오C 1, 21오C 1, 안 4, 11오C 1, 11원C 1, 안 1, 11오C 1, 11원C 1, 안 4, 21원C 1, 21오C 1, 안 4, 겉 4, 안 1
75단	겉 1, (안 4, 겉 4, 안 2, 겉 2, 안 2, 겉 4, 안 4, 겉 1) × 2
76단	안 1, 22오C 1, 안 3, 21원C 1, 안 2, 21오C 1, 안 3, 11원C 1, 11오C 1, 안 1, 11원C 1, 11오C 1, 안 3, 21오C 1, 안 2, 21오C 1, 안 3, 22원C 1, 안 1
77단	겉 1, (안 4, 겉 3, 안 2, 겉 4, 안 2, 겉 3, 안 4, 겉 1) × 2
78단	안 1, 겉 4, 안 2, 21원C 1, 안 4, 21오C 1, 안 2, 11오C 1, 11원C 1, 안 1, 11오C 1, 11원C 1, 안 2, 21원C 1, 안 4, 21오C 1, 안 2, 겉 4, 안 1
79단	겉 1, (안 4, 겉 2, 안 2, 겉 6, 안 2, 겉 2, 안 4, 겉 1) × 2
80단	안 1, 22오C 1, 안 2, 겉 2, 안 6, 겉 2, 안 2, 11원C 1, 11오C 1, 안 1, 11원C 1, 11오C 1, 안 2, 겉 2, 안 6, 겉 2, 안 2, 22원C 1, 안 1
81단	겉 1, (안 4, 겉 2, 안 2, 겉 6, 안 2, 겉 2, 안 4, 겉 1) × 2
82단	안 1, 겉 4, 안 2, 21오C 1, 안 4, 21원C 1, 안 2, 11오C 1, 11원C 1, 안 1, 11오C 1, 11원C 1, 안 2, 21오C 1, 안 4, 21원C 1, 안 2, 겉 4, 안 1
83단	겉 1, (안 4, 겉 3, 안 2, 겉 4, 안 2, 겉 3, 안 4, 겉 1) × 2
84단	안 1, 22오C 1, 안 3, 21오C 1, 안 2, 21원C 1, 안 3, 11원C 1, 11오C 1, 안 1, 11원C 1, 11오C 1, 안 3, 21오C 1, 안 2, 21원C 1, 안 3, 22원C 1, 안 1
85단	겉 1, (안 4, 겉 4, 안 2, 겉 2, 안 2, 겉 4, 안 4, 겉 1) × 2
86단	안 1, 겉 4, 안 4, 21오C 1, 21원C 1, 안 4, 11오C 1, 11원C 1, 안 1, 11오C 1, 11원C 1, 안 4, 21오C 1, 21원C 1, 안 4, 겉 4, 안 1
87단	겉 1, (안 4, 겉 5, 안 4, 겉 5, 안 4, 겉 1) × 2
88~89단	72~73단 반복 후 남은 47코는 다른 바늘에 걸어 쉼코로 둔다. 쉼코로 두었던 30코의 첫 코에 새 실을 걸어 4코를 겉뜨기로 코 막음을 한다.

68단	안 1, 22오C 1, 안 왼2T 1, 안 2, 21오C 1, 안 2, 21왼C 1, 안 2, 안 왼2T 1,11왼C 1, 11오C 1 안 1/ 총 24코
69단	겉 1, 안 4, 겉 2, 안 2, 겉 2, 안 4, 겉 1
70단	안 1, 겉 4, 안 4, 21오C 1, 21왼C 1, 안 4, 11오C 1, 11왼C 1, 안 1
71단	겉 1, 안 4, 겉 5, 안 4, 겉 5, 안 4, 겉 1
72단	안 1, 22오C 1, 안 5, 22왼C 1, 안 5, 11왼C 1, 11오C 1, 안 1
73단	겉 1, 안 4, 겉 5, 안 4, 겉 5, 안 4, 겉 1
74단	안 1, 겉 4, 안 4, 21C 1, 21오C 1, 안 4, 11오C 1, 11왼C 1, 안 1
75단	겉 1, 안 4, 겉 4, 안 2, 겉 2, 안 2, 겉 4, 안 4, 겉 1
76단	안 1, 22오C 1, 안 3, 21왼C 1, 안 2, 21오C 1, 안 3, 11왼C 1, 11오C 1, 안 1
77단	겉 1, 안 4, 겉 3, 안 2, 겉 2, 안 2, 겉 3, 안 4, 겉 1
78단	안 1, 겉 4, 안 2, 21왼C 1, 안 4, 21오C 1, 안 2, 11오C 1, 11왼C 1, 안 1
79단	겉 1, 안 4, 겉 2, 안 2, 겉 6, 안 2, 겉 2, 안 4, 겉 1
80단	안 1, 22오C 1, 안 2, 겉 2, 안 6, 겉 2, 안 2, 11왼C 1, 11오C 1, 안 1
81단	겉 1, 안 4, 겉 2, 안 2, 겉 6, 안 2, 겉 2, 안 4, 겉 1
82단	안 1, 겉 4, 안 2, 21오C 1, 안 4, 21왼C 1, 안 2, 11오C 1, 11왼C 1, 안 1
83단	겉 1, 안 4, 겉 3, 안 2, 겉 4, 안 2, 겉 3, 안 4, 겉 1
84단	안 1, 22오C 1, 안 3, 21오C 1, 안 2, 21왼C 1, 안 3, 11왼C 1, 11오C 1, 안 1
85단	겉 1, 안 4, 겉 4, 안 2, 겉 2, 안 2, 겉 4, 안 4, 겉 1
86단	안 1, 겉 4, 안 4, 21오C 1, 21왼C 1, 안 4, 11오C 1, 11왼C 1, 안 1
87단	겉 1, 안 4, 겉 5, 안 4, 겉 5, 안 4, 겉 1
88~89단	72~73단을 1회 반복한다.

남은 24코는 다른 바늘에 걸어 쉼코로 둔다.

앞판과 뒤판의 겉과 겉을 맞대고 앞, 뒤 2코씩 겉뜨기하며, 어깨 코 12코를 덮어 씌워 잇기로 연결한다.

B 소매

코 만들기	2.0mm 줄바늘을 써서 일반 코 잡기로 22코를 만든다.
1단	안 2, (겉 2, 안 2) × 5
2단	겉 2, (안 2, 겉 2) × 5
3~6단	1~2단을 2회 반복한다.
7단	안 2, (겉 2, 안 2) × 5
8단	안 1, 겉 4, 안 1, 안L 1, 안 2, 안L 1, 안 1, 겉 4, 안 1, 안L 1, 안 2, 안L 1, 안 1, 겉 4, 안 1/ 총 26코
9단	겉 1, 안 4, 겉 6, 안 4, 겉 6, 안 4, 겉 1
10단	안 1, 11왼C 1, 11오C 1, 안 6, 22왼C 1, 안 6, 11왼C 1, 11오C 1, 안 1
11단	겉 1, 안 4, 겉 6, 안 4, 겉 6, 안 4, 겉 1
12단	안 1, 11오C 1, 11왼C 1, 안 5, 21C 1, 21오C 1, 안 5, 11왼C 1, 11오C 1, 안 1
13단	겉 1, 안 4, 겉 5, 안 2, 겉 2, 안 2, 겉 5, 안 4, 겉 1
14단	안 1, 안L 1, 11왼C 1, 11오C 1, 안 4, 21C 1, 안 2, 21오C 1, 안 4, 11왼C 1, 11오C 1, 안L 1, 안 1/ 총 28코
15단	겉 2, 안 4, 겉 4, 안 2, 겉 4, 안 2, 겉 4, 안 4, 겉 2
16단	안 2, 11오C 1, 11왼C 1, 안 3, 21왼C 1, 안 4, 21오C 1, 안 3, 11오C 1, 11왼C 1, 안 2
17단	겉 2, 안 4, 겉 3, 안 2, 겉 6, 안 2, 겉 3, 안 4, 겉 2
18단	안 2, 11왼C 1, 11오C 1, 안 3, 겉 2, 안 6, 겉 2, 안 3, 11왼C 1, 11오C 1, 안 2
19단	겉 2, 안 4, 겉 3, 안 2, 겉 6, 안 2, 겉 3, 안 4, 겉 2
20단	안 1, 안L 1, 안 1, 11오C 1, 11왼C 1, 안 3, 21C 1, 안 4, 21왼C 1, 안 3, 11C 1, 11왼C 1, 안 1, 안L 1, 안 1/ 총 30코
21단	겉 3, 안 4, 겉 4, 안 2, 겉 4, 안 2, 겉 4, 안 4, 겉 3
22단	안 3, 11왼C 1, 11오C 1, 안 4, 21오C 1, 안 2, 21왼C1 , 안 4, 11왼C 1, 11오C 1, 안 3
23단	겉 3, 안 4, 겉 5, 안 2, 겉 2, 안 2, 겉 5, 안 4, 겉 3
24단	안 3, 11오C 1, 11왼C 1, 안 5, 21오C 1, 21왼C 1, 안 5, 11오C 1, 11왼C 1, 안 3
25단	겉 3, 안 4, 겉 6, 안 4, 겉 6, 안 4, 겉 3
26단	안 1, 안L 1, 안 2, 11왼C 1, 11오C 1, 안 6, 22왼C 1, 안 6, 11왼C 1, 11오C 1, 안 2, 안L 1, 안 1/ 총 32코
27단	겉 4, 안 4, 겉 6, 안 4, 겉 6, 안 4, 겉 4

28단	안 4, 11오C 1, 11원C 1, 안 5, 21원C 1, 21오C 1, 안 5, 11오C 1, 11원C 1, 안 4
29단	겉 4, 안 4, 겉 5, 안 2, 겉 2, 안 2, 겉 5, 안 4, 겉 4
30단	안 4, 11원C 1, 11오C 1, 안 4, 21원C 1, 안 2, 21오C 1, 안 4, 11원C 1, 11오C 1, 안 4
31단	겉 4, 안 4, 겉 4, 안 2, 겉 4, 안 2, 겉 4, 안 4, 겉 4
32단	안 1, 안L 1, 안 3, 11오C 1, 11원C 1, 안 3, 21원C 1, 안 4, 21오C 1, 안 3, 11오C 1, 11원C 1, 안 3, 안L 1, 안 1/ 총 34코
33단	겉 5, 안 4, 겉 3, 안 2, 겉 6, 안 2, 겉 3, 안 4, 겉 5
34단	안 5, 11원C 1, 11오C 1, 안 3, 겉 2, 안 6, 겉 2, 안 3, 11원C 1, 11오C 1, 안 5
35단	겉 5, 안 4, 겉 3, 안 2, 겉 6, 안 2, 겉 3, 안 4, 겉 5
36단	안 5, 11오C 1, 11원C 1, 안 3, 21오C 1, 안 4, 21원C 1, 안 3, 11오C 1, 11원C 1, 안 5
37단	겉 5, 안 4, 겉 4, 안 2, 겉 4, 안 2, 겉 4, 안 4, 겉 5
38단	안 1, 안L 1, 안 4, 11원C 1, 11오C 1, 안 4, 21오C 1, 안 2, 21원C 1, 안 4, 11원C 1, 11오C 1, 안 4, 안L 1, 안 1/ 총 36코
39단	겉 6, 안 4, 겉 5, 안 2, 겉 2, 안 2, 겉 5, 안 4, 겉 6
40단	안 6, 11오C 1, 11원C 1, 안 5, 21원C 1, 21원C 1, 안 5, 11오C 1, 11원C 1, 안 6
41단	겉 6, 안 4, 겉 6, 안 4, 겉 6, 안 4, 겉 6
42단	안 6, 11원C 1, 11오C 1, 안 6, 22원C 1, 안 6, 11원C 1, 11오C 1, 안 6
43단	겉 6, 안 4, 겉 6, 안 4, 겉 6, 안 4, 겉 6
44단	안 6, 11오C 1, 11원C 1, 안 5, 21원C 1, 21오C 1, 안 5, 11오C 1, 11원C 1, 안 6
45단	겉 6, 안 4, 겉 5, 안 2, 겉 2, 안 2, 겉 5, 안 4, 겉 6
46단	안 1, 안L 1, 안 5, 11원C 1, 11오C 1, 안 4, 21원C 1, 안 2, 21오C 1, 안 4, 11원C 1, 11오C 1, 안 5, 안L 1, 안 1/ 총 38코
47단	겉 7, 안 4, 겉 4, 안 2, 겉 4, 안 2, 겉 4, 안 4, 겉 7
48단	안 7, 11오C 1, 11원C 1, 안 3, 21원C 1, 안 4, 21오C 1, 안 3, 11오C 1, 11원C 1, 안 7
49단	겉 7, 안 4, 겉 3, 안 2, 겉 6, 안 2, 겉 3, 안 4, 겉 7
50단	안 7, 11원C 1, 11오C 1, 안 3, 겉 2, 안 6, 겉 2, 안 3, 11원C 1, 11오C 1, 안 7
51단	겉 7, 안 4, 겉 3, 안 2, 겉 6, 안 2, 겉 3, 안 4, 겉 7
52단	안 7, 11오C 1, 11원C 1, 안 3, 21오C 1, 안 4, 21원C 1, 안 3, 11오C 1, 11원C 1, 안 7
53단	겉 7, 안 4, 겉 4, 안 2, 겉 4, 안 2, 겉 4, 안 4, 겉 7

겉뜨기로 코 막음을 한 뒤 같은 방법으로 소매 1장을 더 뜬다.

* **TIP** 소매를 뜬 후 연결하기 전에 먼저 수를 놓는다(174쪽 참조). 연결한 다음에는 소매 통이 좁아 수놓기가 불편하고 수놓은 실 정리도 어렵다.

소매 연결하기

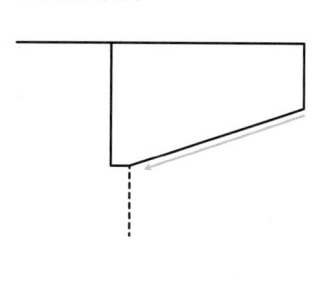

소매를 몸판의 진동둘레에 잘 맞추어 화살표 방향을 따라 돗바늘로 꿰매어 준다.

소매 옆선 꿰매기

C 후드

후드 본체

2.25mm 줄바늘을 써서 쉼코로 두었던 왼쪽 앞판에서 12코, 왼쪽 앞판과 뒤판의 사이에서 2코, 쉼코로 두었던 뒤판에서 23코, 오른쪽 앞판과 뒤판의 사이에서 2코, 쉼코로 두었던 오른쪽 앞판에서 12코, 총 51코를 잡으면서 무늬뜨기를 뜬다.

1단	안 1, (11오C 1, 11원C 1, 안 3, 21원C 1, 안 4, 21오C 1, 안 3, 11오C 1, 11원C 1, 안 1) × 2
2단	겉 1, (안 4, 겉 3, 안 2, 겉 6, 안 2, 겉 3, 안 4, 겉 1) × 2
3단	안 1, (11원C 1, 11오C 1, 안 3, 겉 2, 안 6, 겉 2, 안 3, 11원C 1, 11오C 1, 안 1) × 2
4단	겉 1, (안 4, 겉 3, 안 2, 겉 6, 안 2, 겉 3, 안 4, 겉 1) × 2
5단	안 1, 11오C 1, 11원C 1, 안 3, 21오C 1, 안 4, 21원C 1, 안 3, 11오C 1, 11원C 1, 안 1코에서 3코로 늘리기, 11오C 1, 11원C 1, 안 3, 21오C 1, 안 4, 21원C 1, 안 3, 11오C 1, 11원C 1, 안 1/ 총 53코
6단	겉 1, 안 4, 겉 4, 안 2, 겉 4, 안 2, 겉 4, 안 4, 겉 3, 안 4, 겉 4, 안 2, 겉 4, 안 2, 겉 4, 안 4, 겉 1
7단	안 1, 11원C 1, 11오C 1, 안 4, 21오C 1, 안 2, 21원C 1, 안 4, 11원C 1, 11오C 1, 안 3, 11원C 1, 11오C 1, 안 4, 21오C 1, 안 2, 21원C 1, 안 4, 11원C 1, 11오C 1, 안 1
8단	겉 1, 안 4, 겉 5, 안 2, 겉 2, 안 2, 겉 5, 안 4, 겉 3, 안 4, 겉 5, 안 2, 겉 2, 안 2, 겉 5, 안 4, 겉 1
9단	안 1, 11오C 1, 11원C 1, 안 5, 21오C 1, 21원C 1, 안 5, 11오C 1, 11원C 1, 안 1, 안L 1, 안 1, 안L 1, 안 1, 11오C 1, 11원C 1, 안 5, 21오C 1, 21원C 1, 안 5, 11오C 1, 11원C 1, 안 1/ 총 55코
10단	겉 1, 안 4, 겉 6, 안 4, 겉 6, 안 4, 겉 5, 안 4, 겉 6, 안 4, 겉 6, 안 4, 겉 1
11단	안 1, 11원C 1, 11오C 1, 안 6, 22원C 1, 안 6, 11원C 1, 11오C 1, 안 5, 11원C 1, 11오C 1, 안 6, 22원C 1, 안 6, 11원C 1, 11오C 1, 안 1
12단	겉 1, 안 4, 겉 6, 안 4, 겉 6, 안 4, 겉 5, 안 4, 겉 6, 안 4, 겉 6, 안 4, 겉 1
13단	안 1, 11오C 1, 11원C 1, 안 5, 21오C 1, 21원C 1, 안 5, 11오C 1, 11원C 1, 안 1, 안L 1, 안 3, 안L 1, 안 1, 11오C 1, 11원C 1, 안 5, 21오C 1, 21원C 1, 안 5, 11오C 1, 11원C 1, 안 1/ 총 57코
14단	겉 1, 안 4, 겉 5, 안 2, 겉 2, 안 2, 겉 5, 안 4, 겉 7, 안 4, 겉 5, 안 2, 겉 2, 안 2, 겉 5, 안 4, 겉 1
15단	안 1, 11원C 1, 11오C 1, 안 4, 21오C 1, 안 2, 21오C 1, 안 4, 11원C 1, 11오C 1, 안 7, 11원C 1, 11오C 1, 안 4, 21오C 1, 안 2, 21오C 1, 안 4, 11원C 1, 11오C 1, 안 1
16단	겉 1, 안 4, 겉 4, 안 2, 겉 4, 안 2, 겉 4, 안 4, 겉 7, 안 4, 겉 4, 안 2, 겉 4, 안 2, 겉 4, 안 4, 겉 1
17단	안 1,11오C 1, 11원C 1, 안 3, 21오C 1, 안 4, 21오C 1, 안 3, 11오C 1, 11원C 1, 안 1, 안L 1, 안 5, 안L 1, 안 1, 11오C 1, 11원C 1, 안 3, 21오C 1, 안 4, 21오C 1, 안 3, 11오C 1, 11원C 1, 안 1/ 총 59코
18단	겉 1, 안 4, 겉 3, 안 2, 겉 6, 안 2, 겉 3, 안 4, 겉 9, 안 4, 겉 3, 안 2, 겉 6, 안 2, 겉 3, 안 4 겉 1
19단	안 1, 11원C 1, 11오C 1, 안 3, 겉 2, 안 6, 겉 2, 안 3, 11원C 1, 11오C 1, 안 9, 11원C 1, 11오C 1, 안 3, 겉 2, 안 6, 겉 2, 안 3, 11원C 1, 11오C 1, 안 1
20단	겉 1, 안 4, 겉 3, 안 2, 겉 6, 안 2, 겉 3, 안 4, 겉 9, 안 4, 겉 3, 안 2, 겉 6, 안 2, 겉 3, 안 4, 겉 1
21단	안 1, 11오C 1, 11원C 1, 안 3, 21오C 1, 안 4, 21원C 1, 안 3, 11오C 1, 11원C 1, 안 1, 안L 1, 안 7, 안L 1, 안 1, 11오C 1, 11원C 1, 안 3, 21오C 1, 안 4, 21원C 1, 안 3, 11오C 1, 11원C 1, 안 1/ 총 61코
22단	겉 1, 안 4, 겉 4, 안 2, 겉 4, 안 2, 겉 4, 안 4, 겉 11, 안 4, 겉 4, 안 2, 겉 4, 안 2, 겉 4, 안 4, 겉 1
23단	안 1, 11원C 1, 11오C 1, 안 4, 21오C 1, 안 2, 21원C 1, 안 4, 11원C 1, 11오C 1, 안 11, 11원C 1, 11오C 1, 안 4, 21오C 1, 안 2, 21원C 1, 안 4, 11원C 1, 11오C 1, 안 1
24단	겉 1, 안 4, 겉 5, 안 2, 겉 2, 안 2, 겉 5, 안 4, 겉 11, 안 4, 겉 5, 안 2, 겉 2, 안 2, 겉 5, 안 4, 겉 1
25단	안 1, 11오C 1, 11원C 1, 안 5, 21오C 1, 21원C 1, 안 5, 11오C 1, 11원C 1, 안 1, 안L 1, 안 9, 안L 1, 안 1, 11오C 1, 11원C 1, 안 5, 21오C 1, 21원C 1, 안 5, 11오C 1, 11원C 1, 안 1/ 총 63코
26단	겉 1, 안 4, 겉 6, 안 4, 겉 6, 안 4 , 겉 13, 안 4, 겉 6, 안 4, 겉 6, 안 4, 겉 1
27단	안 1, 11원C 1, 11오C 1, 안 6, 22원C 1, 안 6, 11원C 1, 11오C 1, 안 13, 11원C 1, 11오C 1, 안 6, 22원C 1, 안 6, 11원C 1, 11오C 1, 안 1
28단	겉 1, 안 4, 겉 6, 안 4, 겉 6, 안 4 , 겉 13, 안 4, 겉 6, 안 4, 겉 6, 안 4, 겉 1
29단	안 1, 11오C 1, 11원C 1, 안 5, 21원C 1, 21오C 1, 안 5, 11오C 1, 11원C 1, 안 1, 안L 1, 안 11, 안L 1, 안 1, 11오C 1, 11원C 1, 안 5, 21원C 1, 21오C 1, 안 5, 11오C1, 11원C 1, 안 1/ 총 65코
30단	겉 1, 안 4, 겉 5, 안 2, 겉 2, 안 2, 겉 5, 안 4, 겉 15, 안 4, 겉 5, 안 2, 겉 2, 안 2, 겉 5, 안 4, 겉 1

31단	안 1, 11윈C 1, 11오C 1, 안 4, 21윈C 1, 안 2, 21오C 1, 안 4, 11윈C 1, 11오C 1, 안 15, 11윈C 1, 11오C 1, 안 4, 21윈C 1, 안 2, 21오C 1, 안 4, 11윈C 1, 11오C 1, 안 1
32단	겉 1, 안 4, 겉 4, 안 2, 겉 4, 안 2, 겉 4, 안 4, 겉 15, 안 4, 겉 4, 안 2, 겉 4, 안 2, 겉 4, 안 4, 겉 1
33단	안 1, 11오C 1, 11윈C 1, 안 3, 21윈C 1, 안 4, 21오C 1, 안 3, 11오C 1, 11윈C 1, 안 1, 안L 1, 안 13, 안L 1, 안 1, 11오C 1, 11윈C 1, 안 3, 21윈C 1, 안 4, 21오C 1, 안 3, 11오C 1, 11윈C 1, 안 1/ 총 67코
34단	겉 1, 안 4, 겉 3, 안 2, 겉 6, 안 2, 겉 3, 안 4, 겉 17, 안 4, 겉 3, 안 2, 겉 6, 안 2, 겉 3, 안 4 겉 1
35단	안 1, 11윈C 1, 11오C 1, 안 3, 겉 2, 안 6, 겉 2, 안 3, 11윈C 1, 11오C 1, 안 17, 11윈C 1, 11오C 1, 안 3, 겉 2, 안 6, 겉 2, 안 3, 11윈C 1, 11오C 1, 안 1
36단	겉 1, 안 4, 겉 3, 안 2, 겉 6, 안 2, 안 4, 겉 17, 안 4, 겉 3, 안 2, 겉 6, 안 2, 겉 3, 안 4 겉 1
37단	안 1, 11윈C 1, 11오C 1, 안 3, 21오C 1, 안 4, 21윈C 1, 안 3, 11오C 1, 11윈C 1, 안 1, 안L 1, 안 15, 안L 1, 안 1, 11오C 1, 11윈C 1, 안 3, 21오C 1, 안 4, 21윈C 1, 안 3, 11오C 1, 11윈C 1, 안 1/ 총 69코
38단	겉 1, 안 4, 겉 4, 안 2, 겉 4, 안 2, 겉 4, 안 4, 겉 19, 안 4, 겉 4, 안 2, 겉 4, 안 2, 겉 4, 안 4, 겉 1
39단	안 1, 11윈C 1, 11오C 1, 안 4, 21윈C 1, 안 2, 21오C 1, 안 4, 11윈C 1, 11오C 1, 안 19, 11윈C 1, 11오C 1, 안 4, 21윈C 1, 안 2, 21오C 1, 안 4, 11윈C 1, 11오C 1, 안 1
40단	겉 1, 안 4, 겉 5, 안 2, 겉 2, 안 2, 겉 5, 안 4, 겉 19, 안 4, 겉 5, 안 2, 겉 2, 안 2, 겉 5, 안 4, 겉 1
41단	안 1, 11오C 1, 11윈C 1, 안 5, 21오C 1, 21윈C 1, 안 5, 11오C 1, 11윈C 1, 안 1, 안L 1, 안 17, 안L 1, 안 1, 11오C 1, 11윈C 1, 안 5, 21오C 1, 21윈C 1, 안 5, 11오C 1, 11윈C 1, 안 1/ 총 71코
42단	겉 1, 안 4, 겉 6, 안 4, 겉 6, 안 4, 겉 21, 안 4, 겉 6, 안 4, 겉 6, 안 4, 겉 1
43단	안 1, 11윈C 1, 11오C 1, 안 6, 22윈C 1, 안 6, 11윈C 1, 11오C 1, 안 21, 11윈C 1, 11오C 1, 안 6, 22윈C 1, 안 6, 11윈C 1, 11오C 1, 안 1
44단	겉 1, 안 4, 겉 6, 안 4, 겉 6, 안 4, 겉 21, 안 4, 겉 6, 안 4, 겉 6, 안 4, 겉 1
45단	안 1, 11오C 1, 11윈C 1, 안 5, 21오C 1, 21윈C 1, 안 5, 11오C 1, 11윈C 1, 안 21, 11오C 1, 11윈C 1, 안 5, 21오C 1, 21윈C 1, 안 5, 11오C 1, 11윈C 1, 안 1
46단	겉 1, 안 4, 겉 5, 안 2, 겉 2, 안 2, 겉 5, 안 4, 겉 21, 안 4, 겉 5, 안 2, 겉 2, 안 2, 겉 5, 안 4 겉 1
47단	안 1, 11윈C 1, 11오C 1, 안 4, 21윈C 1, 안 2, 21오C 1, 안 4, 11윈C 1, 11오C 1, 안 21, 11윈C 1, 11오C 1, 안 4, 21윈C 1, 안 2, 21오C 1, 안 4, 11윈C 1, 11오C 1, 안 1
48단	겉 1, 안 4, 겉 4, 안 2, 겉 4, 안 2, 겉 4, 안 4, 겉 21, 안 4, 겉 4, 안 2, 겉 4, 안 2, 겉 4, 안 4 겉 1
49단	안 1, 11오C 1, 11윈C 1, 안 3, 21윈C 1, 안 4, 21오C 1, 안 3, 11오C 1, 11윈C 1, 안 21, 11오C 1, 11윈C 1, 안 3, 21윈C 1, 안 4, 21오C 1, 안 3, 11오C 1, 11윈C 1, 안 1
50단	겉 1, 안 4, 겉 3, 안 2, 겉 6, 안 2, 겉 3, 안 4, 겉 21, 안 4, 겉 3, 안 2, 겉 6, 안 2, 겉 3, 안 4 겉 1

떠 놓은 후드를 반으로 접어 겉과 겉을 맞댄다. 그런 뒤 앞, 뒤 2코씩 겉뜨기로 뜨면서 덮어씌워 잇기로 연결한다.

후드용 태슬

1. 손가락 3개를 모은 다음 실을 25~30회 정도 감아 실 타래(이하 a로 표기)를 만든다.
2. 실 끝(이하 b로 표기)을 40cm 남겨 자른 후, a의 윗부분에서 1cm 내려온 지점에 b를 5바퀴 감는다.
3. a의 아랫부분에 가위를 넣어 반으로 자르고, 자른 실 중 한 가닥과 b를 묶어 태슬 머리 부분을 상투처럼 만든다.
4. 묶고 남은 b를 돗바늘에 끼워 a의 윗부분(자르지 않은 실타래 위쪽 부분)에 고리를 걸 듯 세 번 둘러 조인 다음 남은 실은 코바늘 0호를 써서 사슬코 4코를 뜬다. 그 후 후드의 꼭지에서 빼뜨기를 한다.
5. 다시 사슬 4코 부분에 빼뜨기를 해 준다. 위 꼭지 부분에 한 번 더 매듭을 지어 준다.
6. 끝부분은 돗바늘에 꿰어 태슬 부분으로 뺀다.
7. 태슬이 3~4cm 정도 일정한 길이를 유지하도록 가위로 정리한다.

태슬 만들기

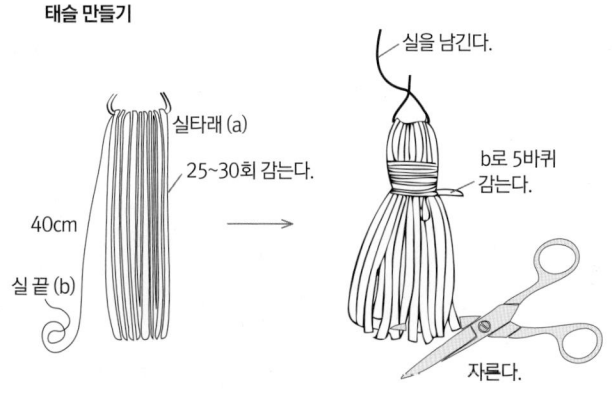

D 마무리

1 몸판에 소매를 맞춰 돗바늘로 꿰매어 연결한다.
2 소매 옆선은 겉쪽에서 돗바늘 메리야스 잇기로 꿰매어 연결한다.
3 오른쪽 앞단에서 67코, 후드에서 78코, 왼쪽 앞단에서 67코, 총 212코를 잡아 2코 고무뜨기로 5단을 뜬다. 이때 시작과 끝은 겉뜨기 3코로 한다. 5단을 뜬 후 겉뜨기 코는 겉뜨기로, 안뜨기 코는 안뜨기로 뜨면서 고무단 덮어씌워 코 막음을 한다.
4 보통 '꼭지실'이라고 부르는 레인포스먼트 실을 사용해 오른쪽 앞단에 단춧고리 만들기(218쪽 참조) 방법으로 15코를 만들어 고리 6개를 단다. 왼쪽 앞단에는 고리의 위치에 맞춰 단춧고리를 만들어 주고, 고리에 떡볶이 단추를 끼워 준 후 단춧고리 끝을 몸판에 고정한다.
5 안쪽 면에서 실을 정리한 뒤 마무리를 한다.

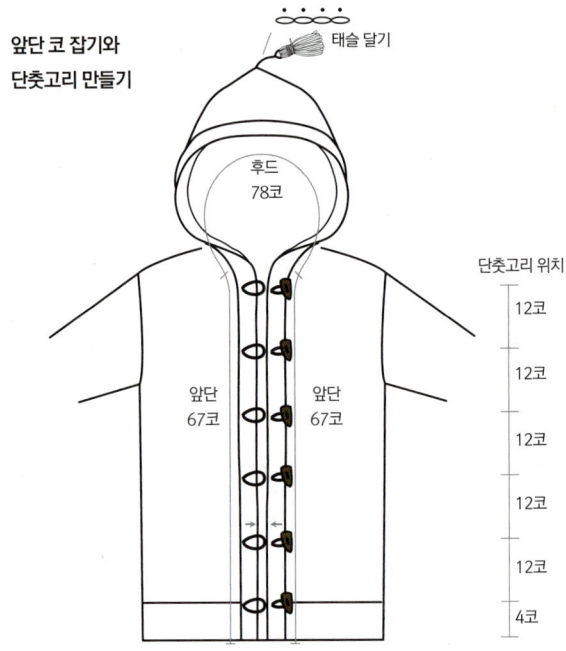

앞단 코 잡기와 단춧고리 만들기

수놓기 (몸판, 후드, 소매 모두 무늬가 교차하는 위치에 수를 놓는다.)

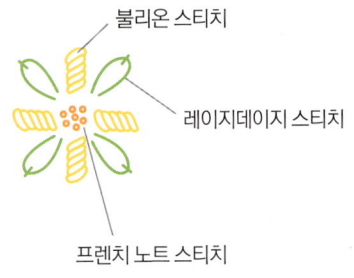

불리온 스티치
레이지데이지 스티치
프렌치 노트 스티치

자수 기법

불리온 스티치

1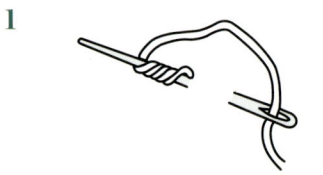

2

3 ⫘

수를 놓을 면에 1땀을 뜬 후 바늘에 실을 4~5번 정도 감아 준다. 그런 뒤 바늘을 살살 당겨 빼 준다.

처음 시작 지점에 바늘을 넣고 잡아당긴다. 그리고 안쪽에서 매듭을 지어 마무리한다.

완성한 모습.

레이지데이지 스티치

1

원하는 꽃잎 크기로 1땀을 뜬 후 그림처럼 바늘에 실을 감는다.

2
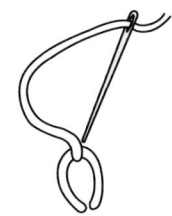
바늘을 빼낸 후 꽃잎의 위쪽을 고정할수 있도록 바늘을 넣는다. 그 후 안쪽에서 빼낸다.

3

완성한 모습.

프렌치 노트 스티치

1
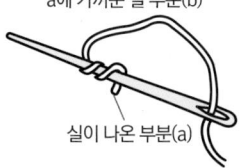
니트 위에 프렌치 노트 스티치를 할 때는 니트의 신축성을 고려해 실을 조심스럽게 다루는 것이 중요하다. 먼저 실을 꿴 바늘을 수놓을 면의 안쪽에서 겉쪽으로 뺀 후, 바느질을 끝내고 매듭을 지을 때처럼, 실이 나온 부분(a)에 가깝게 바늘을 대고 실을 2번 감은 다음, 한 손으로 a에 가까운 실 부분(b)을 살짝 당기듯 누르고, 감은 실이 a와 바늘 끝 쪽에 최대한 가깝게 위치하도록 모은다.

2

바늘이 나왔던 구멍으로 다시 바늘을 통과시키고 아래쪽에서 실을 당겨 매듭(노트)을 완성한다. 실을 너무 당기면 매듭이 니트 안으로 들어가버릴 수 있으므로 천천히 알맞게 조절하도록 한다. 바늘이 나왔던 구멍 살짝 옆으로 바늘을 넣는 것도 괜찮은 방법이다.

3

완성한 모습.

스트레이트 스티치

1

수놓을 부분의 왼쪽 끝으로 바늘을 빼낸 후, 그림처럼 오른쪽 끝으로 박음질하듯 바늘을 넣는다.

2

한 땀을 완성한 모습. 같은 방법으로 원하는 선이나 면을 채운다.

크리스마스 패턴 베스트와 모자

화이트 크리스마스와 산타클로스 할아버지가 주실 선물을 기대하며
잔뜩 들뜬 소녀를 위한 배색 베스트와 모자예요. 레드와 그린 컬러를 감각적이면서도
사랑스럽게 배치해 크리스마스 분위기를 한껏 살렸답니다.
베스트는 앞뒤 상관없이 입힐 수 있는 디자인이라 스타일링하기에도 좋아요!

Hat

Front

Back

Descriptions

모델 제리베리 '쁘띠 코지'

착용 가능 사이즈
베스트: 오비츠 11, 임다돌 팀프, 해동이
모자: 오비츠 11, 모모, 쿠쿠 클라라

크기 베스트: 가슴둘레 9cm, 길이 4cm | 모자: 모자 둘레 14cm, 길이 9.8cm

사용한 실
베스트: 샤헨마이어 레기아 2합사 • 흰색(1992), 빨간색(02054), 노란색(2041), 진초록색(01994) | 애플톤 울 자수실 • 베이지색(901)
모자: 샤헨마이어 레기아 2합사 • 흰색, 빨간색, 진초록색 | 샤헨마이어 텍스투라 소프트 Textura Soft • 흰색(002)

대체 가능한 실 2합사(2ply 실), 울 자수실

바늘 막대바늘 • 1.2mm(4개), 1.5mm(4개)

기타 준비물 단추 4.0mm(3개), 가위, 돗바늘, 바늘, 바느질실, 투명실 0.12mm, 비즈(5개)

게이지 베스트: 53코×80단 | 모자: 57코×80단

• **TIP** 배색을 바꿔 보는 것도 재미있다. 베스트의 빨간색과 흰색 실, 모자의 초록색과 빨간색 실을 서로 바꿔 뜨면 색다른 버전(21쪽 사진 참조)을 완성할 수 있다.

How to make
크리스마스 패턴 베스트
난이도 ★★★☆☆

× 일부 도안은 193~194쪽에 수록.

겉 겉뜨기 | **안** 안뜨기 | **왼D** 왼코 줄이기 | **오D** 오른코 줄이기 | **안 왼2T** 안뜨기로 왼코 줄이기 | **안 오2T** 안뜨기로 오른코 줄이기 | **바O** 바늘 비우기 | **겉S** 겉뜨기에서 걸러뜨기 | **안S** 안뜨기에서 걸러뜨기 | **흰** 흰색 실 | **베** 베이지색 실 | **빨** 빨간색 실 | **진** 진초록색 실 | **노** 노란색 실

A 몸판

코 만들기~3단

코 만들기	1.2mm 막대바늘과 진초록색 실을 써서 일반코 잡기로 총 45코를 만든다.
1단	허리 밴드 1코 배색 고무단을 뜬다. 흰색 실로 겉 1, (겉 1, 안 1) × 21, 겉 2
2단	안 1, (안 1, 겉 1) × 21, 안 2
3단	1단을 1회 반복한다.

배색 무늬

4단	**1.5mm 막대바늘로 바꾼 뒤**, 빨 안 45
5단	흰 겉 45
6단	흰 안 21, 베 안 3, 흰 안 21
7단	흰 겉 2, (빨 겉 1, 흰 겉 3) × 4, 흰 겉 3, 베 겉 3, 흰 겉 3, (흰 겉 3, 빨 겉 1) × 4, 흰 겉 2
8단	흰 안 18, 진 안 9, 흰 안 18
9단	흰 겉 19, 진 겉 7, 흰 겉 19
10단	흰 안 20, 진 안 5, 흰 안 20
11단	흰 겉 1, (흰 겉 3, 빨 겉 1) × 4, 흰 겉 3, 흰 겉 4, (빨 겉 1, 흰 겉 3) × 4, 흰 겉 1
12단	흰 안 19, 진 안 7, 흰 안 19
13단	흰 겉 20, 진 겉 5, 흰 겉 20
14단	흰 안 21, 진 안 3, 흰 안 21

오른쪽 뒤판

15단	흰 겉 2, (빨 겉 1, 흰 겉 3) × 2. 나머지 35코는 다른 바늘에 걸어 쉼코(쉼코 1)로 두고 오른쪽 뒤판 10코로만 뜬다.
16단	흰 안 왼2T 1, 흰 안 8/ 총 9코
17단	흰 겉 9
18단	흰 안 왼2T 1, 흰 안 7/ 총 8코
19단	흰 겉 4, 빨 겉 1, 흰 겉 3
20단	흰색 실로만 뜬다. 흰 안 8/ 총 8코
21단	겉뜨기로 코 막음 3코, 겉 5/ 총 5코
22단	안 5
23단	오D 1, 겉 3/ 총 4코
24~28단	안뜨기로 시작하는 메리야스뜨기 5단, 4코는 다른 바늘에 옮겨서 어깨 쉼코(오른쪽 뒤 어깨)로 둔다.

앞판

쉼코로 두었던 쉼코 1(35코)에 새 실(흰색 실)을 걸어 뜨기 시작한다.

15단	흰색 실을 써서 겉뜨기로 코 막음 2코, 흰 겉 2, 빨 겉 1, 흰 겉 3, 빨 겉 1, 흰 겉 1, 진 겉 5, 흰 겉 1, 빨 겉 1, 흰 겉 3, 빨 겉 1, 흰 겉 4/ 총 23코, 나머지 10코는 다른 바늘에 걸어 쉼코(쉼코 2)로 두고 앞핀 23코만으로 뜬다.
16단	흰색 실을 써서 안뜨기로 코 막음 2코, 흰 안 9, 진 안 3, 흰 안 9/ 총 21코
17단	흰 오D 1, 흰 겉 8, 진 겉 1, 흰 겉 10/ 총 20코
18단	흰 안 왼2T 1, 흰 안 8, 노 안 1, 흰 안 9/ 총 19코
19단	흰 오D 1, 흰 겉 1, (빨 겉 1, 흰 겉 3) × 4/ 총 18코
20단	흰 안 왼2T 1, 흰 안 16/ 총 17코

오른쪽 앞 어깨

21단	흰 겉 6. 나머지 11코는 다른 바늘에 걸어 쉼코(쉼코 3)로 두고 6코로만 뜬다.

22단	흰색 실로만 뜬다. 안 왼2T 1, 안 4/ 총 5코
23단	겉 5
24단	안 왼2T 1, 안 3/ 총 4코
25~28단	겉뜨기로 시작하는 메리야스뜨기 4단, 4코는 다른 바늘에 옮겨서 어깨 쉼코(오른쪽 앞 어깨)로 둔다.

왼쪽 앞 어깨

쉼코로 두었던 쉼코 3(11코)에 새 실(흰색 실)을 걸어 뜨기 시작한다.

21단	겉뜨기로 코 막음 5코, 겉 6/ 총 6코
22단	안 6
23단	오D 1, 겉 4/ 총 5코
24단	안 5
25단	오D 1, 겉 3/ 총 4코
26~28단	안뜨기로 시작하는 메리야스뜨기 3단, 4코는 다른 바늘에 옮겨서 어깨 쉼코(왼쪽 앞 어깨)로 둔다.

왼쪽 뒤판

쉼코로 두었던 쉼코 2(10코)의 첫 코에 새 실(흰색 실)을 걸어 뜨기 시작한다.

15단	(흰 겉 3, 빨 겉 1) × 2, 흰 겉 2/ 총 10코
16단	흰 안 10
17단	흰 오D 1, 흰 겉 8/ 총 9코
18단	흰 안 9
19단	흰 오D 1, 흰 겉 2, 빨 겉 1, 흰 겉 4/ 총 8코
20~21단	흰색 실로만 뜬다. 안뜨기로 시작하는 메리야스뜨기 2단
22단	안뜨기로 코 막음 3코, 안 5/ 총 5코
23단	겉 5
24단	안 왼2T 1, 안 3/ 총 4코
25~28단	겉뜨기로 시작하는 메리야스뜨기 4단, 4코는 다른 바늘에 옮겨서 어깨 쉼코(왼쪽 뒤 어깨)로 둔다.

B 어깨 쉼코 연결

1 오른쪽 뒤 어깨와 오른쪽 앞 어깨의 겉면을 마주 대고 안쪽에서 겉뜨기로 뜨면서 덮어씌워 코 막음을 한다.
2 왼쪽 뒤 어깨와 왼쪽 앞 어깨의 겉면을 마주 대고 안쪽에서 겉뜨기로 뜨면서 덮어씌워 코 막음을 한다.

목둘레 단과 진동둘레 단

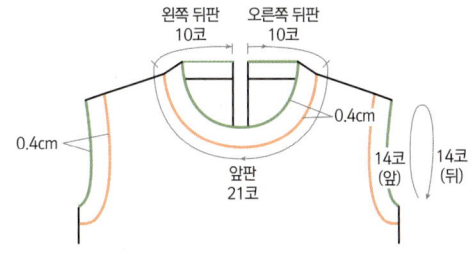

목둘레 단

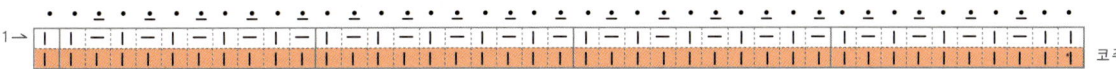

C 목둘레 단

1코 고무뜨기를 한다. 1.2mm 막대바늘과 빨간색 실을 써서 오른쪽 뒤판에서 10코, 앞판에서 21코, 왼쪽 뒤판에서 10코를 줍는다./ 총 41코

1단	흰색 실로 안 1, (안 1, 겉 1) × 19, 안 2

진초록색 실로 겉뜨기 코는 겉뜨기로, 안뜨기 코는 안뜨기로 뜨면서 고무단 덮어씌워 코 막음을 한다.

D 진동둘레 단

1.2mm 막대바늘 4개로 원형뜨기를 한다.

코 잡기	진동 아래서부터 빨간색 실로, 바늘 1에 9코, 바늘 2에 9코, 바늘 3에 10코를 줍는다./ 총 28코
1단	흰색 실로 (겉 1, 안 1) × 14

진초록색 실로 겉뜨기 코는 겉뜨기로, 안뜨기 코는 안뜨기로 뜨면서 고무단 덮어씌워 코 막음을 한다.

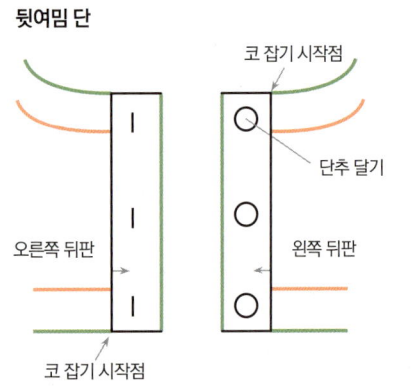
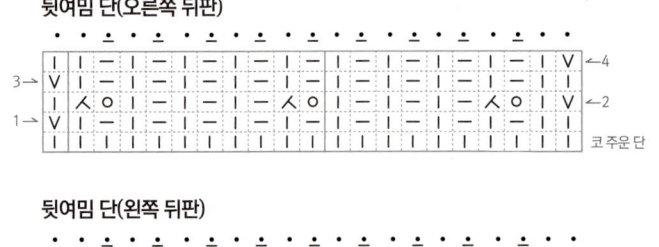

E 뒷여밈 단

오른쪽 뒤판

코 줍기	흰색 실과 1.2mm 막대바늘을 써서 밑단에서부터 겉뜨기로 21코를 줍는다. 양 끝이 딱 맞아떨어지도록 간격을 균등하게 유지하며 코를 주워 나간다.
1단	안쪽 면-안S 1, (안 1, 겉 1) × 9, 안 2
2단	단춧구멍 단-겉S 1, 겉 1, 바O 1, 겉 왼D 1, (안 1, 겉 1) × 3, 바O 1, 겉 왼D 1, (안 1, 겉 1) × 3, 바O 1, 겉 왼D 1, 겉 1
3단	안쪽 면-안S 1, (안 1, 겉 1) × 9, 안 2
4단	겉S 1, (겉 1, 안 1) × 9, 겉 2

진초록색 실로 겉뜨기 코는 겉뜨기로, 안뜨기 코는 안뜨기로 뜨면서 고무단 덮어씌워 코 막음을 한다.

왼쪽 뒤판

코 줍기	흰색 실과 1.2mm 막대바늘을 써서 뒤쪽 목둘레에서 겉뜨기로 21코를 줍는다. 양 끝이 딱 맞아떨어지도록 간격을 균등하게 유지하며 코를 주워 나간다.
1단	안쪽 면-안S 1, (안 1, 겉 1) × 9, 안 2
2단	겉S 1, (겉 1, 안 1) × 9, 겉 2
3~4단	오른쪽 뒤판 코 잡기 부분 3~4단과 같게 뜨고, 코 막음도 동일하게 한다.

F 마무리

1 다림질하여 배색 부분을 잘 편다.
2 돗바늘을 써서 안쪽에서 실 정리를 한다.
3 단춧구멍 위치에 맞춰 단추 3개를 단다.
4 비즈와 투명실, 바늘로 트리 모양에 장식을 달아 준다.

How to make

크리스마스 모자

난이도 ★ ★ ☆ ☆ ☆

× 원형으로 코를 잡아 모자 둘레부터 모자 끝까지 떠 올라가는 방식으로 세 단마다 색상을 바꿔 줄무늬를 넣는다.
× 모자 끝에서 코 줄임을 한 뒤 방울을 달아 마무리한다.
× 도안은 182쪽에 수록.

겉 겉뜨기 | **안** 안뜨기 | **왼D** 왼코 줄이기
흰 흰색 실 | **빨** 빨간색 실 | **진** 진초록색 실

A 모자

코 만들기~5단

코 만들기	1.2mm 막대바늘과 빨간색 실을 써서 일반 코 잡기로 80코를 잡아 원형으로 만든다.

빨간색 실과 진초록색 실로 배색하며 1코 고무단을 뜬다.

1~5단	(빨 겉 1, 진 안 1) × 40

배색 무늬

6단	**1.5mm 막대바늘로 바꾼 뒤**, 빨 겉 80
7~9단	흰 겉 3단
10~11단	진 겉 2단
12단	(진 겉 4, 진 왼D 1, 진 겉 4) × 8/ 총 72코
13~15단	흰 겉 3단
16~17단	진 겉 2단
18단	(진 겉 3, 진 왼D 1, 진 겉 4) × 8/ 총 64코
19~23단	13~17단을 1회 반복한다.
24단	(진 겉 3, 진 왼D 1, 진 겉 3) × 8/ 총 56코
25~29단	13~17단을 1회 반복한다.
30단	(진 겉 2, 진 왼D 1, 진 겉 3) × 8/ 총 48코
31~33단	흰 겉 3단
34~35단	빨 겉 2단
36단	(빨 겉 2, 빨 왼D 1, 빨 겉 2) × 8/ 총 40코
37~41단	13~17단을 1회 반복한다.
42단	(진 겉 1, 진 왼D 1, 진 겉 2) × 8/ 총 32코
43~47단	13~17단을 1회 반복한다.
48단	(진 겉 1, 진 왼D 1, 진 겉 1) × 8/ 총 24코
49~53단	13~17단을 1회 반복한다.
54단	(진 겉 1, 진 왼D 1) × 8/ 총 16코
55~59단	13~17단을 1회 반복한다.
60단	(진 왼D 1) × 8/ 총 8코
61~65단	13~17단을 1회 반복한다.
66단	(진 왼D 1) × 4/ 총 4코

4코는 아이코드(61쪽 아이코드 뜨기 참조)로 뜬다.

67~69단	흰 겉 3단
70~72단	진 겉 3단
73~78단	67~72단을 1회 반복한다.

B 마무리

1 실을 10cm 이상 남기고 자른다.
2 자른 실을 돗바늘에 꿰어 남은 코에 통과시킨 후 잡아당겨 조인다.
3 다림질한다.
4 안쪽에서 실을 정리해서 마무리한다.
5 샤헨마이어 텍스투라 소프트 흰색 실로 지름 2cm 크기의 방울을 만들어 모자 끝에 단다.

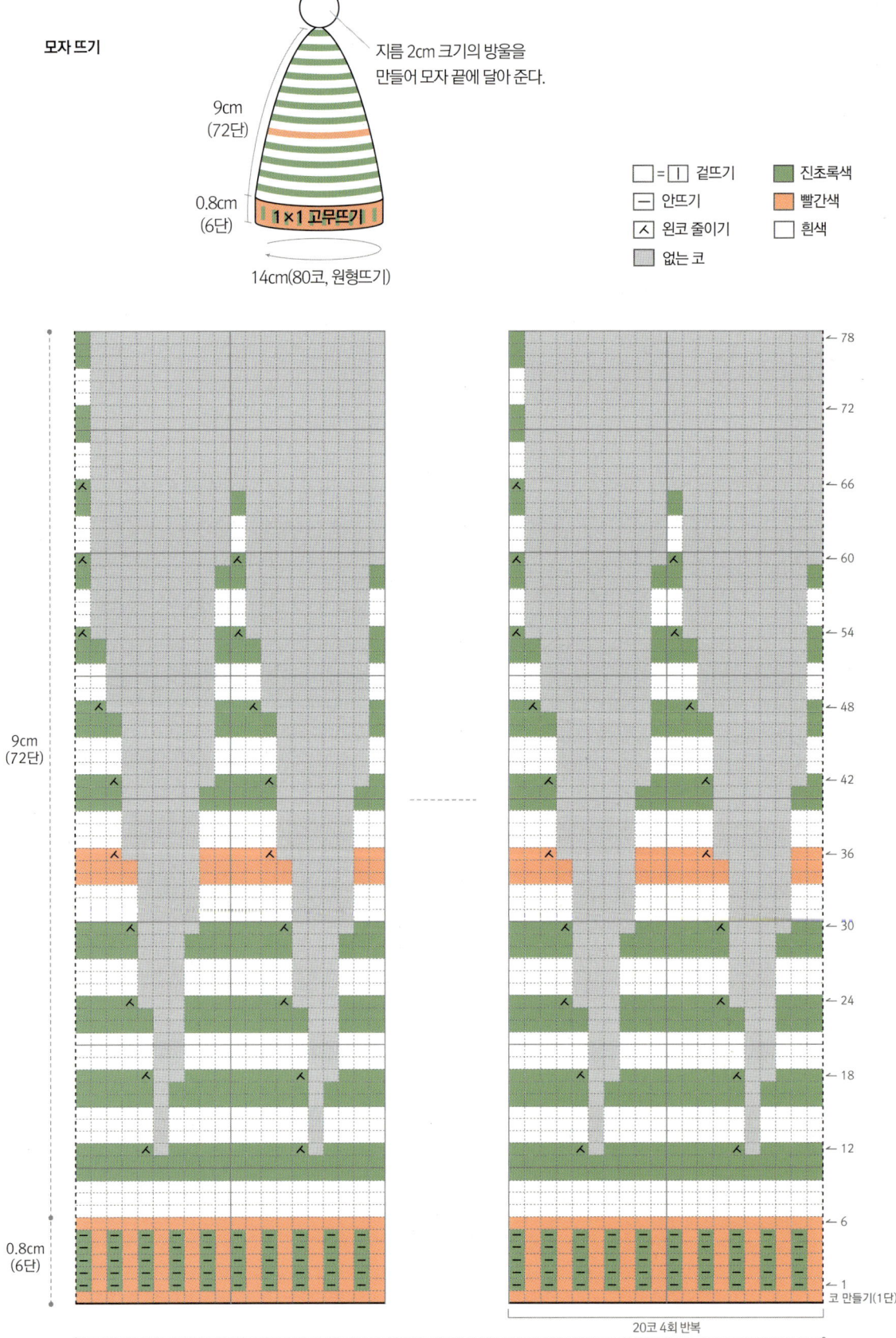

SPECIAL THANKS TO

촬영 허가, 인형 협찬 및 대여, 니트를 제외한 의상, 소품 제공을 해 주신 분들께 깊은 감사를 드립니다.
(소개는 가나다 순)

인형

다락아이
제작자: 주니아빠
홈페이지: www.darak-i.com

디아나돌
제작자: 올빼미
트위터: twitter.com/lakshmidollfig

돌후
제작자: 이은곤
홈페이지: www.dollhwoo.com

임다돌
제작자: Dong A Lim
홈페이지: www.imdadoll.com
www.imda.co.kr

제리베리
제작자: Bebelouis(베베루이)
홈페이지: wwwjerryberrys.com
인스타그램: jerryberrys

TTYA
제작자: 허지영
홈페이지: wwwttyadoll.com
인스타그램: ttyadoll

룸박스

쁘띠미니
제작자: 박상민
홈페이지: www.petitmini.co.kr
인스타그램: petitmini01

털실 제공

니트빌리지
홈페이지: www.knitvillage.com

인형 메이크업

곰언니(Lagom)
인스타그램: Petitdollygarden

의상

루블랑
인스타그램: lou_blans33

jjam
인스타그램: jjamdoll

소품 제공

고운라탄
인스타그램: gowoon_rattan

울새의 다락
인스타그램: robin_attic

티니베어
인스타그램: tinibear

크롭탑과 핫팬츠

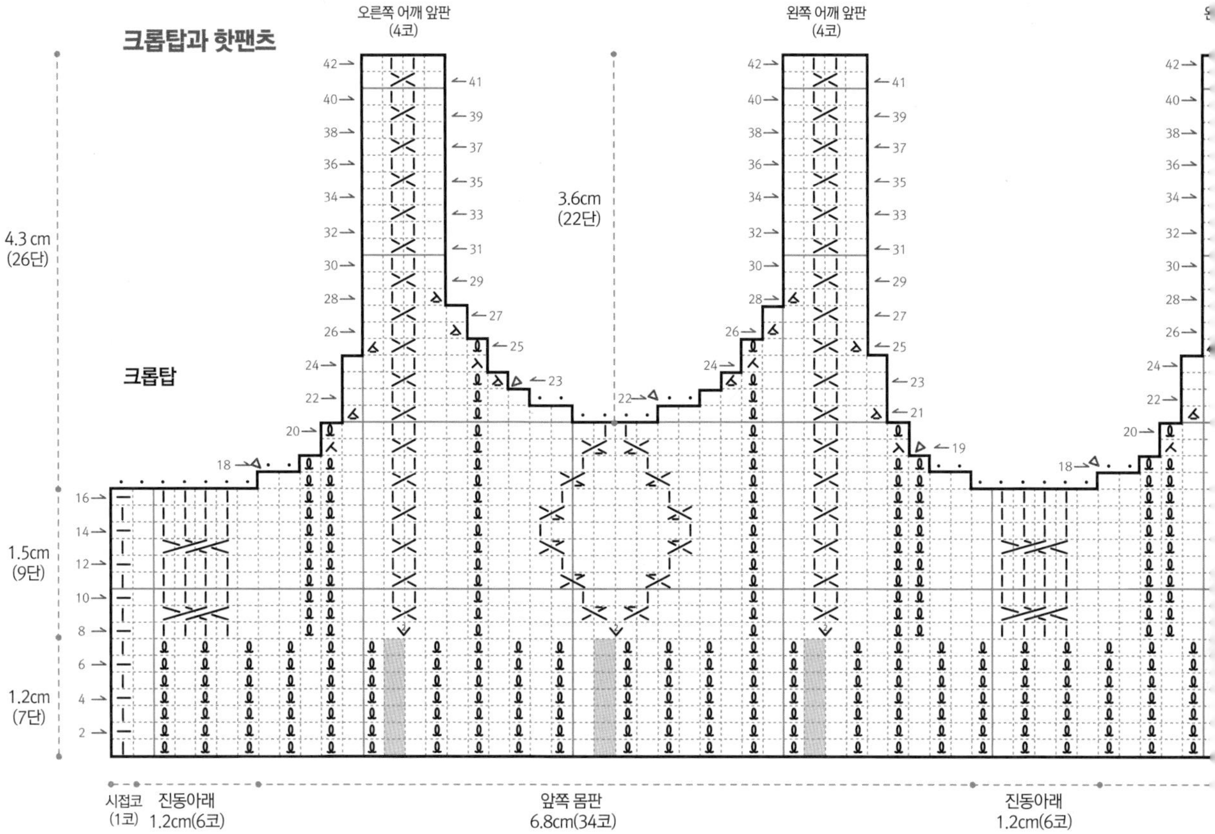

크롭탑

- 오른쪽 어깨 앞판 (4코)
- 왼쪽 어깨 앞판 (4코)
- 3.6cm (22단)
- 4.3cm (26단)
- 1.5cm (9단)
- 1.2cm (7단)
- 시접코 (1코)
- 진동아래 1.2cm (6코)
- 앞쪽 몸판 6.8cm (34코)
- 진동아래 1.2cm (6코)

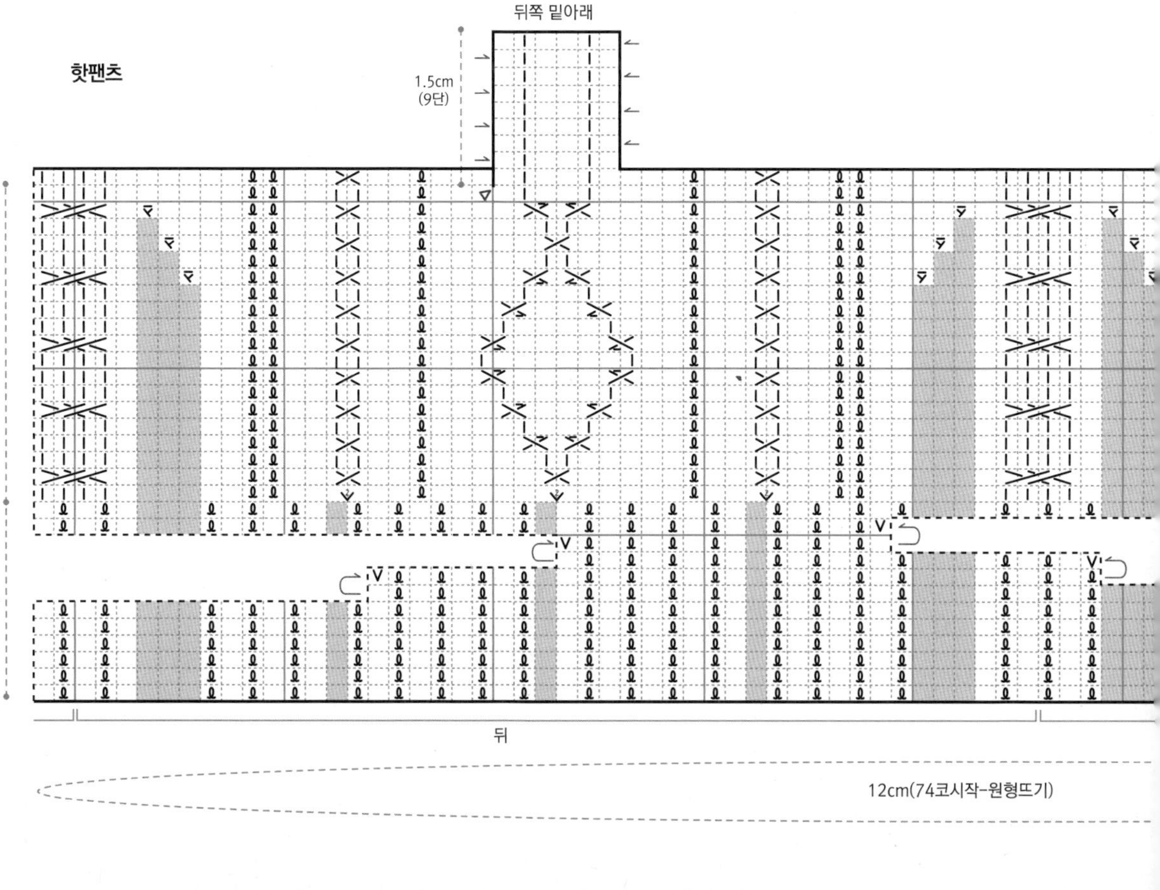

핫팬츠

- 뒤쪽 밑아래
- 1.5cm (9단)
- 3.2cm (19단)
- 뒤 고무단 1.7cm (12단)
- 뒤
- 12cm (74코시작-원형뜨기)

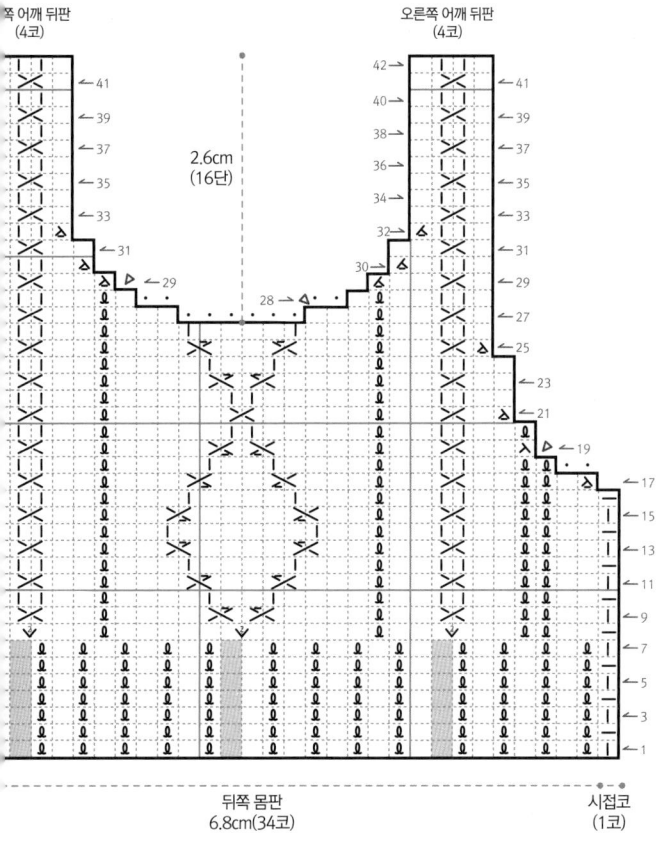

- **|** 겉뜨기
- **□** = **—** 안뜨기
- **⋋** 오른코 줄이기
- **⋌** 왼코 줄이기
- 안뜨기로 오른코 줄이기
- 안뜨기로 왼코 줄이기
- ▽ 안뜨기로 오른코 늘리기
- ▽ 안뜨기로 왼코 늘리기
- ∨ 앞뒤로 늘리며 겉뜨기
- • 코 막음
- ▨ 없는 코
- ℧ 겉뜨기 꼬아뜨기
- 1 대 1 왼코 위 교차뜨기
- 1 대 1 오른코 위 교차뜨기
- 1(겉) 대 1(안) 왼코 위 교차뜨기
- 1(겉) 대 1(안) 오른코 위 교차뜨기
- 2 대 2 왼코 위 교차뜨기
- ▲ 새 실 걸기

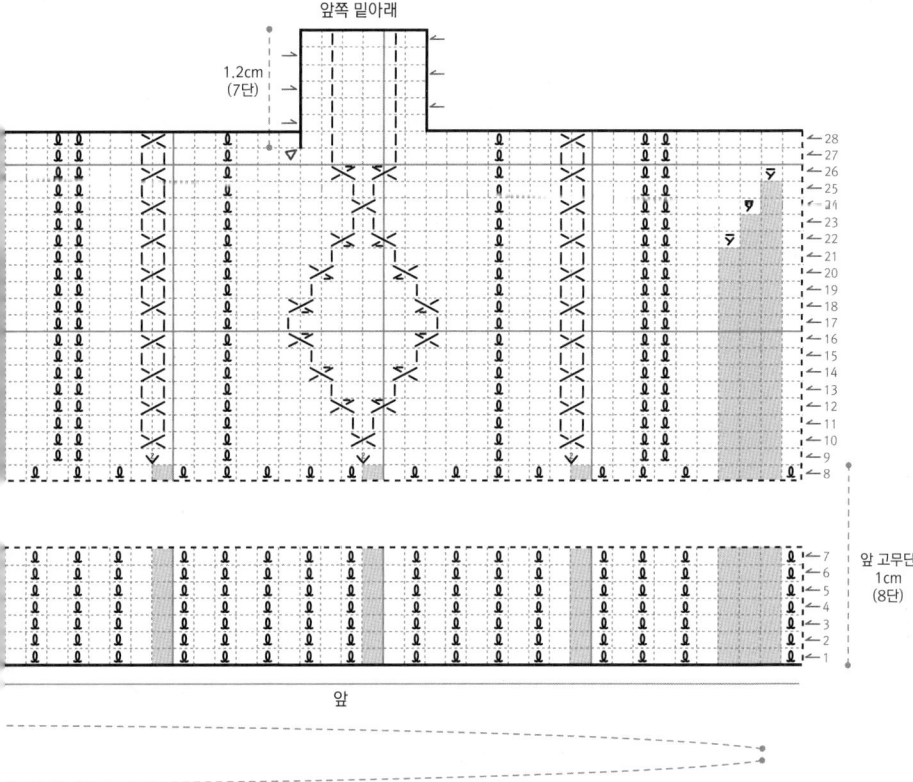

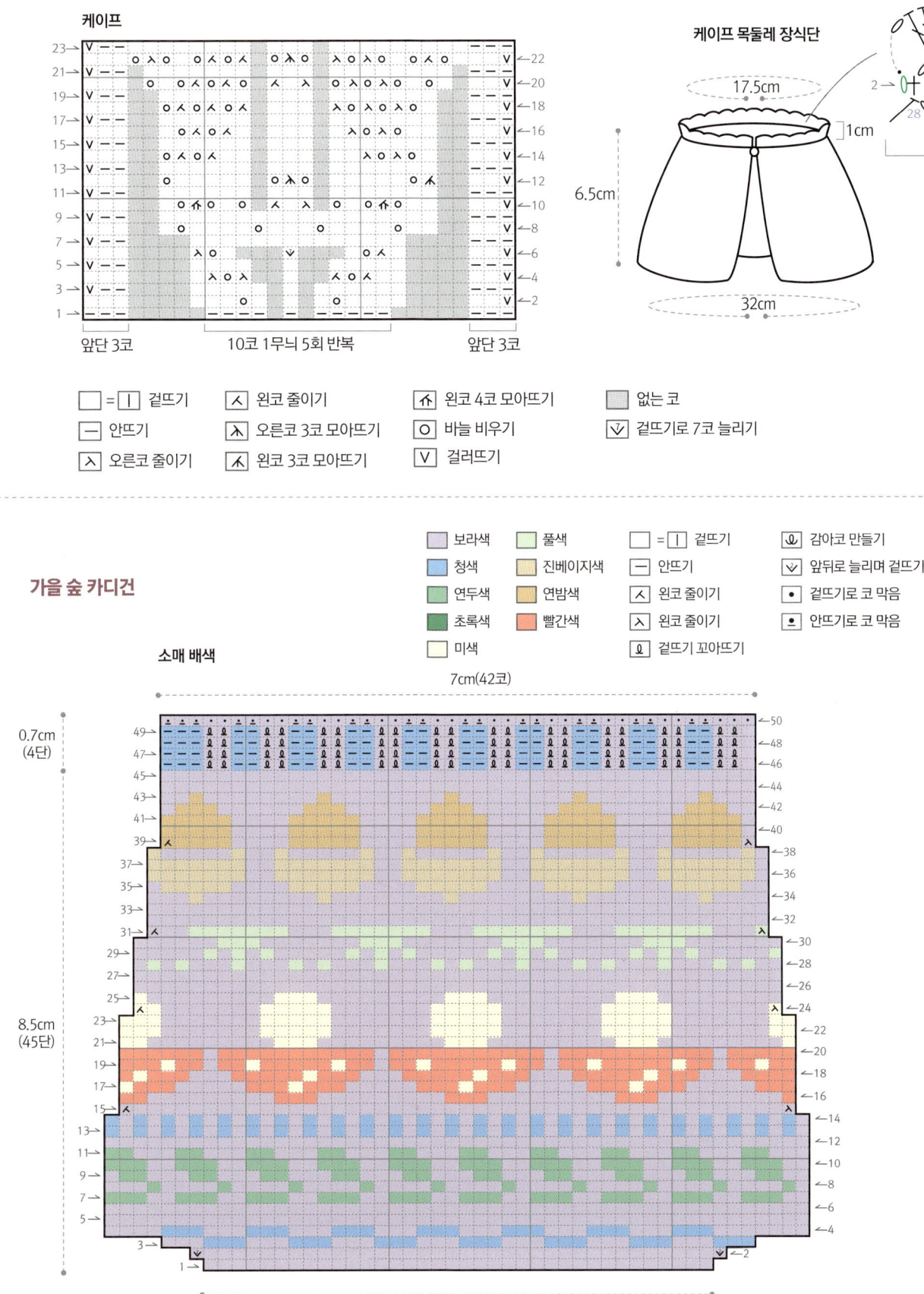

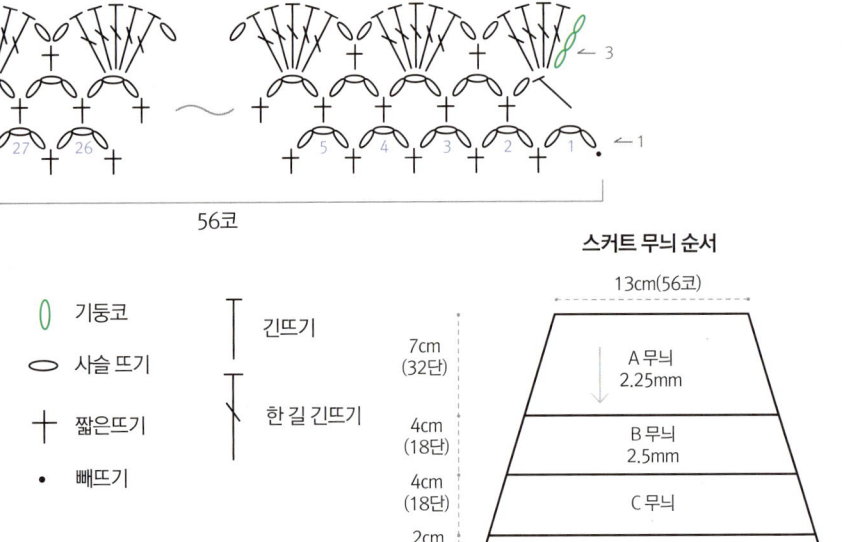

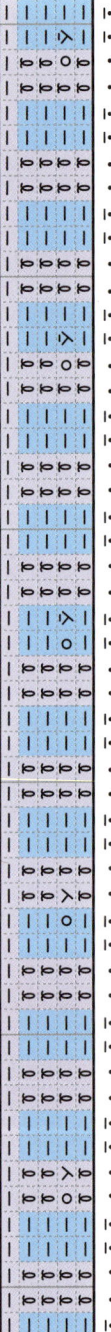

단춧구멍 단

- ◯ 기둥코
- ○ 사슬 뜨기
- ✛ 짧은뜨기
- • 빼뜨기
- ┃ 긴뜨기
- ╳ 한 길 긴뜨기

스커트 무늬 순서

13cm(56코)

- 7cm (32단) — A 무늬 2.25mm
- 4cm (18단) — B 무늬 2.5mm
- 4cm (18단) — C 무늬
- 2cm (10단) — D 무늬

80cm(218코)

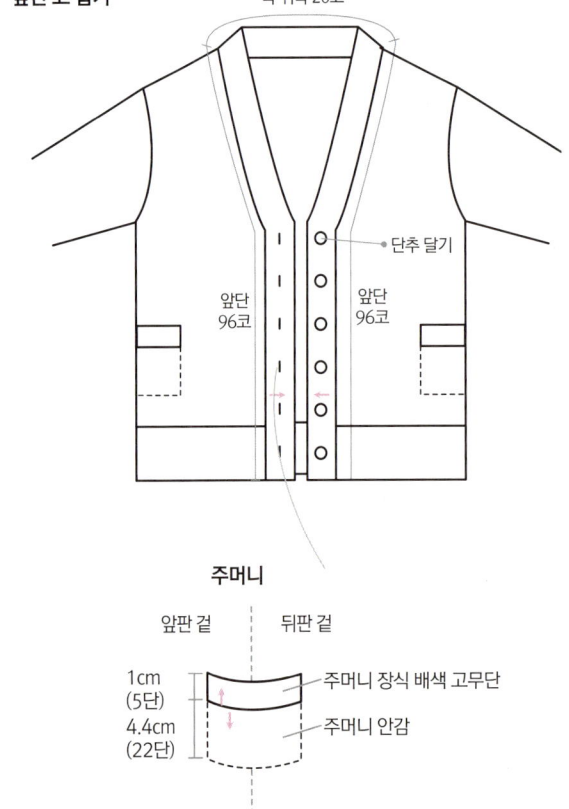

앞단 코 잡기 · 목 뒤쪽 20코 · 앞단 96코 · 단추 달기

주머니
앞판 겉 / 뒤판 겉
1cm (5단)
4.4cm (22단)
주머니 장식 배색 고무단
주머니 안감

심플 하이넥 풀오버

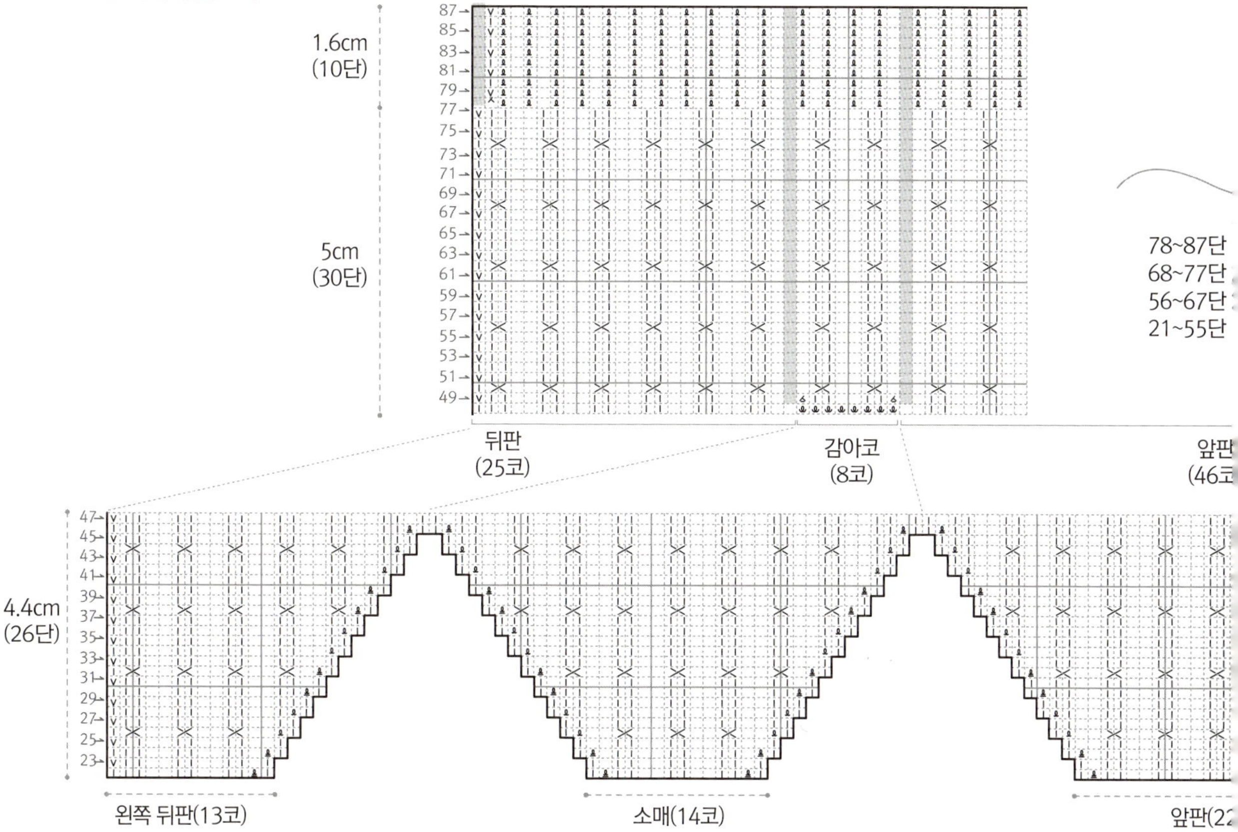

1.6cm (10단)
5cm (30단)

78~87단
68~77단
56~67단
21~55단

뒤판 (25코)
감아코 (8코)
앞판 (46코)

4.4cm (26단)

왼쪽 뒤판(13코)
소매(14코)
앞판(22코)

크리스마스 패턴 베스트

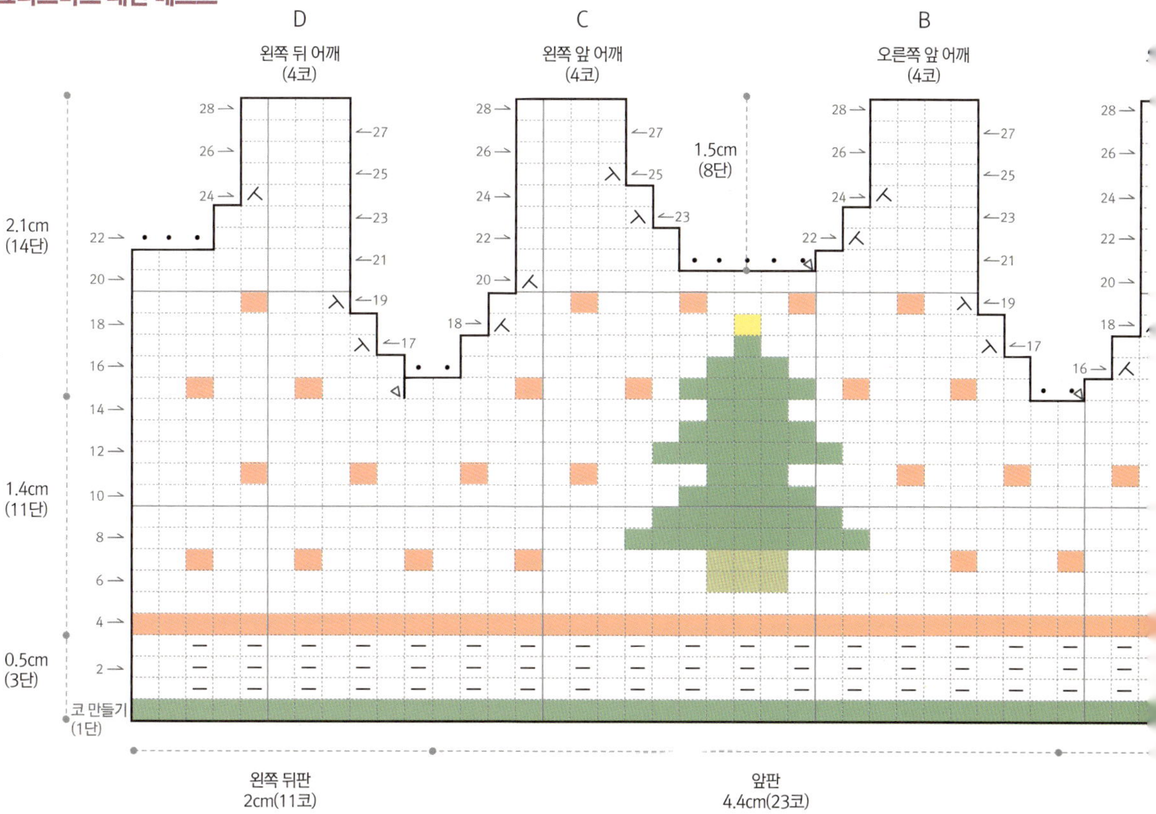

D 왼쪽 뒤 어깨 (4코)
C 왼쪽 앞 어깨 (4코)
B 오른쪽 앞 어깨 (4코)

2.1cm (14단)
1.5cm (8단)
1.4cm (11단)
0.5cm (3단)
코 만들기 (1단)

왼쪽 뒤판 2cm(11코)
앞판 4.4cm(23코)

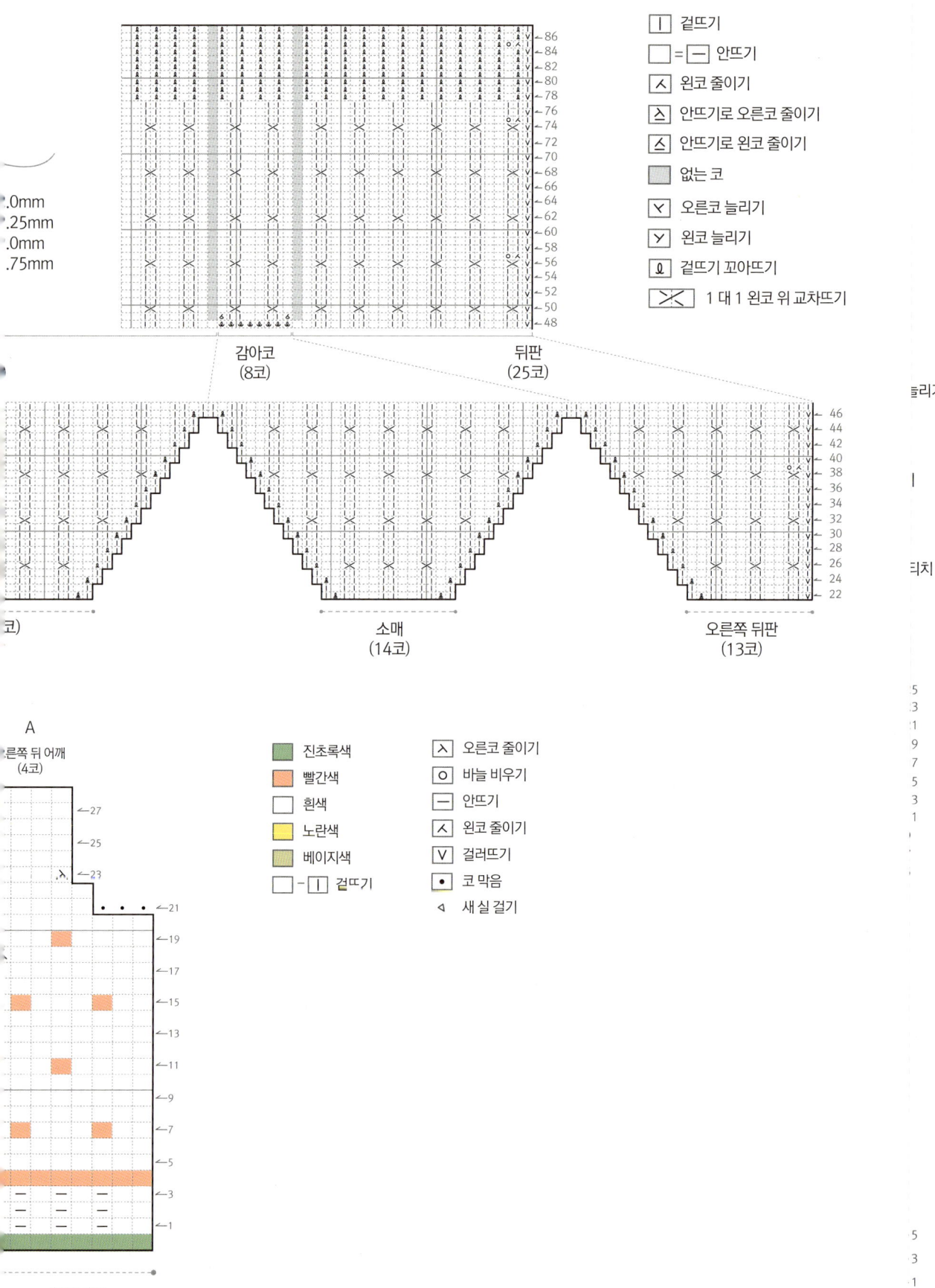

자수 포인트 후드 코트

몸판

48~89단 2mm
26~47단 2.25mm
6~25단 2.5mm
1~5단 2.25mm

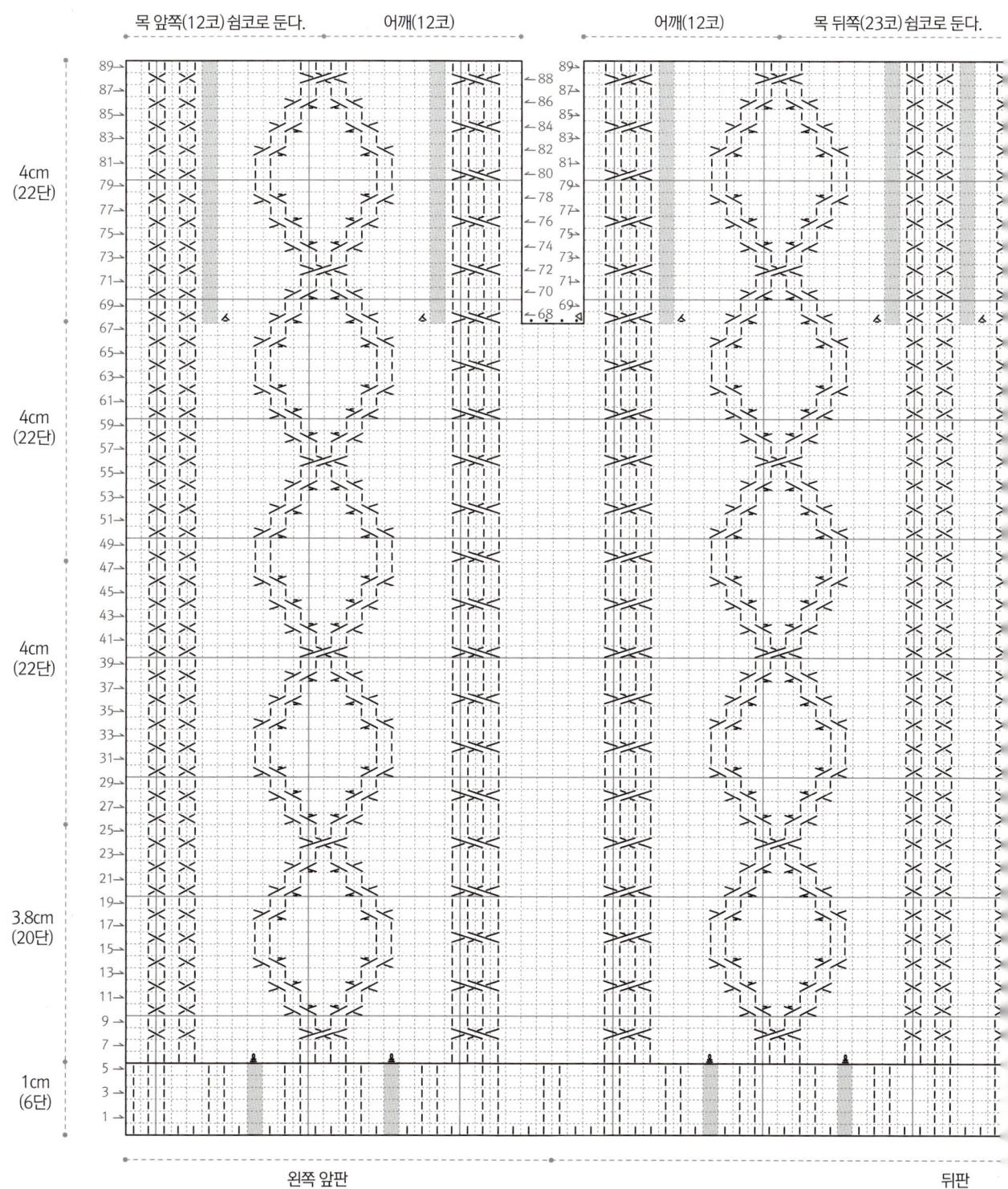

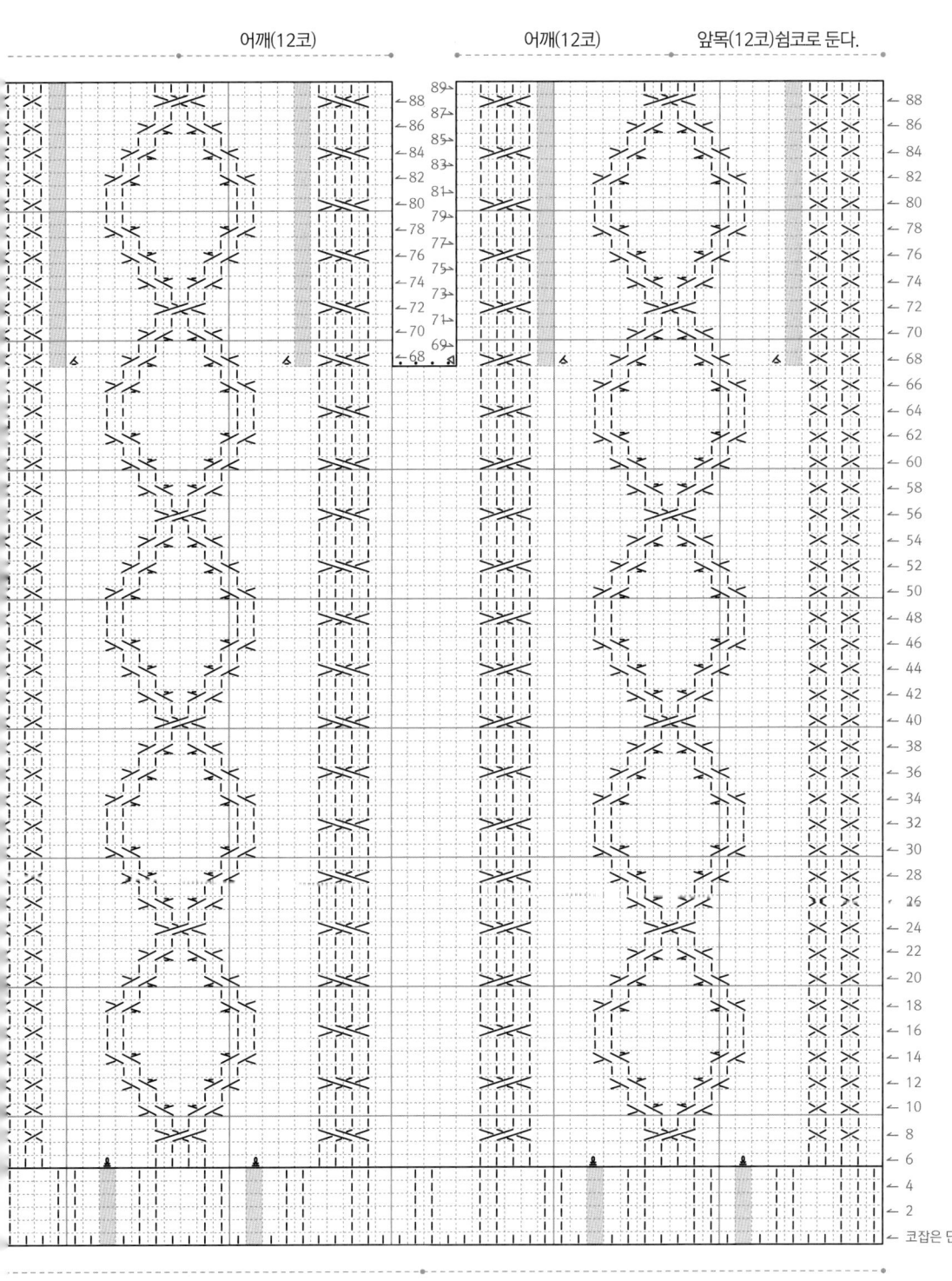

Point Lesson for Happy Knitting

대바늘 뜨기 기법

✽ 시작 코 잡기

❶ 일반 코 잡기

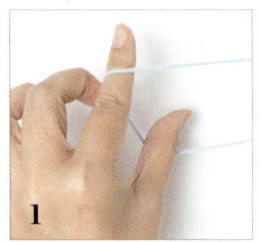

1

실을 고리 모양으로 만들어 왼손 엄지와 검지에 건다. 이때 실 끝은 왼손 엄지 쪽으로 둔다.

2

사진과 같이 왼손을 돌려 실을 위쪽으로 넘긴다.

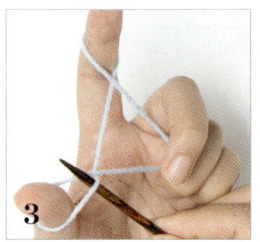

3

엄지에 걸린 고리를 통과해 바늘을 넣는다.

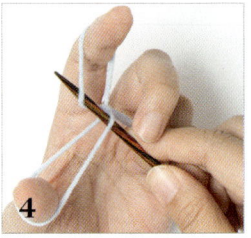

4

검지에 걸려 있는 실을 가져온다.

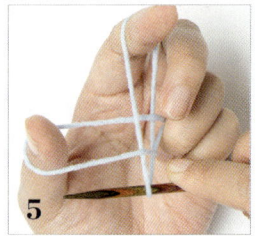

5

엄지에 걸린 실 사이로 4번 과정에서 가져온 실을 빼낸다.

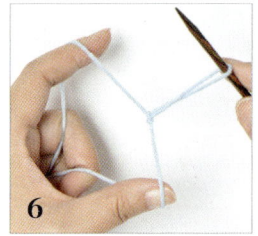

6

1코를 만든 상태.

7

실이 느슨하지 않도록 당긴다.

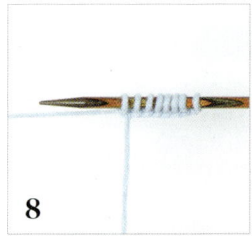

8

3~7번 과정을 반복해서 원하는 콧수를 만든다.

❷ 나중에 풀어 낼 코 만들기

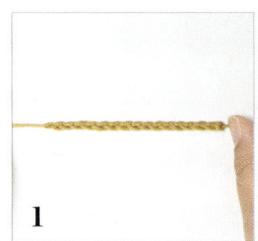

1

코바늘과 나중에 풀어 낼 실(별실)을 써서 원하는 콧수만큼 사슬코를 만든다.

2

사슬코 뒷산에 대바늘을 넣는다.

3

진행 실(뜨개에 쓸 실)을 대바늘에 감는다.

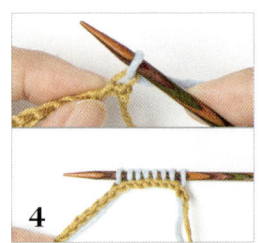

4

실을 빼내어 1코를 완성한다. 2~4번 과정을 반복하여 원하는 콧수만큼 뜬다.

✦ 겉뜨기 ▢

1. 첫 코의 바깥으로 바늘을 넣는다.
2. 바깥쪽에서 안쪽으로 바늘에 실을 감는다.
3. 코 사이로 실을 빼낸다.
4. 1코를 뜬 모습. 1~3번 과정을 반복하여 원하는 콧수만큼 뜬다.

✦ 안뜨기 ▭

  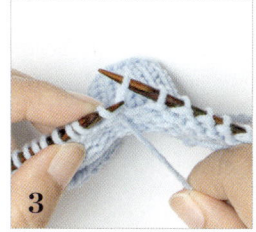 

1. 첫 코의 안쪽으로 바늘을 넣는다.
2. 실을 바늘의 바깥쪽에서 안쪽으로 감는다.
3. 코 사이로 실을 빼낸다.
4. 1코를 뜬 모습.

✦ 겉뜨기에서 걸러뜨기

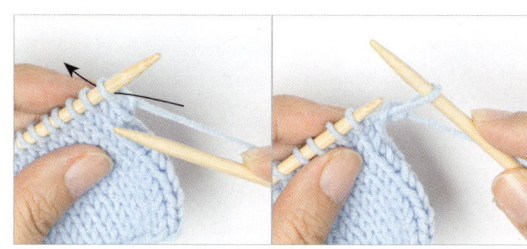

겉뜨기 방향으로 바늘을 넣은 뒤 코를 뜨지 않고 오른쪽 바늘로 옮긴다.

✦ 안뜨기에서 걸러뜨기

안뜨기 방향으로 바늘을 넣은 뒤 코를 뜨지 않고 오른쪽 바늘로 옮긴다.

✦ 코 막음

❶ (겉뜨기로) (덮어씌워) 코 막음 · 안뜨기로 (덮어씌워) 코 막음 ▢ ▢

1. 겉뜨기로 2코를 뜬다.
2. 왼쪽 바늘을 오른쪽 바늘의 오른쪽 코에 넣은 뒤, 왼쪽 코 위에서 오른쪽 바늘 밖으로 해당 코를 빼낸다.
3. 오른쪽 바늘에서 빼낸 코에 왼쪽 바늘을 빼낸다.

4
1코를 코 막음한 모습.

5
다음 1코를 겉뜨기로 뜬 후 2~3번 과정을 반복한다.

안뜨기로 코 막음
안뜨기로 코 막음을 한다. 그 후 겉뜨기 대신 안뜨기로 뜨면서 2~3번 과정을 반복한다.

❷ 고무단 덮어씌워 코 막음

1
첫 번째 코를 겉뜨기로 뜬다.

2
두 번째 코를 안뜨기로 뜬다.

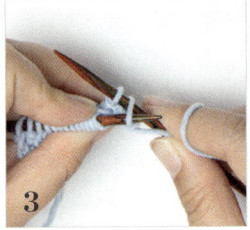
3
왼쪽 바늘을 오른쪽 바늘의 오른쪽 코에 넣은 뒤, 왼쪽 코 위를 거쳐 오른쪽 바늘 밖으로 해당 코를 빼낸다.

4
1코를 코 막음 한 뒤 겉뜨기 코는 겉뜨기로, 안뜨기 코는 안뜨기로 뜨면서 3번 과정을 반복한다.

❸ 돗바늘로 고무단 마무리하기

1
(1코 고무단 기준) 실을 꿴 돗바늘을 첫 번째 겉뜨기 코에 안뜨기 방향으로 넣어 그 코를 돗바늘로 옮긴다.

2
두 번째 안뜨기 코에 겉뜨기 방향으로 돗바늘을 넣고 위쪽으로 빼내어, 돗바늘에 걸린 코에 실을 통과시킨다.

3
다시 첫 번째 겉뜨기 코와 세 번째 겉뜨기 코에 안뜨기 방향으로 한꺼번에 돗바늘을 넣은 뒤 빼내어 실을 통과시킨다.

4
두 번째 안뜨기 코의 뒤쪽에서 앞쪽으로 돗바늘을 넣은 뒤 네 번째 안뜨기 코에 겉뜨기 방향으로 돗바늘을 넣어 위쪽으로 빼낸다.

5
2~4번 과정을 반복한다.

6
완성한 모습.

✱ 피코 코 막음

3코를 코 막음 한다.

오른쪽 바늘의 한 코를 왼쪽 바늘로 옮긴다.

감아코 3코를 만든다.

8코를 덮어씌워 코 막음을 해서 완성한다.

✱ 1코 고무뜨기 꼬아뜨기 ⚭⚭ · 겉뜨기 꼬아뜨기 ⚭ · 안뜨기 꼬아뜨기 ⚭

1. 겉뜨기 차례에서 뒤쪽 반 코에 겉뜨기 방향으로 바늘을 넣는다.

2. 바늘에 실을 감아 빼낸다. 이렇게 뜨는 것을 '겉뜨기 꼬아뜨기'라고 한다.

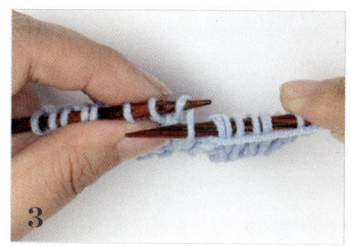
3. 안뜨기 차례에서 뒤쪽 반 코에 안뜨기 방향으로 바늘을 넣는다.

4. 바늘에 실을 감아 빼낸다. 이렇게 뜨는 것을 '안뜨기 꼬아뜨기'라고 한다.

5. 고무단 위에 1~4번을 반복해 1코 고무뜨기 꼬아뜨기를 한 모습.

※ 이 책에서는 꼬아뜨기 기법으로 고무뜨기를 할 때, 겉면에서는 겉뜨기 부분만 겉뜨기 꼬아뜨기(안뜨기 부분은 안뜨기), 안면에서는 안뜨기 부분만 안뜨기 꼬아뜨기(겉뜨기 부분은 겉뜨기)로 작업했다.

✱ 늘리기

❶ 오른코 늘리기 ⋁

1. 왼쪽 코의 1단 아래의 오른쪽 코에 오른쪽 바늘을 넣는다.

2. 해당 코를 끌어 올려 왼쪽 바늘에 건다.

3. 겉뜨기 방향으로 바늘을 넣는다.

4. 바늘에 실을 감은 후 빼내어 완성한다.

❷ 왼코 늘리기 Y

1
오른쪽 코의 2단 아래 왼쪽 코에 왼쪽 바늘을 넣는다.

2
그 코를 끌어 올린다.

3
겉뜨기로 뜬다.

4
완성한 모습.

❸ 감아코 만들기

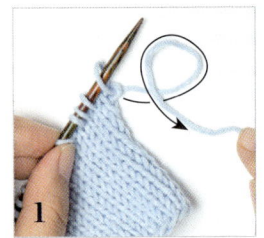
1
화살표 방향대로 고리를 만든다.

2
만든 고리를 바늘에 건다.

3
실을 잡아당겨 1코를 완성한다.

4
1~2번 과정을 반복하여 원하는 콧수를 만든다.

❹ 앞뒤로 늘리며 겉뜨기

1
왼쪽 바늘의 첫 코에 오른쪽 바늘을 넣어 겉뜨기 방향으로 한 코를 빼낸다.

2
왼쪽의 코는 빼내지 않고 왼쪽에 걸려 있는 코의 뒤쪽 반 코에 오른쪽 바늘을 겉뜨기 방향으로 넣는다.

3
바늘에 실을 감아 빼낸다.

4
완성한 모습.

❺ 끌어 올려 겉뜨기로 늘리기

1
오른쪽 바늘과 왼쪽 바늘에 걸린 코 사이에 걸쳐 있는 실을 오른쪽 바늘로 끌어 올린다.

2
끌어 올린 실을 왼쪽 바늘에 걸어 준다.

3
오른쪽 바늘을 걸어 준 코의 뒤쪽으로 넣는다.

바늘을 넣은 모습.

바늘에 실을 감아 빼낸다.

완성한 모습.

⑥ 겉뜨기로 7코 늘리기

화살표 방향으로 바늘을 넣는다.

3코에 바늘을 넣은 모습.

3코를 겉뜨기로 뜬다.

왼쪽의 3코를 빼내지 않고, 실을 앞으로 가져온다.

실이 앞쪽에 있는 상태로 왼쪽의 3코에 바늘을 넣는다.

바늘에 실을 감아 겉뜨기로 뜬다.

4~6번의 과정을 반복해 7코를 만든다. 완성한 모습.

✦ 줄이기

❶ 오른코 줄이기 ⃞

1. 왼쪽 바늘의 코를 뜨지 않은 채 겉뜨기 방향으로 빼내 오른쪽 바늘로 옮긴다.
2. 다음 코에 오른쪽 바늘을 넣은 후 바늘에 실을 감는다.
3. 실을 빼낸다.
4. 처음 뜨지 않은 코에 왼쪽 바늘을 넣은 후 화살표 방향으로 덮어씌워 빼내 완성한다.

❷ 왼코 줄이기(겉뜨기로 2코 모아뜨기) ⃞

1. 왼쪽 바늘의 앞쪽 2코에 겉뜨기 방향으로 오른쪽 바늘을 넣는다.
2. 바늘을 넣은 모습.
3. 바늘에 실을 감아 빼낸다.
4. 완성한 모습.

❸ 안뜨기로 오른코 줄이기 ⃞

1. 화살표 방향으로 오른쪽 바늘을 넣는다.
2. 바늘을 넣은 모습.
3. 바늘에 실을 감아 빼낸다.
4. 완성한 모습.

❹ 안뜨기로 왼코 줄이기 ⃞

1. 왼쪽 바늘의 2코에 안뜨기 방향으로 바늘을 넣는다.
2. 바늘을 넣은 모습.
3. 바늘에 실을 감아코 사이로 실을 빼낸다.
4. 완성한 모습.

❺ 오른코 3코 모아뜨기 ⋌

1. 화살표 방향으로 오른쪽 바늘을 넣는다.
2. 바늘을 넣은 모습.
3. 바늘에 실을 감아 빼낸다.
4. 완성한 모습.

❻ 왼코 4코 모아뜨기 ⋏

1. 겉뜨기 방향으로 4코를 한꺼번에 바늘에 꿴다.
2. 바늘에 실을 감는다.
3. 코 사이로 실을 빼내 완성한다.
   TIP 왼코 3코 모아뜨기도 방법은 같다. 이때 4코가 아닌 3코를 한꺼번에 겉뜨기로 뜨면 된다.

❼ 중심 3코 모아뜨기 ⋏

1. 왼쪽 바늘의 앞쪽 2코에 겉뜨기 방향으로 오른쪽 바늘을 넣는다.
2. 코를 뜨지 않고 오른쪽 바늘로 옮긴 뒤(위) 다음 1코를 겉뜨기로 뜬다(아래).
3. 처음 뜨지 않고 옮겨 놓았던 2코에 왼쪽 바늘을 끼워 코를 살짝 벌려 잘 빠져 나오도록 해 둔다.
4. 2코를 한꺼번에 앞의 코에 덮어 씌워 완성한다.

✦ 바늘 비우기 ◯

1
겉뜨기한 코의 뒤쪽에 있던 실을 안뜨기 방향인 앞쪽으로 옮긴다.

2
실이 앞에 있는 상태에서 왼쪽 바늘의 코에 겉뜨기 방향으로 오른쪽 바늘을 넣는다.

3
앞쪽 실을 오른쪽 바늘에 걸고 겉뜨기를 한다.

4
바늘 비우기를 완성한 모습.

✦ 잇기

❶ 메리야스 잇기

1
뜨개판을 겉쪽으로 놓고 마주 댄 뒤, 왼쪽 뜨개판의 첫 코와 오른쪽 뜨개판의 첫 코에 돗바늘을 넣는다.

2
왼쪽 뜨개판의 끝에서 1코 들어간 코의 옆 실 1단을 돗바늘로 뜬다.

3
오른쪽 뜨개판의 끝에서 1코 들어간 코의 옆 실 1단을 돗바늘로 뜬다.

4
왼쪽과 오른쪽 뜨개판을 교대로 한 단씩 뜨면서 꿰맨다.

❷ 코와 코 잇기

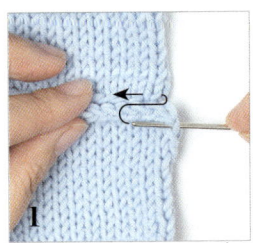
1
뜨개판을 겉쪽으로 놓고 마주 댄 뒤, 아래 뜨개판의 첫 코에 바늘을 넣은 뒤 위쪽 뜨개판에 화살표 방향으로 바늘을 넣는다.

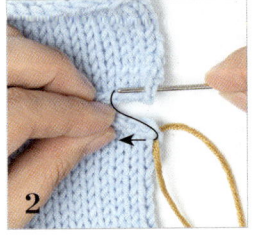
2
이어서 화살표 방향으로 아래 뜨개판에 바늘을 넣는다.

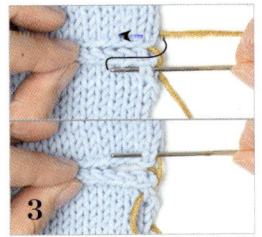
3
이어서 화살표 방향으로 위쪽 뜨개판에 바늘을 넣는다(위). 바늘을 넣은 모습(아래).

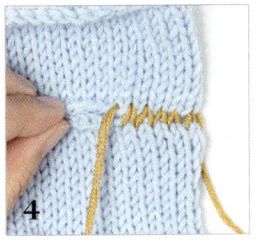
4
2~4번 과정을 반복해서 잇는다.

❸ 단과 코 잇기

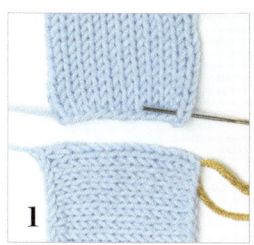

1
아래 뜨개판(단)의 첫 코에 바늘을 넣은 다음 위 뜨개판(코)의 첫 코에 바늘을 넣는다.

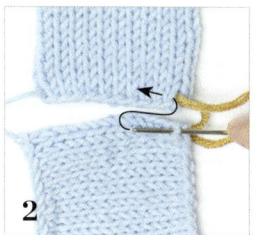

2
아래 뜨개판의 끝에서 1코 들어간 코의 옆실 1단을 돗바늘로 뜬 다음, 화살표 방향으로 위쪽 뜨개판에 바늘을 넣는다.

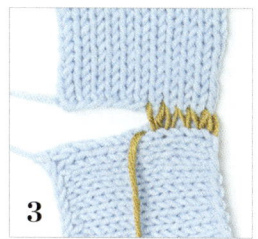

3
1~2번 과정을 반복한다.

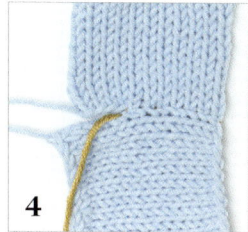

4
완성한 모습.

❹ 덮어씌워 잇기

1
연결할 뜨개판 2개의 겉과 겉을 맞대고 겉뜨기 방향으로 두 바늘의 첫 코에 한꺼번에 바늘을 넣는다.

2
바늘에 실을 감는다.

3
실을 빼낸다.

4
다음 코도 1~3번 과정과 같은 방법으로 뜬다.

5
왼쪽 바늘을 오른쪽 바늘의 오른쪽 코에 넣고 왼쪽 코 위를 거쳐 오른쪽 바늘 밖으로 빼내 덮어씌운다.

6
4~5번 과정을 반복한다.

* 메리야스뜨기 | 안메리야스뜨기 | 1코 고무뜨기 | 멍석뜨기 | 가터뜨기

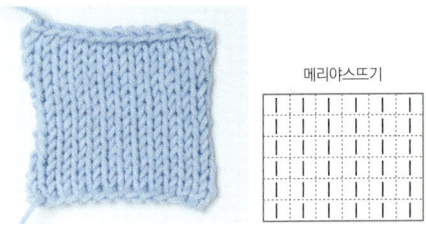

메리야스뜨기

안메리야스뜨기

대바늘 뜨기의 기본 조직이다. 겉뜨기 1단과 안뜨기 1단을 반복해 뜬다.

메리야스뜨기의 뒷면.

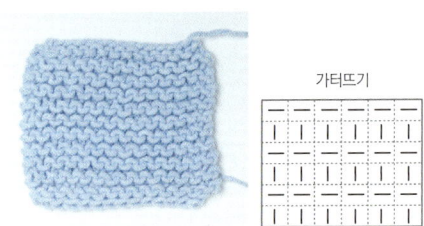

1코 고무뜨기   멍석뜨기

1코 고무뜨기는 겉뜨기와 안뜨기를 1코씩 교대로 뜨는 방법이다(사진). 신축성이 좋아 니트의 밑단, 소맷단, 목둘레 단에 많이 쓴다. 멍석뜨기는 1코 고무뜨기를 하는데 단이 바뀔 때마다 겉뜨기와 안뜨기의 순서를 바꿔 뜨는 기법이다.

가터뜨기

겉뜨기나 안뜨기만 계속 뜨면 가터뜨기가 된다.

* 코 줍기

❶ 목둘레 코 줍기

1 코 잡을 부분의 첫 코에 겉뜨기 방향으로 바늘을 넣는다.

2 바늘에 실을 감는다.

3 실을 빼낸다.

4 1~3번 과정을 반복해 완성한다.

❷ 세로 단 코 줍기

1. 코 잡을 부분의 첫 코에 겉뜨기 방향으로 바늘을 넣는다.
2. 바늘에 실을 감는다.
3. 실을 빼낸다.
4. 1~3번 과정을 반복하여 원하는 콧수만큼 줍는다.

❸ 진동 아래 코 줍기

1. 진동 부분 감아코의 중심에 바늘을 넣는다.
2. 바늘에 실을 감는다.
3. 실을 빼낸다.

  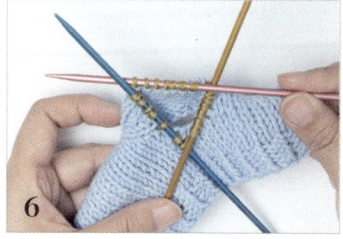

4. 사진 속 표시된 부분에서 같은 방법으로 코를 잡는다.
5. 표시된 부분에서 같은 방법으로 코를 잡는다.
6. 걸어 둔 코를 나머지 실로 겉뜨기로 뜨면서 3개의 바늘에 나누어 잡는다.

❹ 가로 코 코 줍기

1. 처음 시작 부분의 코에 바늘을 넣는다.
2. 바늘에 실을 감는다.
3. 실을 빼낸다.
4. 1~3번 과정을 반복해서 원하는 콧수만큼 줍는다.

* 교차뜨기

❶ 2대 2 오른코 위 교차뜨기 · 2대 2 왼코 위 교차뜨기

1

교차뜨기를 할 위치에 꽈배기 바늘을 넣는다.

2

꽈배기 바늘에 옮겨 놓은 2코를 앞쪽으로 빼놓는다.

3

다음 2코를 겉뜨기로 뜬다.

4

빼 놓았던 2코를 겉뜨기로 떠서 2대 2 오른고 위 교차뜨기를 완성한다.

2대 2 왼코 위 교차뜨기

2코를 꽈배기 바늘에 걸어 뒤로 뺀 뒤, 다음 2코를 먼저 겉뜨기로 뜬다. 그리고 뒤로 뺐던 꽈배기 바늘의 2코를 겉뜨기로 뜬다.

❷ 2(겉) 대 1(안) 오른코 위 교차뜨기 · 2(겉) 대 1(안) 왼코 위 교차뜨기

1

교차뜨기를 할 위치에서 꽈배기 바늘을 넣는다.

2

꽈배기 바늘에 옮겨 놓은 2코를 앞쪽으로 빼놓는다.

3

다음 1코를 안뜨기로 뜬다.

4

빼 놓았던 2코를 겉뜨기로 뜬다.

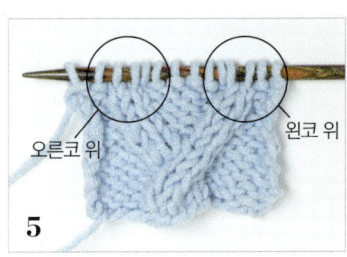

5

완성한 모습.

오른코 위   왼코 위

2(겉) 대 1(안) 왼코 위 교차뜨기

1코를 꽈배기 바늘에 걸어 뒤로 뺀 뒤, 다음 2코를 겉뜨기로 먼저 뜬다. 그리고 뒤로 뺀 꽈배기 바늘의 1코를 안뜨기로 뜬다.

❸ 1(겉) 대 1(안) 오른코 위 교차뜨기 ⊠ · 1(겉) 대 1(안) 왼코 위 교차뜨기 ⊠

1

교차뜨기를 할 위치에서 꽈배기 바늘을 넣는다.

2

꽈배기 바늘에 옮겨 놓은 1코를 앞쪽으로 빼 놓는다.

3

다음 1코를 안뜨기로 뜬다.

4

빼 놓았던 1코를 겉뜨기로 뜬다.

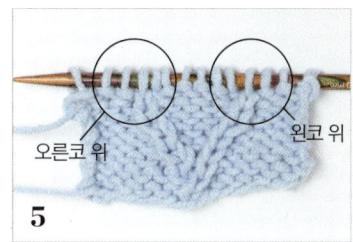

5

완성한 모습.

1(겉) 대 1(안) 왼코 위 교차뜨기

1코를 꽈배기 바늘에 걸어 뒤로 뺀 뒤, 다음 1코를 겉뜨기로 뜬다. 그리고 빼 놓은 1코를 안뜨기로 뜬다.

❹ 1 대 1 오른코 위 교차뜨기 ⊠ · 1 대 1 왼코 위 교차뜨기 ⊠

1

교차뜨기를 할 위치에서 꽈배기 바늘을 넣는다.

2

꽈배기 바늘에 옮겨 놓은 1코를 앞쪽으로 빼 놓는다.

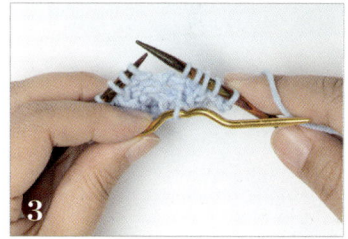

3

다음 1코를 겉뜨기로 뜬다.

4

빼 놓았던 1코를 겉뜨기로 떠서 1 대 1 오른코 위 교차뜨기를 완성한다.

1 대 1 왼코 위 교차뜨기

1코를 꽈배기 바늘에 걸어 뒤로 뺀 뒤, 다음 1코를 겉뜨기로 뜬다. 그리고 빼 놓은 1코를 겉뜨기로 뜬다.

❺ 1 대 1 오른코 위 꼬아 교차뜨기 ・1 대 1 왼코 위 꼬아 교차뜨기

1 교차뜨기를 할 위치에서 꽈배기 바늘을 넣는다.

2 꽈배기 바늘에 옮겨 놓은 1코를 앞쪽으로 빼 놓는다.

3 다음 1코를 겉뜨기로 뜬다.

4 빼 놓았던 1코를 겉뜨기 꼬아뜨기로 떠서 1 대 1 오른코 위 꼬아 교차뜨기를 완성한다.

1 대 1 왼코 위 꼬아 교차뜨기
1코를 꽈배기 바늘에 걸어 뒤로 뺀 뒤, 다음 1코를 겉뜨기 꼬아뜨기로 뜬다. 그리고 빼 놓은 1코를 겉뜨기로 뜬다.

❻ 1 대 2 오른코 위 교차뜨기 ・1 대 2 왼코 위 교차뜨기

1 꽈배기 바늘에 1코를 옮겨 앞쪽으로 빼 놓는다.

2 다음 2코를 겉뜨기로 뜬다.

3 꽈배기 바늘의 1코를 겉뜨기로 떠서 1 대 2 오른코 위 교차뜨기를 완성한다.

1 대 2 왼코 위 교차뜨기
2코를 꽈배기 바늘에 걸어 뒤로 뺀 뒤, 다음 1코를 겉뜨기로 뜬다. 그리고 빼 놓은 2코를 겉뜨기로 뜬다. 사진은 완성한 모습.

❼ 3 대 3 오른코 위 교차뜨기

1 꽈배기 바늘에 3코를 옮겨 앞쪽으로 빼 놓는다.

2 다음 3코를 겉뜨기로 뜬다.

3 꽈배기 바늘의 3코를 겉뜨기로 뜬다.

4 완성한 모습.

*3코 구슬뜨기

1. 겉뜨기 방향으로 바늘을 넣은 뒤 실을 바늘에 감는다.

2. 실을 빼낸다.

3. 왼쪽 바늘의 코를 빼내지 않고 그대로 둔 상태에서 실을 앞으로 넘긴다.

4. 실을 앞으로 둔 상태에서 겉뜨기를 떠서 3코를 만든다.

5. 뜨개판을 뒤로 돌려 안뜨기로 3코를 뜬다.

6. 뜨개판을 뒤로 돌려 겉뜨기로 3코를 뜬다.

7. 뜨개판을 뒤로 돌려 안뜨기로 3코를 뜬다.

8. 앞의 2코에 바늘을 넣는다.

9. 뜨지 않고 오른쪽 바늘로 옮긴다.

10. 다음 코를 겉뜨기로 뜬다.

11. 뜨지 않고 옮겨 놓았던 2코를 덮어씌운다.

12. 완성한 모습.

✽ 단춧고리 만들기

1

돗바늘에 실을 건 채 단춧고리를 만들 위치로 넣어 뒤에서 앞으로 빼낸다.

2

같은 돗바늘로 몸판의 실을 반 땀 뜬 다음 실을 바늘에 감는다.

3

돗바늘을 당겨서 실을 고정한다. 이때 사슬 모양이 너무 작아지지 않도록 적당히 당긴다.

4

사슬의 중앙에 돗바늘을 넣은 뒤 실을 바늘에 감는다. 그리고 실을 쭉 당긴다.

5

4번 과정을 반복하여 원하는 만큼의 사슬을 만든다.

6

몸판의 처음 시작 위치에 바늘을 넣은 뒤 안쪽에서 매듭을 지어 고정한다.

✽ 마커

❶ 일반적인 마커 사용법

사진 속 마커는 옷핀형으로 단마다 줄임이나 늘림을 한 위치를 표시할 때 많이 쓴다.

❷ 마커 걸기

바늘에 걸어 코를 표시하는 원형 모양 마커는 단춧구멍을 내거나 톱다운 방식으로 뜰 때, 뒤쪽 몸판, 소매, 앞쪽 몸판의 늘림 위치를 표시하기 위해 흔히 쓴다.

코바늘 뜨기 기법

✦ 원형코 잡기

1

왼쪽 검지에 실을 2번을 감는다.

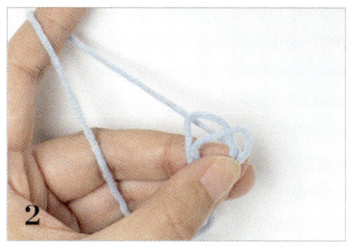

2

만든 고리가 풀리지 않도록 엄지와 중지로 잡는다.

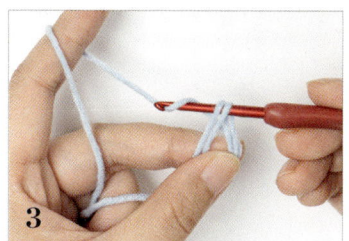

3

고리 안으로 코바늘을 넣어 실을 감는다.

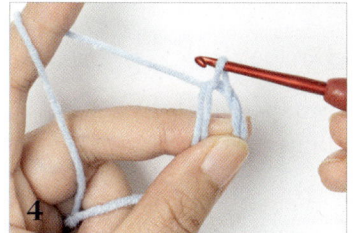

4

실을 고리 안으로 끌어 온다.

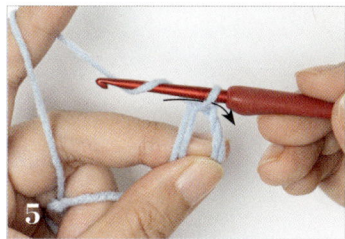

5

다시 실을 감아 화살표 방향으로 빼낸다.

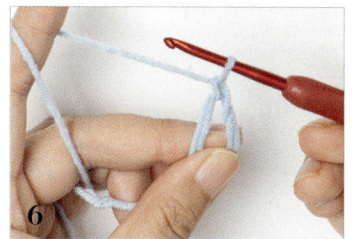

6

실을 빼낸 모습.

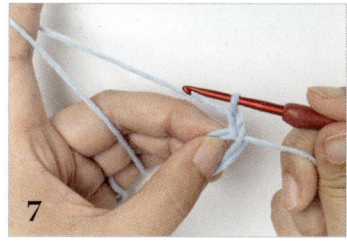

7

바늘에 실을 감아 사슬 1코를 떠서 기둥코 1코를 완성한다.

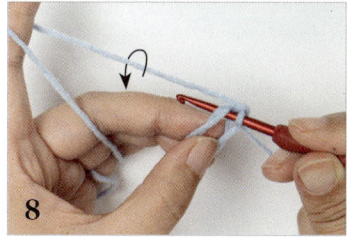

8

고리 안으로 바늘을 넣어 실을 화살표 방향으로 감는다.

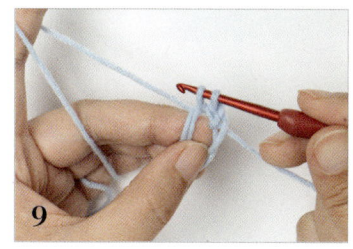

9

감은 코를 빼낸다.

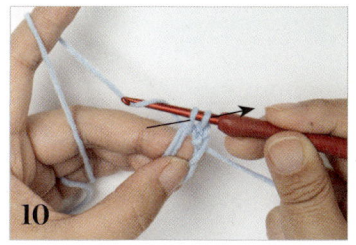

10

다시 실을 감아 2코를 화살표 방향으로 한꺼번에 빼낸다.

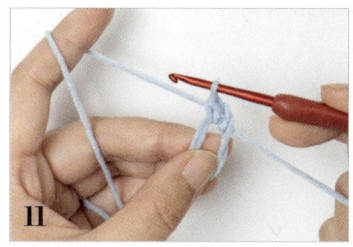

11

짧은뜨기 1코를 뜬 모습.

12

8~10번 과정을 반복해서 원하는 콧수만큼 뜬다.

13 짧은 실을 화살표 방향으로 당긴다. 실을 잡아 당기면 1번 실이 당겨진다.

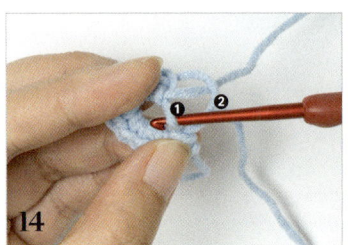

14 1번 실을 잡는다.

15 1번 실을 당기면 2번 실이 줄어든다.

16 고리 원형이 작아지고, 1번 실만 늘어진다. 다시 처음의 짧은 실을 당기면 1번 실도 줄어든다.

17 중앙이 원형 고리가 작아져서 완성된 모습.

✲ 사슬뜨기 ○

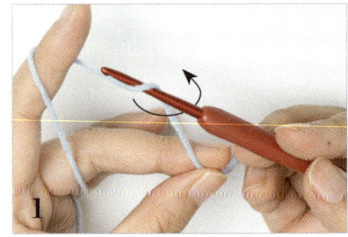

1 바늘을 화살표 방향으로 360도 돌린다.

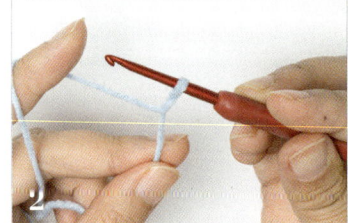

2 바늘에 실이 감긴다.

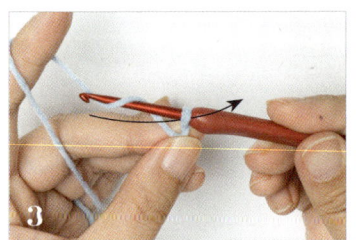

3 코가 풀리지 않도록 엄지와 중지로 실을 잡은 후 실을 감아 화살표 방향으로 빼서 1코를 만든다.

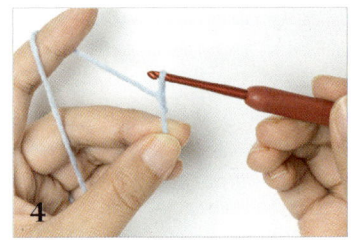

4 1코를 빼낸 모습.

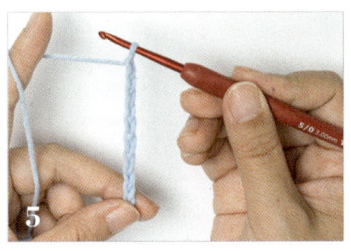

5 3번 과정을 반복하여 원하는 콧수만큼 뜬다.

✤ 빼뜨기 ●

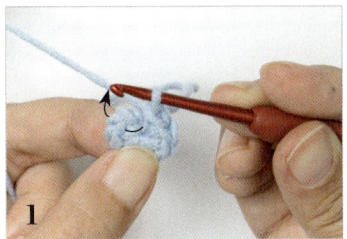
1
화살표 방향으로 바늘을 넣는다.

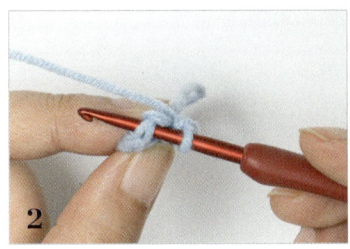
2
바늘을 넣은 모습.

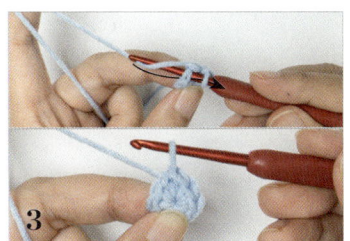
3
실을 감아 화살표 방향으로 빼내면 완성.

✤ 짧은뜨기 ✕

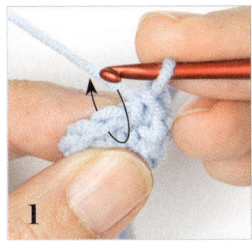
1
화살표 방향으로 바늘을 넣는다.

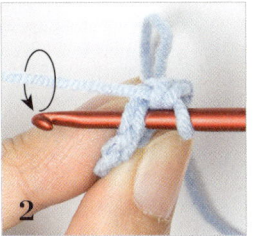
2
바늘을 코에 넣고 실을 감아 빼낸다.

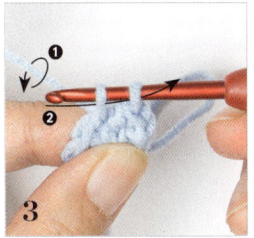
3
실을 빼내면 2코가 되는데, 바늘에 다시 실을 감아(1) 화살표 방향으로 빼낸다(2).

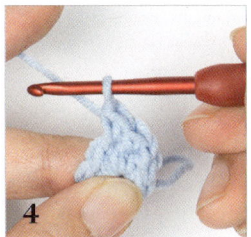
4
완성한 모습.

✤ 긴뜨기 T

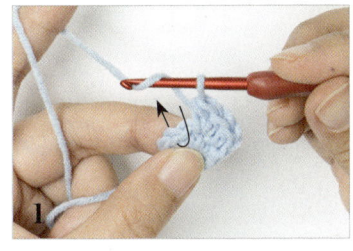
1
바늘에 실을 감아 화살표 방향으로 바늘을 넣는다.

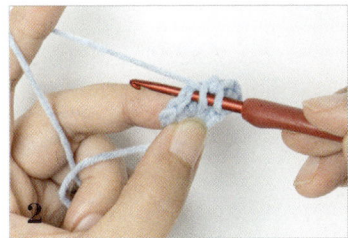
2
바늘을 넣은 모습.

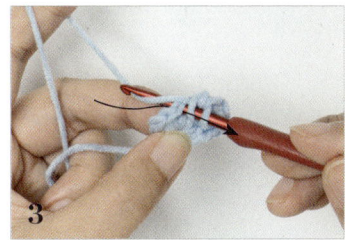
3
바늘에 실을 감아 화살표 방향으로 빼낸다.

4
코 사이로 실을 빼내면 3코가 된다.

5
바늘에 실을 감아 화살표 방향으로 빼낸다.

6
완성한 모습.

✤ 한 길 긴뜨기 ┳

1

바늘에 실을 감아 화살표 방향을 바늘을 넣는다.

2

바늘을 넣은 모습.

3

바늘에 실을 감아 화살표 방향으로 빼낸다.

4

코 사이로 빼내면 3코가 된다.

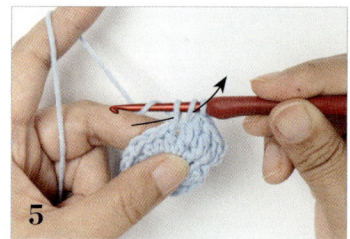

5

바늘에 실을 감아 화살표 방향으로 빼낸다.

6

코 사이로 빼내면 2코가 된다.

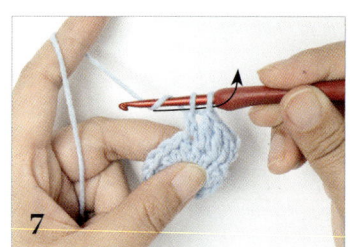

7

바늘에 실을 감아 화살표 방향으로 빼낸다.

8

완성한 모습.

✦ 긴뜨기 3코 구슬뜨기

1
바늘에 실을 감아 화살표 방향으로 바늘을 넣는다.

2
바늘을 넣은 모습.

3
바늘에 실을 감아 코 사이로 빼내어 3코를 만든다.

4
1~2 과정을 2번 더 반복한다.

5
바늘에 실을 감아 화살표 방향으로 빼낸다.

6
완성한 모습.

✦ 긴뜨기 2코 구슬뜨기

긴뜨기 3코 구슬뜨기 2, 3번의 방법을 2회 반복해서 실을 감아 한꺼번에 빼내면 긴뜨기 2코 구슬뜨기가 된다.

✦ 한 길 긴뜨기 2코 구슬뜨기

한 길 긴뜨기의 1~5번 과정을 2회 반복해서 실을 감아 한꺼번에 빼내면 한 길 긴뜨기 2코 구슬뜨기가 된다.

PAPER DOLL

〈니트로 스타일링하는 사계절 인형옷〉 특별 부록!
이 책에 수록된 니트 인형옷을 애나와 에밀리에게도 입혀 주세요.

인형 | 애나   **그림** | vnvnii

PAPER DOLL

《니트로 스타일링하는 사계절 인형옷》특별 부록!
이 책에 수록된 니트 인형옷을 애나와 에밀리에게도 입혀 주세요.

인형 | 에밀리   **그림** | vnvnii